2023年江苏省主题出版重点出版物

新时代"大运河之歌"

贺云翱 著

河海大学出版社
·南京·

图书在版编目(CIP)数据

新时代"大运河之歌" / 贺云翱著. -- 南京：河海大学出版社，2023.12
 ISBN 978-7-5630-8889-8

Ⅰ.①新… Ⅱ.①贺… Ⅲ.①大运河—文化史 Ⅳ.
①K928.42

中国国家版本馆 CIP 数据核字(2023)第 257443 号

书　　名	新时代"大运河之歌"
	XINSHIDAI "DAYUNHE ZHI GE"
书　　号	ISBN 978-7-5630-8889-8
策划编辑	朱婵玲
责任编辑	吴　淼　俞　婧
文字编辑	杨　曦　朱梦楠
特约校对	丁　甲　滕桂琴
装帧设计	林云松风
出版发行	河海大学出版社
地　　址	南京市西康路1号(邮编:210098)
电　　话	(025)83737852(总编室)　(025)83787771(营销部)
经　　销	江苏省新华发行集团有限公司
排　　版	南京布克文化发展有限公司
印　　刷	南京新世纪联盟印务有限公司
开　　本	718毫米×1000毫米　1/16
印　　张	23.5
插　　页	3
字　　数	350千字
版　　次	2023年12月第1版
印　　次	2023年12月第1次印刷
定　　价	98.00元

目录

上篇

中国大运河：宝贵的遗产　流动的文化 …………………………… 003
水清岸绿古韵新风的大运河 ……………………………………… 015
大运河遗产是联通中国与世界的文化纽带 ……………………… 021
中国大运河与世界互联互通 ……………………………………… 027
方兴未艾的中国大运河考古 ……………………………………… 041
我对"大运河考古"的理解 ……………………………………… 045
现代文化建设视野下的中国大运河文化 ………………………… 062
大运河文化带建设的基础认知及若干思考 ……………………… 084
大运河国家文化公园建设与民生发展要有机融合 ……………… 109
大运河与长江国家文化公园协同建设的意义 …………………… 111
历史巨作　当代"画卷"——《大运河画传》读后 …………… 114

中篇

中国大运河江苏段的千年华章……121
大运河对江苏历史文化的深远影响……125
江苏大运河历史文化精神的当代认知……131
以大运河文化带建设引领文化一体化发展……138
江苏省大运河文物保护传承工作的思考……141
大运河是江苏生态文明及美丽江苏建设的好抓手……153
大运河文化带建设的重大意义……158
建设大运河文化带江苏段样板……161
江苏大运河文化带建设中的若干问题与对策研究……166
江苏大运河文化带建设规划研究……180
江苏大运河文化带文化长廊建设研究……212
加快江苏大运河文化带文旅产业发展研究……225
江苏大运河文化带文化资源保护传承研究……244
大运河江苏段沿线名城名镇保护修复研究……273

下篇

对促进扬州广陵区大运河沿岸区域统筹协调发展的几点思考……291
淮安在中国大运河中的地位略论……293
让"大运河之都"焕发迷人光彩……305
大运河与宿迁……311
运河与南京……324
通扬运河在中国大运河文化体系中的地位初论……332
盐之有物　城之动脉……338
连云港是大运河文化带建设的重要城市……357

参考文献……367

上篇

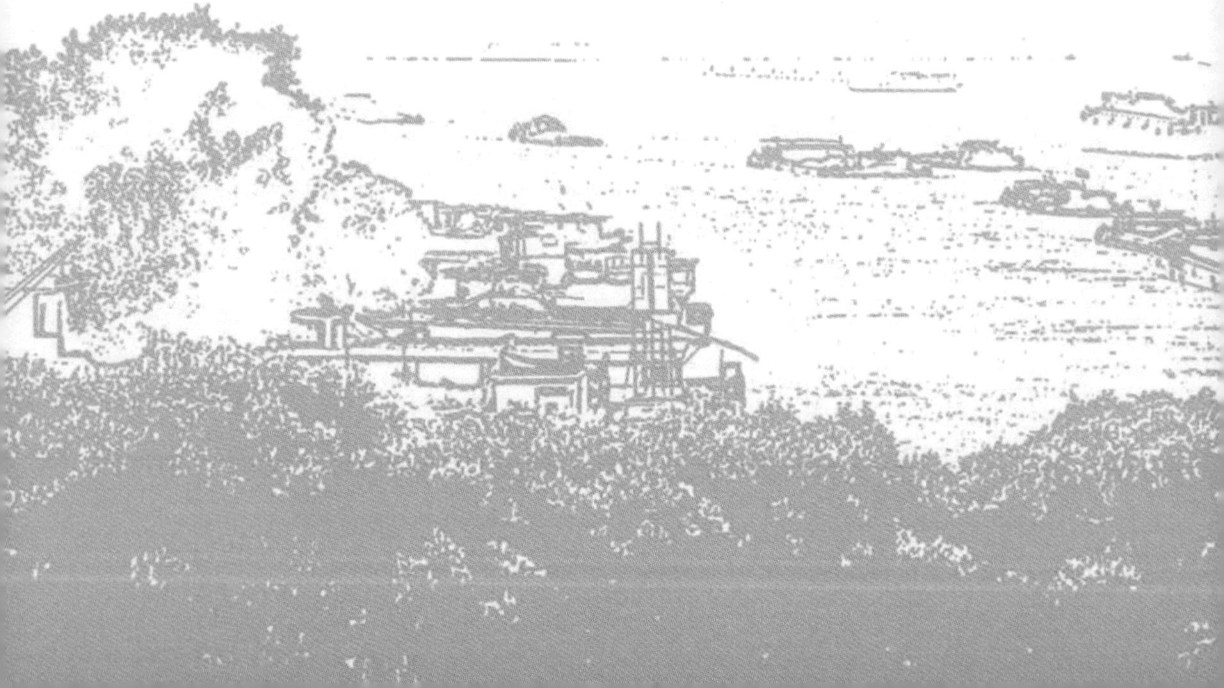

中国大运河：
宝贵的遗产　流动的文化

大运河是中华民族创造的世界性文化奇迹。它始开凿于公元前486年，跨越地球10多个纬度，自北向南连接海河、黄河、淮河、长江、钱塘江五大水系，是中国古代沿用达2500多年的交通大动脉。2014年6月22日，它成功列入《世界遗产名录》，联合国教科文组织世界遗产委员会认为："大运河是世界上最长的、最古老的人工水道，也是工业革命前规模最大、范围最广的土木工程项目，它促进了中国南北物资的交流和领土的统一管辖，反映出中国人民高超的智慧、决心和勇气，以及东方文明在水利技术和管理能力方面的杰出成就。"

大运河申遗区域图

一、大运河是中华先民千年智慧与持续创造力的结晶

中国大运河是世界上开凿时间最早的巨型人工运河。它起源于先秦,发展于秦汉、隋唐时期,繁荣于两宋,兴盛于元明清,衰弱于清朝末年。公元前486年,吴王夫差在邗城(今江苏扬州)引江水北行至末口(今江苏淮安)入淮河,将江、淮两大水系连接起来,成为中国大运河的滥觞。

秦汉统一王朝的建立,为大运河的初步发展创造了条件。秦王朝疏浚鸿沟,沟通济、汝、淮、泗等水道;疏浚由姑苏(今江苏苏州)至钱塘(今浙江杭州)的水运通道;开凿由镇江到丹阳的曲阿河(江南运河镇江段),进一步开浚大运河的江南区段。西汉时期,政府先后修建了由都城长安(今陕西西安西汉长安城遗址)直通黄河的关中漕渠和沟通黄河与淮河的荥阳漕渠。这一时期,沟通全国的运河体系已初步形成,由漕渠、黄河、鸿沟、汴渠、邗沟等构成的水运通道成为汉王朝的交通大动脉,每年由此输往关中的漕粮在400万石左右,多时达600万石,形成了保障首都长安生活及战略物资需求的全国性水路物流网。

东汉首都在洛阳(今河南洛阳汉魏故城遗址),洛阳成为当时全国的水运中心。当时开凿有阳渠,连接都城洛阳与黄河,各地漕船可直抵洛阳城下。东汉末年,曹操在河北平原上开凿了白沟(元代成为北运河)、利漕渠、平虏渠等一系列运河,建立起以邺城为中心的河北平原水运网络。三国两晋南北朝时期,曹魏政权在黄淮平原上开凿了淮阳渠、百尺渠、广漕渠、讨虏渠、千金渠等运河,加强了江、淮、河、海之间的水运联系。东吴政权为方便都城建业(今江苏南京)和三吴地区(今太湖流域、钱塘江流域、宁绍平原一带)的水运联系而开凿了破冈渎,并连接直达都城的秦淮河,缩短了绕道长江的航程。可见,从秦朝到南北朝时期,中国的大运河都是以都城为中心构建它的运输系统,这一态势此后一直到清代都未改变。

隋唐时期,中国的经济重心逐渐向南方转移,为确保政治中心和经济重心的一体化,巩固多民族中央集权国家的统一,必须大规模地开挖、整治联系南北方

的大运河,推动全国性大运河运输网络的形成及航运繁荣,其基础自然是历代开凿形成的局域运河。

隋唐时期的中国大运河网络由广通渠、通济渠、山阳渎、永济渠、江南河五段组成:广通渠,又称漕渠、富民渠,是连接东西两京(西京长安、东京洛阳)的水运通道,全长150余公里。潼关至洛阳一段则利用黄河水道。通济渠,自洛阳(今河南洛阳的隋唐洛阳城遗址)城西开始,引谷、洛二水过城南,东北经偃师,至巩义市洛河口入黄河;又自今河南荥阳氾水镇东北的板渚引黄河水东南入汴渠,至浚仪(汴州,今河南开封)又东南行,在今江苏盱眙淮河北岸(古泗州城遗址)入淮河,全长约1000公里。山阳渎,是利用春秋时吴王夫差开凿的邗沟旧道改造而成,北起山阳(今江苏淮安),南到今江苏仪征东南的扬子,沟通江、淮水系。永济渠,自今河南武陟西北沁水北岸开渠,引沁水向东北入白沟,至馆陶,以下另开新渠经临清(今河北临西)、德州、静海,达于涿郡(治蓟县,即今北京),全长1000多公里。江南河沟通长江与钱塘江水系,从京口(今江苏镇江)直达余杭(今浙江杭州),全长400多公里。此外,还有从余杭通达明州(今浙江宁波)的浙东运河,全长239公里。

隋唐时代的南北大运河全长2700多公里,沟通了海、河、淮、江、钱塘五大水系乃至海洋,流经今天8个省市,连接了关中及华北、黄淮和长江下游三大平原,形成以长安、洛阳为轴心的Y形的庞大运河水系,又形成以大运河河道为主轴,贯通长江、黄河等各大自然水道的纵横全国的水上交通网络。发达而完善的运河系统为唐代的经济繁荣和文化昌盛提供了优越条件和强大基础。

隋唐大运河分布图

北宋建都开封,称东京,当时中国的经济重心已经完全转移到南方,大运河成为首都的生命线。北宋依然沿用隋唐时代的运河系统,在重点经营汴河的同时,相继开凿了由开封通往山东地区的五丈河(广济河)、通往西南的蔡河(惠民河)以及作为五丈河水源的金水河。汴河、蔡河、五丈河、金水河合称"漕运四渠",共同构成以开封为中心的运河网络。北宋运河系统的发展标志着漕运中心由洛阳转移到了开封,由汴河、邗沟、江南河构成的南北运河成为北宋王朝的经济命脉,每年由此输往京师的漕粮达600万石。北宋运河系统的发达、运河建设的成就、漕运的繁荣、漕运体系的完善、朝廷对运河的依赖程度都超过以往。南宋时期,宋室南迁,大运河南北交通暂时中断,以都城临安(今浙江杭州)为中心的区域性运河系统生成,这时的江南运河及浙东运河成为南宋王朝的生命线,依赖通畅而发达的漕运系统和江南经济重心区的优势,南宋王朝才在强敌压境的态势下得以偏安不辍。

元朝定都北方长城脚下的大都(今北京),经济上离不开南方。明清两代除明早期50余年定都南京外,其他时期也是立都北京,大运河的重要地位因此一直保持。为解决南方粮食物资北运问题,元政府对隋唐大运河进行了一次大规模的重构,自北而南开凿了通惠河、会通河,使京杭大运河首次实现全线贯通。元朝重新开通的京杭大运河以北京为中心,经通惠河至通州,由通州沿御河至临清,入会通河,南下入济州河至徐州,由泗水和黄河故道至淮安入淮扬运河,由瓜洲(今江苏扬州)入长江,再由丹徒(今江苏镇江)入江南运河,直抵杭州乃至宁波,沟通海、河、淮、江、钱塘五大水系,全长1700余公里。

明清两朝,中央政府高度重视大运河

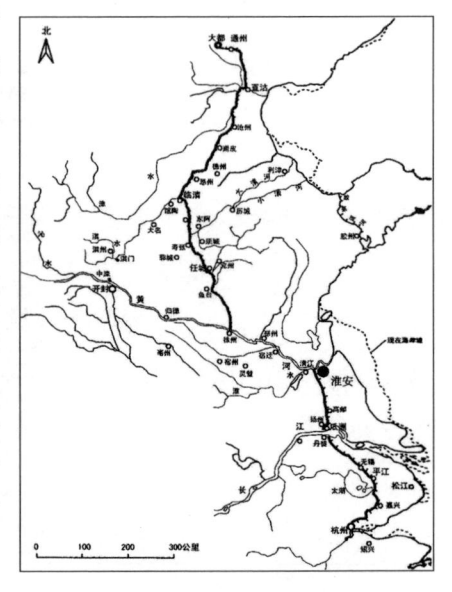

元至明前期漕运运道路线图

漕运，设置漕运总督和河道总督，分别掌管运河漕运和运河水利。运河沿线的城市也因漕运而繁荣，北方的天津、德州、沧州、临清等城市迅速发展起来；东南地区的淮安、扬州、苏州、杭州也成为繁华的都市，并称运河沿线"四大都市""东南四都"。明清两朝对大运河的治理，主要是围绕解决水源、保护河堤、疏浚河道、治黄保运、利用河闸围堰以控制调节水量等问题展开。其中"治黄保运"为运河治理的主要目标。清口枢纽工程是淮扬运河治理的重点工程，洪泽湖出口处的清口为黄、淮、运三河交汇处。为防止黄河淤塞清口运道或倒灌洪泽湖，保持清口运道畅通，清代实施了三大工程：一为逼黄引淮工程；二为南运口改建工程；三为灌塘济运工程。为调节水位、保障运道畅通，明清两朝在运河上广筑堤坝、堰闸。著名者如淮安运河段的仁、义、礼、智、信五坝，淮安运河长堤，淮扬运河西岸的高邮、宝应、氾光、白马诸湖长堤，瓜洲通江口15座过船闸坝等。这些工程都有效地保障了运河功能的发挥。

大运河衰弱于清代晚期。清咸丰五年（1855），黄河在铜瓦厢决口，夺大清河从利津入海，结束了它长达700余年的夺淮入海的局面，京杭运河被拦腰截断，黄淮分离，安山至临清间运道涸竭，而淮河下游河道淤塞，淮南运道受到较大影响。同治十三年（1874），漕船

淮安清口水利枢纽遗址（江苏省文物局供图）

由海轮代替。光绪二十六年（1900），漕运全罢，漕粮改折现金，海运、河运全部废止，大运河作为国家漕粮等物资运输大通道的历史使命也就到此终结。传统运河体系解体后，多数沿运城市因丧失对外联系的主要通道而迅速衰落。

1949年新中国成立以后，人民政府对于大运河航运水利事业非常重视，采取提高航道标准、修建现代化闸坝桥梁、对运河持续进行疏浚与维护等措施，从

而使其运输能力大为提高。但是,必须看到,一直到20世纪结束,人们对大运河的价值认知,还是停留在运输、水利等原初功能上,这种状况一直到21世纪头十年才得到改变。随着中国大运河成为全国重点文物保护单位及申遗的成功,加上南水北调工程的进行,中国大运河迎来了新的春天,展现了新的功能与使命,其文化与生态的价值得以呈现,古老的大运河又将对中华民族产生深远的影响。

二、大运河是中华文化多元统一的经典符号和文明标识

中国的自然地貌是北面和西面皆为高原,大江大河多是从西向东汇入海洋,由此形成了黄河、长江、淮河等不同的水系,在这样的自然背景下诞生了中华文化四大板块——黄河文化板块、长江文化板块、海洋文化板块、草原高原文化板块。中华文明中有一个最可贵的特质就是四大文化板块的"多

大运河水系(流域)与文化廊道示意图

元一体"。然而,要打破自然河流对四大文化板块的界隔,必须在交通上有一条纵贯南北、连通大江大河的水上运道,这样就可以与横贯东西的自然河流编织成纵横交错的全国性交通网络,实现多文化板块的有机融汇,为中华文化多元一体构建出最坚实的物质基础。大运河正是在这种需求中应运而生的伟大工程杰作。为此,从文化的角度而言,大运河的价值首先在于其政治文化的独特价值。

大运河从它诞生的时候起,就具有连通长江和黄河两大流域,实现国家政治目的的作用。春秋晚期,地处江南的吴王夫差,借助于自己主持开凿的运河到达黄河岸边的黄池,与诸侯争做天下"霸主"。秦汉隋唐北宋元明清时代,大运河是为首都和中央王朝提供漕粮物资、调动军队或皇帝巡视地方的重要通道,由此发挥了保障国家机器的运转和统一国土的作用。因此,大约从汉武帝时代开始,

"漕运"就成为大运河首要的功能。正如宋人张方平所言,运河"之于京师,乃是建国之本";宋太宗则说得更明白,首都"东京养甲兵数十万,居人百万家,天下转漕,仰给在此一渠水";清康熙皇帝则把漕运、黄河治理、平定三藩视为最重要的三件政务,"夙夜廑念,曾书而悬之宫中柱上";乾隆皇帝也说"国家大计,莫过于漕"。正是因为运河乃国家政治中心的生命线,故历代对大运河的开凿、治理无不是由皇帝直接决策和指挥,如秦始皇、汉武帝、魏武帝、隋文帝、隋炀帝、唐玄宗、宋太宗、元世祖、明成祖、清圣祖、清高宗等。也正因为这样,中国六大古都西安、洛阳、南京、北京、开封、杭州无一不是大运河线上的核心城市,其中明清北京城被有的专家认为是"从运河上漂来的城市"。特别是唐中期以后,可以说如果离开大运河,国家中央集权体制下的政治统一就无法实现。服务于国家政治中心和国土统一,是大运河最为重要的文化与文明贡献。

决定大运河兴衰的还有两种强大力量,一是广大的劳苦百姓,二是具体主持运河开凿和运营的工程专家与技术官员。以隋代为例,仅开凿通济渠就征发民工达100多万人;开凿山阳渎,征用民工10多万人;在工程中,死者超过250万人。其他朝代为开挖、疏浚大运河,无不动用数以十万百万计的民工。可以认为,大运河是在无数劳苦大众的血汗和牺牲中完成的。至于工程专家和技术官员,我们熟知的有伍子胥、徐伯表、陈敏、陈登、郭衍、宇文恺、裴耀卿、刘晏、刘蟠、郭守敬、宋礼、白英、柏丛桂、潘季驯、靳辅、陈潢、郭大昌、包世臣等,他们中许多人为运河工程的设计施工和运营付出了毕生精力,功垂青史。

大运河也是塑造城市、推动经济发展的重要力量。除了六大古都之外,大运河直接催生过扬州、淮安、泗州、济宁、临清等名城,繁荣了宁波、绍兴、嘉兴、苏州、无锡、常州、镇江、徐州、沧州、德州、天津、通州等重要城市,造就了大运河城市带和经济带。粮食、丝绸、食盐、瓷器、紫砂、木材、砖瓦、药材、茶叶、工艺品、书籍等顺着大运河流通,滋养了一座座运河城市的商业和民生,吸引着那些富有经济头脑的人士。许多运河城市中会馆众多,甚至让在扬州、淮安一带的盐商创造了"富可敌国"的奇迹。

大运河本身既是文化的结晶,也是文化传播的纽带和文化创新的摇篮。在大运河诞生之前,我国中东部就存在着吴越文化、荆楚文化、岭南文化、中原文化、齐鲁文化、燕赵文化等地域性文化,如果仅仅停留于这些地域文化的破碎存在,而缺少一种联系的通道与力量,那么"多元一体"的中华文明也难以形成,而大运河恰恰发挥了这种"通道与力量"的作用。这些不同地域的文化在大运河上流淌、交汇,培育出各具特色又彼此包容的文化百花园:隋唐都城和扬州城的文化互动;北宋都城文化向南宋都城的迁移;元杂剧的名家从大都(今北京)到杭州的行走;景德镇的官窑瓷器装点着皇家的饮食起居;明代"南京"与"北京"的二都共生;徽班进京及昆曲、京剧在运河一线的繁盛;江南的园林再现于北国京师;宜兴的紫砂把精致的茶文化带入宫廷。至于诗词歌赋、书法绘画、明清小说,更是在运河一线被文人墨客创作、吟唱,明清时代的著名文学作品如《三国演义》《水浒传》《西游记》《金瓶梅》《红楼梦》《聊斋志异》《儒林外史》《封神演义》《老残游记》《镜花缘》《官场现形记》,以及"三言""二拍"等都是产生于大运河沿岸。有学者统计,明清时代可以断定作者籍贯或判断小说背景的966部小说中,有667部出自运河流域的作家之手。大运河沿线还是教育高地,有众多的书院,培养着一代代饱学之士,仅以明代科举为例,明朝276年中通过科举共产生89名状元,其中有43人来自运河一线,几乎占全国一半。运河沿线的饮食文化也十分兴盛,从京菜到鲁菜,从淮扬菜到杭帮菜,可谓运河美食天下闻。至于运河沿线的传统工艺更是精美绝伦,从丝绸织造到雕版印刷,从红木家具到玉石雕刻,从木雕年画到陶瓷烧制,从文房用品到螺钿漆器,从砖木建筑到赏石园艺……无数工艺精品走进宫廷,它们有的成为今天的故宫珍宝。故宫博物院原院长单霁翔先生还专门著书,书名就叫《大运河漂来紫禁城》。

大运河一端连通海港城市,一端连接内陆丝路城市,是沟通陆上丝绸之路、草原丝绸之路和海上丝绸之路的水上大通道。从唐代的"遣唐使"到元代的马可·波罗,从明代的苏禄国王使团到意大利传教士利玛窦,从清顺治年间的荷兰东印度公司到乾隆年间的英国使臣,他们都曾行走在大运河上。这些海外客使在大运河沿线的游历保存于《入唐求法巡礼行记》《参天台五台山记》《马可·波罗游记》《漂海录》《初渡集》《再渡集》《利玛窦中国札记》《荷兰东印度公司使节团访华纪实》《1793乾隆英使觐见记》等著作中,有的成为世界性名著。在印尼海域发现的中国唐代的"黑石号"沉船,专家们认为它的始发港是大运河城市扬州,而其出水的8万多件文物生动地诠释了大运河是如何通过海上丝路把中国黄河、长江流域的物产与世界连接在一起的。

三、大运河是中华文化传承创新与生态文明建设的重要廊道

大运河在历史上本是以"运输"这一实用性功能为主的人工河道,进入21世纪以后,它的身份发生了重大变革:2013年,它成为国家级重点文物保护单位,2014年又成功列入《世界遗产名录》,从而成为世界性的中华文化标识。确实,大运河是中华文化持续发展的核心轴,它在长达2500多年的运行历程中,在多民族国家统一、南北经济发展互动、多区域文化交流、城市集镇聚落成长、中外商贸文化流通等方面发挥过巨大作用,在大运河沿线发育形成了极其丰富深厚的文化,理应成为当今中华民族伟大复兴进程中的宝贵发展资源。今天,大运河沿线保存着数十座国家级和省级历史文化名城名镇名村,数以千计的文物保护单位和非物质文化遗产,历史河道、水工遗产、历史街区、历史建筑、文化景观、历史遗迹、名人故址、工业遗产、革命文物、文博场馆等星罗棋布,它们共同承载着大运河文化的丰富多彩和博大精深,需要倍加呵护,传承利用。大运河所拥有的崇高文化地位得到党中央的高度重视,2017年6月4日,习近平总书记专门就大运河文化带建设作出重要指示:大运河是祖先留给我们的宝贵遗产,是流动的文化,要统筹保护好、传承好、利用好。

2019年7月24日,中央全面深化改革委员会第九次会议审议通过了《长城、大运河、长征国家文化公园建设方案》。可以认为,建设大运河文化带及国家文化公园,将更好地推动大运河文化的保护、传承与利用,增进社会各界对中华优秀传统文化的理解与认同,促进文化与生态文明、城乡建设的协同发展,让运

河文化融入人们的日常生活,让人民群众参与保护和共享运河文化,进而坚定文化自信,彰显中华优秀文化特质,提升中华文明影响力。大运河作为国家文化公园,其巨大的体量、悠久的历史、深邃的内涵、丰富的形态、无数的故事、广泛的影响,加之其独有的世界遗产身份,对展现中华文明的创造力、协同力、传承力、发展力等具有无可取代的地位,能够对我国文化强国建设产生持久的作用和不可估量的价值。

2020年11月12日至13日,习近平总书记视察江苏,在扬州专程了解大运河沿线环境整治和文化保护传承利用工作。他指出:"千百年来,运河滋养两岸城市和人民,是运河两岸人民的致富河、幸福河。希望大家共同保护好大运河,使运河永远造福人民。""要把大运河文化遗产保护同生态环境保护提升、沿线名城名镇保护修复、文化旅游融合发展、运河航运转型提升统一起来,为大运河沿线区域经济社会发展、人民生活改善创造有利条件。"这就为大运河文化带和大运河国家文化公园建设指明了方向。

大运河文化带及国家文化公园建设,核心是保护传承运河文化遗产、建设生态文明和服务民生。今天,我们已经看到,大运河沿线文化遗产保护和利用工作得到显著加强。如北京、浙江、河北、山东等地遗址腾退、文物保护修缮步伐加快;大运河江苏段完成了全面的文物保护利用规划并付诸实施,沿运各市数以百计的重点项目在开工建设,推动大运河沿线成为文化丰厚、环境美丽、人地和谐的宜居之地。山东、浙江大运河重点河段文物保护与展示成绩突出;天津通过建立传承机制、开展传播展示活动、纳入旅游规划等措施,加大了对非物质文化遗产保护力度,天津泥人张、津门法鼓、杨柳青木版年画等大量非遗项目得到了有效保护;河南在古荥汉代冶铁遗址博物馆建立了较完备的大运河遗产档案和保护监测系统;安徽正在加强大运河遗产的考古发掘和遗址博物馆建设;大运河沿线一大批专题博物馆建成并对外开放,大量与大运河历史相关的可移动文物在各博物馆中得到良好的保护和陈列,一些大型现代化博物馆已开门迎客。

大运河沿线文化遗产保护、文旅融合及传承创新工作登上了新台阶。在遗产得到有效保护的同时,文旅融合、文创、传统特色产品开发等产业发展迅猛,新业态新品种不断出现。2018年,大运河沿线8省市文化产业增加值已超过全国的50%;文化产业增加值占8省市GDP比重达到5%以上,高出全国平均水平近1个百分点;沿线有93个5A级景区、1217个4A级景区,旅游总收入超过5万亿元,大运河沿线已经成为我国文化和旅游业发展的核心轴。

总长达3200公里的南北大运河就是一条纵贯中国东中部的生态文明大走廊,它连接着长三角一体化区域及长江经济带、淮河生态经济带、黄河流域生态保护和高质量发展带、京津冀协同发展区以及"一带一路"交汇地带等,既具有强大的文化统筹、协调、整合、推动、复兴、兴建、共享等功能,也有进一步深化和提升相关区域水环境改善和生态文明建设的作用。以江苏大运河为例,它的年货运量接近10条高速公路,不仅节约了大量陆上运输成本,也充分发挥了水上运输的综合效益。大运河作为超大型的历史文化及水生态长廊,涉及8个省市30多座大中城市,其文化建设需要高度自觉的统筹协调意识和行动。目前,大运河区域内文化、文物、水利、交通、自然资源、城乡建设等部门正在建立协调机制。京津冀三地本着信息共享、利益共享和利益补偿跨区域合作的方针,同步治理北运河。2018年以来,扬州蜀冈-瘦西湖风景名胜区、杭州西湖、北京颐和园等运河城市景区,联合发起建立了运河城市精品景区合作机制,联合打造大运河旅游精品新线路。由国家发展改革委牵头的17个部委及大运河沿线8省市组成的大运河文化保护传承利用工作省部际联席会议制度经国务院办公厅同意正式建立,大运河沿线省市间联动共建工作日益活跃,跨区域统筹协作意识也明显增强。国家文化公园建设工作专家咨询委员会的成立,使更多的学术力量为大运河等国家文化公园建设出谋划策。

2500多年来,大运河的开凿、发展与兴盛的历程就是一部中华文明的持续演进史,也是中华民族文化不断丰富、联动、升华的历史。从文化特质、民族性格和国家形象上说,它是中华文化"天人合一"智慧的结晶,是中华文化"多元一体"的生动写照,内含着"家国情怀"的责任担当、"海纳百川"的文化取向、"和而不同"的民族性格，立体化地呈现了中华民族不畏艰难困苦、建设美好家园、谋求协同发展的国家文明追求。习近平主席在亚洲文明对话大会开幕式上曾指出，"亲仁善邻、协和万邦是中华文明一贯的处世之道，惠民利民、安民富民是中华文明鲜明的价值导向，革故鼎新、与时俱进是中华文明永恒的精神气质，道法自然、天人合一是中华文明内在的生存理念"。大运河是这些优秀特质的重要见证，大运河文化是中华民族走向伟大复兴进程中的宝贵精神财富。

大运河也是古代中国联通世界的文化廊道，是展现中华文明开放包容精神的文化载体。在面对世界百年未有之大变局、中华民族伟大复兴的关键时刻，我们还要运用好大运河文化符号，向国际社会讲好中国故事。中国大运河也是世界运河概念的组成部分。我们知道，全球 51 个国家拥有 500 多条运河，涉及 3000 多个运河城市，世界运河历史文化城市合作组织（WCCO）秘书处常设于中国的扬州。我们可以通过"运河"这个世界共有的文化符号讲好运河与人类命运的故事，讲好中国大运河的故事，讲好中国大运河与世界其他国家运河及运河文化的异同故事等，在求同存异中推进跨文化理解，促进国际合作，让中国大运河文化为构建人类命运共同体作出独特贡献。

（本文为《中国民族报》约稿而作，主要内容发表于《中国民族报》2021 年 3 月 19 日"文化周刊"版）

水清岸绿古韵新风的大运河

一部中国运河史,一方面记录着朝代兴衰,另一方面也反映了人与自然关系的变化历程。在中国,"天人合一"是一种极受推崇的理念,反映了中华民族对于自然的敬畏之情。而中国大运河,则是这一理念的具体实践。

中国地势呈西高东低的态势。大的河流都是自西向东,横贯中国大地,这固然有利于大河流域农业经济的整体性发展,但由于缺少南北向河流的沟通,也天然形成了地域间的阻隔,不利于南北之间的交流互动。而大运河巧妙地打通了海河、黄河、淮河、长江、钱塘江等五大水系和不同地域文化板块,实现了人力工程与天然水道的一体化交通,实现了南北方的互联,其中包含着大量的科学智慧、工程

2022年10月,江苏泰州,人们在古盐运河边摘菱角。(程序摄影)

技艺、治理才华、管理经验。可以说,大运河本身,便是中国古人尊重自然、协同自然、改善自然的一项宏伟工程。

现在,大运河不仅是一处超大型的历史文化带,也是一处超长的水生态长

廊。在大运河文化带及大运河国家文化公园建设过程中,大运河的生态价值正在发挥越来越大的作用。

一、环境整治保障大运河文化遗产安全

大运河催生了沿线地区众多城市、集镇与乡村,养育了一代代的人民,但与此同时,运河的生态也因沿线地区经济社会的发展而受到不同程度的破坏。长期以来,由于对运河整体性保护不足,两岸生态空间挤占严重,部分河湖、湿地退化萎缩,环境风险源数量众多,生态环境压力增大。在推动沿线地区经济社会发展的过程中,大运河的生态状况一度并不乐观。近年来,随着生态文明建设力度的加大,特别是大运河文化带和国家文化公园带来的历史机遇,大运河的生态修复事业迎来了历史上的最好时期。

2019年2月,中共中央办公厅、国务院办公厅印发了《大运河文化保护传承利用规划纲要》,明确提出打造大运河绿色生态带。2020年8月,生态环境部、自然资源部、国家发改委、国家林草局印发了《大运河生态环境保护修复专项规划》。由此,大运河的文化遗产保护传承、河道水系治理管护、生态环境保护修复、文化和旅游融合发展便密切联系在一起。

大运河最重要的文化价值,也需要以生态价值的实现为前提。近年来,大运河沿线各省市全面建立河长制,沿线水环境实行按月全面监测,对江南运河江苏段、淮扬运河、中运河遗产段生态环境进行了全面治理和保护。安徽加强大运河保护区划内的建设工程管理工作,实施了柳孜运河环境整治绿化及景观展示、大运河泗县段环境整治等一批重点项目,以环境整治保障大运河文化遗产的安全。大运河生态环境的改善,自然而然地带动了大运河各类物质文化遗产与周边环境风貌、文化生态的整体性保护。

二、系统治理修复大运河整体生态环境

若要维护好大运河的生态价值,则须牢固树立山水林田湖草沙生命共同体

2022年2月6日,江苏淮安,近300只天鹅来到高邮湖畔越冬。(视觉中国供图)

理念,综合考虑大运河的生态系统整体性和流域系统性来推进治理。

首先,大运河生态环境保护修复需要以河道水系治理管护为支撑。这就需要大运河主要河段实现有水,适宜河段实现旅游通航的目标;同时,要大力改善水系资源条件,完善防洪排涝保障功能,促进岸线保护和服务提升,推进航运绿色发展,完善河道水系管护机制。

要实现上述目的,为大运河补水是一项重要工作。早在2002年,京杭大运河已被纳入"南水北调"工程。如今,这项工程极大助力了华北地区河湖生态环境复苏和地下水超采综合治理,也悄然改变了运河沿线的生态环境。

河北沧州是大运河流经里程最长的城市。在沧州青县,历史记载的古运河河道有三四十米宽、四五米深,但后来只剩下长满了杂草、填满了垃圾的干河沟。2015年11月12日,南水北调沧州段配套工程正式通水,干河沟得到彻底治理,4.8亿吨汉江水注入大浪淀水库,让760万沧州人民告别了饮用苦咸水、高氟水的历史。

诸如此类的事例并不少见。在北京,北运河属于北京的"九河末梢",曾是北京城的"下水道",当时北京城区90%的排水流入北运河。现在,通过治污、补水、植绿,北运河已形成绿色生态带,成为人们休闲旅游的好去处。

其次,大运河生态环境保护修复需要在明确沿线各地生态空间布局和生态环境改善目标的基础上,以山水林田湖草沙一体化为原则实施生态修复。近年来,大运河沿线各城市启动了一批典型工程,包括湿地保护与修复、湖泊生态环境保护与修复治理、流域生态环境保护、采煤塌陷区修复治理、山水林田湖草沙一体化修复治理、生态环境导向的开发(EOD)模式生态修复、生物多样性保护、水污染防治以及生态保护补偿等,均取得了良好的成绩。

2020年7月9日,南四湖休渔期临近结束,微山县渔民在赶制新渔网。(视觉中国供图)

南四湖是大运河连通的重要湖泊。山东济宁始终把两湖流域水污染防治作为一项重大民生工程。截至目前,南四湖及周边重点河流入湖口水质优良比例达100%。而一度沦为"死湖""酱油湖"的微山湖,现在已成为国家湿地公园,公园中的野生红荷闻名全国。

在大运河流经的山东枣庄,曾有一处采煤塌陷坑,坑塘遍布、杂草丛生,经过治理,如今这处采煤塌陷坑已经成为当地的七星湖湿地公园,既是市民郊游休闲、踏青赏花的佳地,又能协助净化荆河水质。

江苏扬州,瘦西湖春意盎然。(潇江摄影)

"淮左名都"扬州,在2015年便规划建设江淮生态大走廊,在南水北调工程东线输水廊道沿线1公里范围内,建设1800平方公里的生态大走廊,强力推进产业转型升级、清水活水、良好湖泊保护等"八大工程"。如今,长江扬州段水质由"十二五"时期的Ⅲ类全面改善为Ⅱ类;江淮生态大走廊建设上升为省级战略,"八大工程"68个项目基本完成,"五大板块、七大亮点"基本成形。

这些典型案例取得的生态效益、社会效益及经济效益,对广大运河城市的生态环境保护工作具有重要引领示范作用。

三、以低碳模式实现大运河与城市的共生

在生态文明建设中,城市问题无疑是重中之重,这与现代化中的城市化趋势

以及城市污染、城市治理、建设宜居城市、美丽城市乃至生态城市等有直接关系。

在大运河沿岸，生态城市、美丽城市的建设都离不开运河的"水生态"。大运河能够充分地把蓄水、防洪、供水、运输、遗产保护、文旅、绿色低碳生活、生态环境改善等结合起来，是我国中东部区域生态文明建设的重要支撑。若要推进沿岸城市的高质量发展，就必须将城市发展融入大运河的生态中，寻求低污染、低排放的低碳经济模式。

实际上，有着2500多年历史的大运河本身就是中国低碳经济的一个样板。相对于陆路运输，大运河的运输量大，消耗的能量少，浪费的资源少，相对来说投入产出的回报会更好。在江苏，大运河的年货运量约5亿吨，约占大运河全线货运量的80％。运河航运能耗低、用地少、污染小，每年可节约燃料约70万吨，减少污染成本超过200亿元。江苏的经验值得在大运河沿线推广。

同时，大运河在承担运输功能以外，还会涉及沿岸城镇发展所进行的大量建设行为、生产行为、经济行为、生活行为的低碳化。从这种低碳的运输方式出发，未来沿线城市也可以构建出一个庞大的低碳经济发展廊道，支撑起中国东部区域的现代文明发展。例如，大运河沿线蓬勃发展的文旅融合产业是重要低碳产业，人称"无烟工业"，它在促进第三产业、文化产业、土特产业发展及优化产业结构等方面都有很大作用，这些还是富民产业，可以综合支撑大运河生态文明建设。

如今，人工开凿的大运河已成为大自然生态系统的一部分，成为沿线地区人民赖以生存发展的基本条件。尊重自然、顺应自然、保护自然是中国现代化建设的内在要求。随着美丽中国建设的持续推进，大运河将会是和谐生态之河，继续呈现碧波荡漾、水清岸绿、水城共融、人与运河和谐共生的生态美景。

（本文发表于《人民画报》2023年第11期）

大运河遗产是联通中国与世界的文化纽带

中国大运河是公元前5世纪到公元20世纪上半叶持续完成的巨型人工运河工程和珍贵文化遗产。其河道总长约3100公里（包括隋唐大运河和京杭大运河），经过北京、天津、河北、河南、山东、安徽、江苏、浙江8省市，涉及数以百计的大中小城市。

大运河的开凿、发展与兴盛的历程既是一部中华文明的持续演进史，也是中华民族文化不断丰富、联动、升华的历史。大运河巧妙地沟通了我国各大东西向河流，打通了海河、黄河、淮河、长江、钱塘江等五大水系，实现了人力工程与天然水道的一体化交通，实现了南北方的互联，其中包含着大量的科学智慧、工程技艺、治理才华、管理经验，是中华文明"天人合一"理念的具体实践。大运河通江达海，为古代中国与世界的文化往来架设了便利的桥梁，她一端联系海上丝绸之路、一端衔接陆上丝绸之路和草原丝绸之路，将几条丝绸之路编织成环，形成了一个把中国及世界、内陆及海洋完全联通的交流网络，推动了贸易与文化交流的陆海联动。古代中国的丝绸、瓷器、茶叶等物产的外运，日本及新罗的遣唐使来华，中国高僧鉴真东渡，外国使者马可·波罗的游历，苏禄国王、利玛窦、马戛尔尼从沿海地区北上都离不开大运河。大运河实际是一条由中国联通世界的文化廊道，是展现中华文明开放包容精神的文化载体。

我国大运河经历过运输河道、国家级重点文物保护单位、世界文化遗产、国家文化带及国家文化公园几个阶段。2006年全国"两会"期间,58位政协委员联合提交提案,呼吁启动对大运河文化遗产的抢救性保护,并申报世界文化遗产。同年5月,京杭大运河被国务院公布为第六批全国重点文物保护单位,12月被列入《中国世界文化遗产预备名单》,大运河申遗工作正式启动。2014年6月22日,中国大运河成功入选世界文化遗产,列入《世界遗产名录》的具体为隋唐大运河、京杭大运河和浙东运河各个河段的典型河道段落和重要遗产点,共包括河道27段、遗产点58处,涉及沿线8个省市的27座城市,河道总长1011公里,约占大运河总长的1/3。

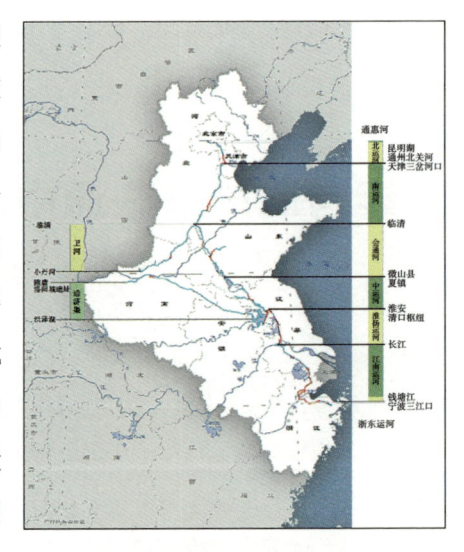

中国大运河河道分段图
(中国文化遗产研究院供图)

2014年以来,我们为讲好中国大运河作为"世界遗产"的故事开展了大量工作。世界遗产的申报与评估工作是在联合国教科文组织及国际古迹遗址理事会等学术性机构的主导下所开展的世界性行动,具有广泛的全球化意义和跨国文化合作与分享的价值。中国作为联合国重要成员国,作为世界遗产运动的积极参与者,我们有条件和有责任讲好作为世界遗产的中国大运河的故事。中国大运河作为世界遗产,不仅其自身有着极其丰富的文化内涵,而且还与中国海上丝绸之路申遗项目,与部分陆上丝绸之路的世界遗产内容,与杭州、苏州、南京、扬州、徐州、北京、洛阳、西安、开封等城市中已经成功申报为世界遗产或者已经列入中国申报世界遗产预备名录的项目有着内在相关性,它们共同构成了具有世界性意义的宏大文化体系,内蕴着大量的物质和非物质文化遗产,可以为讲好中国故事提供大量鲜活素材和可开发资源。

中国大运河与其他国家的运河有着类似的功能,是世界运河概念的组成部分。目前全球51个国家拥有500多条运河,涉及3000多个运河城市,世界运河历史文化城市合作组织(WCCO)秘书处常设于中国的扬州。我们通过"运河"这个世界共有的文化符号讲述运河与人类命运的故事,讲述中国大运河与世界其他国家运河及运河文化的异同故事等,在求同存异中推进跨文化理解,促进国际合作。

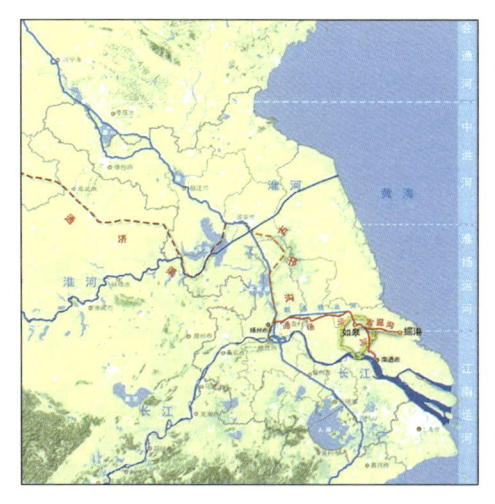

江淮运河示意图

宝带桥、斜港大桥双桥并行

今后,我们还要讲好中国大运河自身的故事及其与世界如何发生关联的故事。中国大运河的开凿、使用、管理等涉及太多的人物、事件、工程技术、物产风情、文学艺术等内容;大运河一端连着宁波、杭州、上海、太仓、张家港、南通、扬州、连云港、南京、天津等海上丝路城市,另一端连着洛阳、开封、西安、北京等陆上丝路城市或草原丝路城市,又通过长江、淮河、黄河、海河等连通中国内陆河流。大运河在古代中国与世界联通的历程中发挥过持久的作用,产生过大量有关中外人物及文化经济交流的故事,这些故事能够通过大运河相关的考古遗存、博物馆、文物保护单位、非遗、名胜古迹等得以展现。我们可以通过旅游、互联网信息、跨国文化展览、国际学术交流、友好城市互动等各种方式讲好这些故事,让中国大运河文化在推动国际合作和民心相通中发挥作用。

大运河作为世界遗产,得到党中央、国务院和社会各界的高度重视。2017年,在习近平总书记的指示下,大运河文化带建设启动。2019年6月,由国家发展改革委牵头的17个部委及大运河沿线8省市组成的大运河文化保护传承利用工作省部际联席会议制度经国务院办公厅同意正式建立。大运河文化带立足于大运河悠久的历史文明和丰富的文化资源以及涉及的广大区域,与中华优秀传统文化传承发展工程、长江经济带及长三角一体化、京津冀区域协同发展、淮河生态经济带建设、生态文明建设、乡村振兴、"一带一路"倡议等诸多国家发展行动高度关联,能够开创文化带动区域空间结构优化与高质量发展的新格局。在此过程中,大运河沿线文化遗产保护和利用工作得到显著加强,大运河全线文物保护修缮步伐加快;各省市已经全面建立河长制,沿线水环境实行按月全面监测;江南运河江苏段、淮扬运河、中运河遗产段进行了全面治理和保护;大运河江苏段完成了全面的文物保护利用规划并付诸实施,扬州中国大运河博物馆正式建成开放,深受观众喜爱;安徽加强大运河保护区划内的建设工程管理工作,实施了柳孜运河环境整治绿化及景观展示、大运河泗县段环境整治等一批重点项目,以环境整治保障大运河文化遗产的安全;山东、浙江大运河重点河段文物保护与展示成绩突出;天津通过建立传承机制、开展传播展示活动、纳入旅游规划等措施,加大了对非物质文化遗产保护力度,天津泥人张、津门法鼓、杨柳青木版年画等大量非遗项目得到了有效保护;河南在古荥汉代冶铁遗址博物馆建立了较完备的大运河遗产档案和保护监测系统;大运河沿线一批专题博物馆建成并对外开放,大量与大运河历史相关的可移动文物在各博物馆中得到良好的保护和陈列;等等。

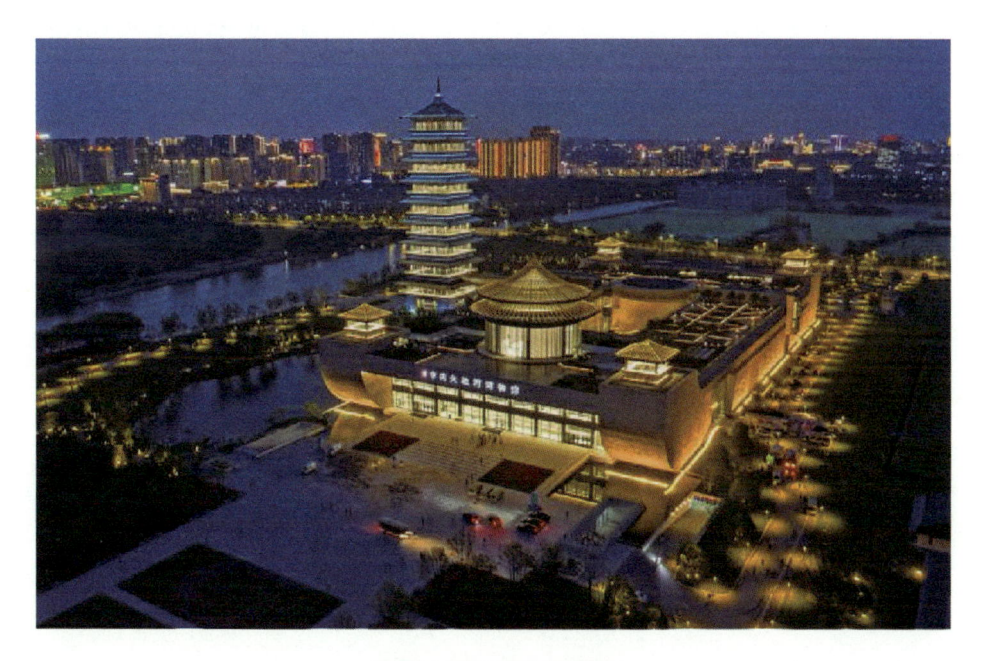

中国大运河博物馆夜景

2019年7月24日,中央全面深化改革委员会第九次会议审议通过《长城、大运河、长征国家文化公园建设方案》。大运河作为国家文化公园,将更多地致力于文化遗产保护、展示和文化的民众共享,其巨大的体量、悠久的历史、深邃的内涵、丰富的形态、无数的故事、广泛的影响,加之其独有的世界遗产身份,能够让她在当代中外文化交流与对话中起到积极作用。

大运河国家文化公园建设会吸取世界上其他国家的国家文化公园的经验,同时兼顾中国大运河文化的特性。如美国伊利运河国家遗产廊道被认为承载着"力量与发展""连接与沟通""发明与创造""统一与多样"的美国形象;加拿大的里多运河被定位为"国家宝藏",它除了展示当地历史文化风貌外,还被加拿大政府和3000多家企业联手打造为"经济和社会可持续发展的基石"。我国的大运河历史悠久,文化资源丰厚,与中华文明命运休戚相关,在大运河国家文化公园建设上应聚焦其作为中华民族精神标识、中华文化重要载体等的特质。

  中国大运河国家文化公园建设也能够为世界运河文化发展提供中国经验。首先，它向世界展示了中国人民珍爱文化遗产、追求和谐发展、建设生态文明的现代化理念和国家形象；其次，作为全球文化遗产保护事业的参与国，我国对大运河这一世界文化遗产的高质量保护体现了国家责任和担当；最后，大运河作为超大型的活态世界遗产，同时担负了文化保护、南水北调、灌溉供水、物资运输、生态廊道等功能，在国家文化公园建设中，如果我们能够统筹协调好保护传承与合理利用的关系，就可以为世界提供中国智慧。

  （本文部分内容发表于《人民日报》2021年8月3日第14版，篇名为《向世界讲好大运河的故事》）

中国大运河与世界互联互通

一、大运河是人类创造力的杰出范例

人类的文明创造活动离不开自然的支撑和规约,但是人类也可以通过大型工程对自然进行改善和空间重组,创造更优化的文明生存条件。这种文明一旦创造并取得重大成就,就会超越创造者本身的时空限制,从而产生世界性意义。中国大运河的诞生和发展大体上符合这样一个原理。

中国大运河是世界上唯一一个为确保粮食运输安全,以稳定政权、维持统一为目的,由国家投资开凿和管理的巨大工程体系。它是解决中国自然大河都是东西流向而缺失南北沟通、南北区域社会和自然资源不平衡等问题的重要措施,以世所罕见的时间与空间尺度,展现了农业文明时期人工运河发展的悠久历史阶段,代表了工业革命前水利水运工程的杰出成就。中国大运河实现了在广大国土范围内南北资源和物产的大跨度调配,沟通了国家的政治中心和经济重心,促进了不同地域间的经济、文化交流,在国家统一、政权稳定、经济繁荣、文化交流和科技发展等方面发挥了不可替代的作用。

中国大运河由于其广阔的时空跨度、巨大的成就、深远的影响而成为文明持续发展的重要动力,对中国乃至世界历史都产生了重大而深远的影响。

那么，大运河是如何形成的呢？这要从距今约8000万—300万年发生的喜马拉雅造山运动形成的中国及周边国家的河流与地貌格局说起。这样的地貌格局呈现出如下特点：一是中国境内几乎所有的自然大河都是从西向东流淌，并最终进入太平洋，只有少数河流进入印度洋或北冰洋；二是中国形成从西向东逐级降低的三级阶梯，使中国的平原集中在东部，西部则以山地为主，从而导致东、西部不同的自然条件和经济模式。

大运河的存在，不仅推动中国形成"四大文化板块"（草原高原文化板块、黄河文化板块、长江文化板块、海洋文化板块）现象，从而导致中国文化的多样共生甚至文明中心的多次转移；还推动中国形成"胡焕庸线"现象，从而导致东、西部地区社会发展的不均衡现象。所谓"胡焕庸线"，即原中央大学地理系主任、地理学家胡焕庸先生在1935年提出的划分我国人口密度的对比线，在某种程度上也成为目前人口、城镇化水平的分割线。这条线的东南各省区市，绝大多数城镇化水平高于全国平均水平；而这条线的西北各省区，绝大多数低于全国平均水平。同时，大运河还促使中国与外部世界沟通形成主要的三条通道：第一条是蒙古高原的"草原丝路"，为欧亚之间最古老的文化通道；第二条是从中国中原地区经"河西走廊"或"青海道"及新疆通向中亚乃至环"地中海文明圈"区域的"陆上丝路"；第三条是从中原乃至整个中国东南区域通过环海港口到达环太平洋乃至印度洋地区国家的"海上丝路"。当然还有西南高原丝路、青藏高原丝路、万里茶道等对外交流路线。

为此，我国必须对喜马拉雅造山运动所导致的自然大河彼此分隔所形成的多元文化板块进行联通和整合，否则，南北分离、政治中心与经济重心分离、"陆上丝路"及"草原丝路"与"海上丝路"间的分离等问题就无法得到解决。于是，中国大运河的形成，就是重组和改善因喜马拉雅造山运动带来的中国自然大河格局并解决诸多深层次问题的一项最重要的工程措施。这也是中国古代的大运河工程总是由国家主导的根本原因。或者说，古代中国的大运河开凿、管理、运行本身就是一种国家文明运动，而不仅仅是一项纯粹的交通、水利工程。

古代中华文明的持续发展、中华民族的统一与融合、中国国土的长治久安，都需要一条纵贯南北的水上大通道，即"中国大运河"。从这个意义上说，我国古代土地上唯一的南北贯通而且是连通所有东西走向自然大河包括海洋的大运河，实际上是一个人工重新建构的贯通南北、连接东西的巨型水系流域和水运网络系统。它也是确保中华文明持续发展未曾断裂的重要支撑条件，因为至少从隋唐开始，中国的政治中心再也不能离开大运河。

二、大运河是当之无愧的世界性文化宝库

中国大运河是公元前5世纪至公元20世纪上半叶持续完成的巨型人工运河工程，包括先秦到南北朝的大运河、隋唐宋大运河、元明清京杭大运河。它经过北京、天津、河北、河南、山东、安徽、江苏、浙江8省市，涉及数以百计的大中小城市。河道总长约3100公里（包括隋唐大运河和京杭大运河），其中主线长度约2681公里。它经历过运输河道、南水北调输水通道、国家级重点文物保护单位、世界文化遗产（长1011公里）、国家文化带及国家文化公园几个阶段。今天它具备着生活、生产、文化、运输、供水、水利、旅游、生态、景观等综合性功能，仍然是中国现代化建设的重要参与力量。

21世纪以来，文化战略成为世界性话题。在全球化背景下，中国适应这一形势，也开始高度重视文化问题。在这个过程中，大运河的身份发生了里程碑式的转化，即从一般性运输河道转变为"国家级重点文物保护单位"和"世界文化遗产"乃至"国家文化公园"。

2005年12月，郑孝燮、罗哲文、朱炳仁三位专家联名致信大运河沿线各市市长，呼吁大运河申报世界遗产。2006年全国"两会"期间，58位政协委员联合提交提案，呼吁启动对大运河的抢救性保护，并申报世界文化遗产。同年5月，京杭大运河被国务院公布为第六批全国重点文物保护单位，12月被列入《中国世界文化遗产预备名单》，大运河申遗工作正式启动。2007年9月，"大运河联合申报世界文化遗产办公室"在江苏扬州挂牌成立。

《明钱谷张复合画水程图》（太仓）

《明钱谷张复合画水程图》（昆山）

《明钱谷张复合画水程图》（虎丘）

《明钱谷张复合画水程图》（枫桥）

2014年6月22日，中国大运河成功入选《世界遗产名录》。世界遗产委员会对中国大运河的价值评价是："大运河是人类历史上最伟大的水利工程杰作。大运河起源古老、规模巨大、不断发展，适应了千百年来的环境，提供了人类智慧、决心和勇气的确凿证据。大运河是人类创造力的杰出范例，展示了人类在直接起源于中国古代的巨大农业帝国中的技术能力和对水文地理学的掌握。"

列入《世界遗产名录》的是隋唐大运河、京杭大运河和浙东运河各个河段的典型河道段落和重要遗产点，共包括河道遗产27段，相关遗产共计58处，涉及沿线8个省市的27座城市，河道总长1011公里，约占大运河总长的1/3。

联合国教科文组织主导下的世界遗产事业在发展中，先后产生了世界文化遗产、自然遗产、工业遗产、农业遗产、文化景观、灌溉遗产、非物质文化遗产等各类遗产类型，其中包括"线性遗产"类型，而中国"大运河"属于"文化线路"遗产。党的十八大以来，以习近平同志为核心的党中央高度重视大运河的保护利用，要求以世界文化遗产的标准保护和利用好大运河文化遗产。习近平总书记多次作出重要指示——"保护大运河是运河沿线所有地区的共同责任"，"大运河是祖先留给我们的宝贵遗产，是流动的文化，要统筹保护好、传承好、利用好"。

2019年7月24日，习近平总书记主持召开中央全面深化改革委员会会议，审议通过《长城、大运河、长征国家文化公园建设方案》，该方案于2019年12月由中共中央办公厅、国务院办公厅印发全国执行。方案要求大运河沿线各地与大运河国家文化公园等"规划纲要"及"建设方案"进行对接，制定充分体现区位特点优势的高质量实施规划。

因此，大运河不仅是中国古代最伟大的交通运输工程，也是支撑中华文明持续发展的重要保障，还是多样文化共生共通共荣的空间廊道，更是沟通"海上丝绸之路""陆上丝绸之路""草原丝绸之路"的水上大通道。大运河区域是影响近代中国经济格局的重要力量，大运河已成为当代中国最宏大的国际文化"名片"。

三、大运河是沟通世界的桥梁

(一) 考古发现证明大运河是我国古代重要的国际性交通通道

中国大运河虽然是内陆运河,但是由于它的区位在中国的东部地区,与汇入渤海、黄海、东海、南海诸海洋的长江、淮河、黄河、海河、钱塘江、甬江等自然江河下游直接连通,加上一些连接海洋的大运河支线运河如掘沟(古通扬运河,又称盐运河)、娄江(浏河)、连云港境内的盐河等,使大运河与诸海区连为一体,由此,中国大运河遂成为从中国内陆通往外部世界的通途。

中国古代大运河的发展与世界互联互通主要经历了三个阶段。

第一个阶段是局域性运河阶段。从公元前486年前后邗沟、胥河、古江南河(丹徒水道)、黄沟运河(沟通泗水与济水,入黄河)、鸿沟等开始,一直到隋代之前,大运河主要涉及黄河、淮河、长江、钱塘江之间的运河;浙东运河在这一阶段也已成形;还有春秋战国时期的越国山阴古水道、西汉吴王刘濞开通的"东邗沟"、西汉的漕渠、东汉的阳渠、三国时期的破冈渎、西晋西兴运河(沟通钱塘江与曹娥江)等。

这个时期中国与外部世界的沟通主要是通过陆上丝绸之路。后期海上丝绸之路逐步崛起,但是运河的作用还不显著。

第二个阶段是全国性大运河形成阶段,历隋、唐、宋三代。大运河北及涿郡(今北京),南至明州(今浙江宁波),西通长安(今陕西西安)、洛阳、东京(汴梁,今河南开封)等,包括连通隋唐东都洛阳和北宋首都东京的通济渠(汴渠)、山阳渎、永济渠、江南运河、浙东运河、盐运河等,当然,长江、淮河、黄河等自然大河这一时期也被纳入大运河的运输系统。

这个时期的前期,陆上丝绸之路和海上丝绸之路同步发展。这个时期的后段,海上丝绸之路进入发达时期,大运河对中外交通发挥重大作用,大运河城市扬州、淮安、苏州、宁波、杭州等都利用大运河连通海洋的优势,成为海上丝绸之路重要城市。

正如唐《元和郡县图志》所写："通济渠，自洛阳西苑引谷、洛水达于河，自板渚引河入汴口，又从大梁之东引汴水入于泗，达于淮，自江都宫入于海……自扬、益、湘南至交、广、闽中等州，公家运漕，私行商旅，舳舻相继。"

第三个阶段是全国性大运河的进一步发展的京杭大运河阶段，历元、明、清三代。大运河从首都北京到宁波，包括通惠运河、北运河、南运河或御河、会通河、中运河、里运河、江南运河、浙东运河等。

元、明代早期，海上丝绸之路保持发达期，大运河与庆元（今浙江宁波）、太仓刘家港（今江苏太仓）、河北黄骅海丰镇等海丝城、镇关系密切；后期转为衰弱期。

过去，学者们已经在历史文献中探讨了走过中国大运河的诸多海外人士，他们中有来华使者、商贾、僧人、传教士、旅行家等。

我于2015年以来开展了与大运河考古相关的工作，包括与唐代日本遣唐使团历史有关的江苏南通如东掘港国清寺遗址的发掘和如皋隋唐掘沟遗址的考古发掘。2015年南京大学文化与自然遗产研究所诸多同志调查勘探确认后，考古团队于2017年7月至2018年8月对大运河重要支流"通扬运河"（隋唐"掘沟"）东端近海的掘港（今江苏南通如东县主城区）古国清寺遗址进行考古发掘。考古结果表明，该遗址最下层的土建筑台基遗存是始建于1200多年前唐代晚期元和年间（806—820）的掘港国清寺建筑遗存，是中日通过海上丝绸之路建立友好关

"国清"墨书款瓷器　　　　　　　　国清寺遗址出土的石俑

作者带领团队在考古现场

系的重要历史见证,是南通及江苏海上丝绸之路的重要标志性遗迹,是海上丝绸之路·东海航线的重要见证地和遗产点,也是联系日本、东海、掘港运河及盐运河、大运河及扬州乃至长安等海上丝绸之路文化交流线路的重要节点。

2019年10月至2020年4月,在江苏省文物局的支持下,南京大学和如皋市博物馆联合,对如皋境内唐代大运河连接海上丝绸之路的重要支线运河——隋唐古"掘沟"遗址暨古通扬运河遗址区域开展考古调查勘探工作。

经过6个多月的调查勘探,考古调查团队在如皋市如城街道—东陈镇段运河遗址两侧发现多处文化遗址,其中以十里铺(古代称"邗沟铺")路以北、兴源大道以东紧靠古掘沟运河的徐家桥段区域勘探发现的一处古遗址文化堆积最为丰富,遗址南北长约90米(东段)~120米(西段),东西宽约200米,地下遗迹保存相对完好,当时经探沟试掘,获知遗址的年代不晚于宋元时代。

经2022年3—12月近10个月的发掘和勘探,我们还在徐家桥遗址发现不

日本第 19 次遣唐使入华路线示意图

晚于唐代的古运河"掘沟"遗迹及晚唐五代时期的灰沟,宋代的古河道、灰沟、灰坑等各类遗迹11处;出土唐代至宋代的文物标本200多件,包括瓷器、釉陶器、铁器、铜钱、铜像、砖瓦、建筑构件等。同时,我们又把探索的视角延伸到《入唐求法巡礼行记》所记载的唐代"如皋镇"(今南通如皋市主城区)遗址。

2022年的考古发掘证明,如皋境内徐家桥遗址段古运河遗址的时代不晚于唐代,结合唐开成四年(839)日本遣唐使团中请益僧圆仁在《入唐求法巡礼行记》里记载的内容可知,这段古通扬运河遗迹应该是隋炀帝时期开挖的"掘沟"运河遗迹,也是唐开成四年日本遣唐使团去扬州及长安所行走过的重要运河河道,它与如东国清寺遗址共同构成了江苏南通"海上丝绸之路"的重要历史遗迹。

如皋历史城区考古勘探所获资料证明,今天的如皋历史城区至少在唐代后期已经是古通扬运河上的重要城镇。在地下发现的唐代晚期古井位于古运河"掘沟"南岸,井中出土长沙窑瓷器大约属于公元9世纪时期的遗物。日本高僧圆仁在《入唐求法巡礼行记》中记载的"如皋镇""如皋院""如皋茶店",以及"掘沟北岸,店家相连""水陆左右,富贵家相连"的历史场景由此获得了考古资料的证实。

勘探发现的五代至元明时代的砖铺道路呈南北走向,被今天的如皋城市南

古通扬运河上的如皋徐家桥遗址航拍

北中轴线主干道"人民路"所叠压,表明1000多年来如皋城市的南北中轴线一直北依古通扬运河而未曾移动,这为认识现代如皋城市的空间格局之形成和作为运河城市的规划特征等提供了考古实证材料。

(二)大运河对海洋城市的形成发展有着支撑作用

中国古代的海上丝绸之路城市或海港城市都分布在自然大河与渤海、黄海、东海、南海等海洋区域交汇之地,但由于天然良港形成所需特殊条件及从港口通向内陆区域需要更加广阔的运输网络,沟通中国南北方与东南沿海的大运河运输网络遂成为支撑中国古代海上丝绸之路城市或港城形成与发展的极重要条件。

对此,我们试举与唐代扬州港城和元代庆元(今浙江宁波)港城有关的两项考古发现为例:

一例是1998年在印度尼西亚勿里洞海域发现的中国唐代的"黑石号"沉船。该沉船出水6.7万件唐代瓷器、金银器、铜镜等物品,其中仅长沙窑瓷器就有5.65万件,还有越窑、邢窑、巩县窑等诸多中国南北方不同窑口的瓷器。北京大学齐东方教授等研究认为,该船的始发港应是大运河隋唐港城扬州。

另一例是在韩国全罗南道新安近海海域发现的中国元代的沉船。这艘沉船上发现的中国瓷器包括大运河及长江、淮河沿线的诸多窑口生产的产品,如景德镇窑、吉州窑、赣州窑、磁州窑、宜兴窑、老虎洞窑等,当然也有来自中国沿海的龙泉窑、义窑、磁灶窑、洪塘窑、石湾窑等的产品。专家们认为,新安沉船作为从中国(元朝)装载货物前往日本并不幸于韩国(高丽)海域沉没的国际商贸船只,其在中国的始发港很可能是当时中国大运河最南端的著名国际化港城——庆元(今浙江宁波)。

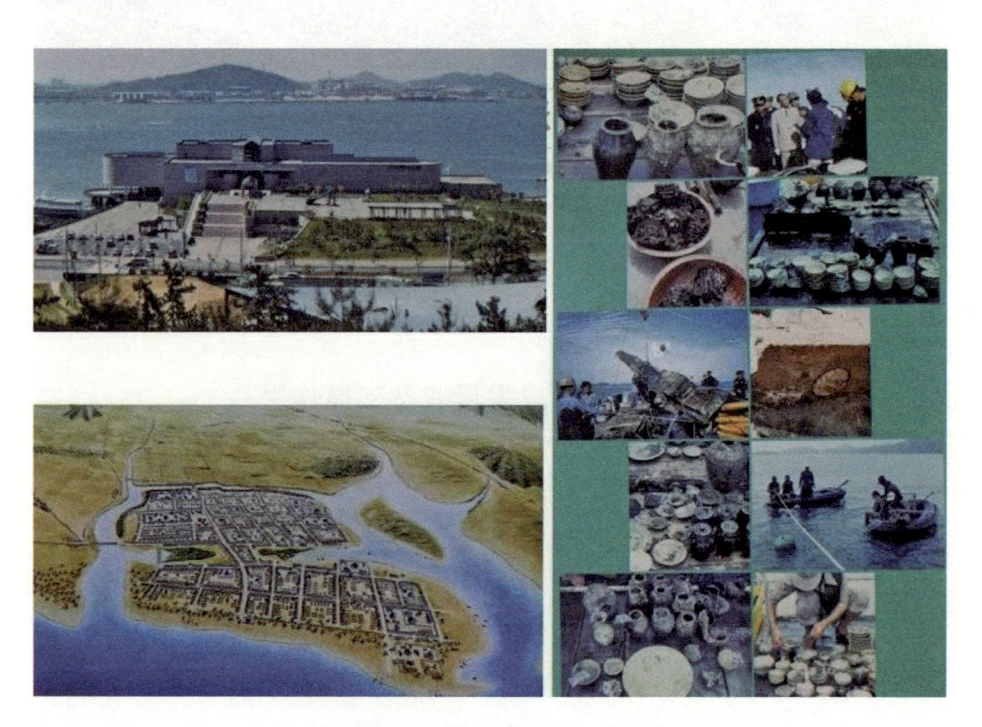

新安海域发现的中国元代沉船考古

这些沉船上的考古发现本身就构成了一个"国际化"的多样文化结构与商贸经济景观，生动展现了当时中国通过大运河与外部世界发生深刻关联的历史事实。

(三) 大运河对文化产品的国际流通发挥重要作用

古代从域外运入中国的商品包括香料、玻璃、宝石、陶瓷、硬木、银圆、金银器、药材等，当然还有除商品之外的宗教文化、建筑文化、艺术等海外文化元素，其进入中国内地，尤其是进入中国的都城，大运河是最重要通道。

这里仅以在古代中国唯一进入中国宫廷与市场的域外瓷器——"高丽青瓷"为例。从20世纪50年代开始到近年的70年间，中国境内的浙江、江苏、安徽、山东、河北、内蒙古、辽宁、黑龙江、北京、广西、台湾等省(自治区、直辖市)陆续出土了一批高丽青瓷器(含残碎标本)。其时代为北宋至明代早期，代表着这一时期中国不同王朝与高丽王朝(918—1392)之间的外交、商业与文化交往，具有不可代替的学术价值。

高丽青瓷的出土具有显著特征：一是主要出土于宋元时期由国家指定的可以进行国际贸易活动的海港城市，如北宋时期的明州(今浙江宁波)，南宋时期的明州(1195年改称庆元)、临安(今浙江杭州)，元代的庆元(今浙江宁波)、太仓(今江苏太仓)、登州(今山东蓬莱)等，它们大多数和大运河相联通。二是主要出土于宋元时期和大运河直接相连的都城区域。迄今为止，中国出土高丽青瓷数量最多的城市是南宋的都城临安(今浙江杭州)和元朝的大都(今北京)。三是主要出土于重要的大运河沿线地方城市。除两宋、辽、金、元、明初的国际贸易港口城市和都城之外，诸多地方性大运河城市也有高丽青瓷的发现，如江苏淮安、扬州、元代"六国码头"太仓浏河港附近的吴江同里镇、北宋汴渠线上的安徽淮北市等。

高丽青瓷

总之,中国古代大运河作为中国古代最大的人工运河,她不仅对中华文明的持续存在和发展发挥过难以估量的作用,而且在古代中国与外部世界的交往中同样发挥过难以估量的作用,特别是后者,迄今所知的资料还非常有限。除了历史文献,考古学可以发挥重要作用。今天,中国大运河作为全球《世界遗产名录》中的一员,作为中国国家文化公园建设的重要对象,她同样在发挥着联通世界之"桥梁"和"使者"的作用。

(本文最初是作者在2022年10月南京农业大学召开的"联通的力量:运河与文化脉络"国际学术研讨会上的发言提纲;后经增补,发表于《人民政协报》2023年10月23日第11版)

方兴未艾的中国大运河考古

考古学是一门依靠不断的新发现而展示学科魅力的科学,也是一门通过实证性资料阐明历史和文化,并向社会不断奉献新知识及可供人们保护传承发展的文化遗产而展示其独特价值的科学。考古学的新发现一是通过考古发掘而获取,二是通过对当代社会提出的新问题、新理念、新挑战做出回应而获取。中国大运河考古同样具备这两方面特点。

在中国古代的工程创造中,有两项作品闻名世界,一是东西走向、崛起于地上的长城,二是南北走向、深凿于地下的大运河。它们一刚一柔,几乎都起源于2500年前左右的东周时代,作为文化遗产形态,则一直保存到当代乃至未来。不过,大运河与长城不同的是,直到今天,它的大部分河段还是活态的,继续滋养着运河两岸的千家万户。

众所周知,东周至南北朝时期,大运河其实更多呈现的是局域性运河的形态,隋唐时期开始形成真正全国性的南北大运河,当时它西抵长安,北通涿郡(今北京),南达杭州,全长2700多公里,沟通了海河、黄河、淮河、长江、钱塘江五大东西流淌的水系,纵贯今天8个省市,连接了华北、黄淮和长江下游三大平原和一系列城市乡镇,形成了以长安—洛阳为轴心的全国性水运物流网。到北宋时代,这个水运中心东移首都东京(今河南开封);南宋又以杭州为大运河中心,杭州至宁波的浙东运河同时得以繁荣。元明清三代,大运河直接从河北入山东,南接江苏,形成了以北京为中心、全长1700多公里的京杭大运河体系。可以认为,2500多年来,大运河使得中国的政治中心与经济重心、海上丝路和陆上丝路、人工河道与天然河道、北方区域与南方区域、经济基础和文化创造相互沟通、融合,创造了一个又一个文明奇迹,为保障国家治理系统的安全和国土统一作出过难以想象的贡献。不过,在传统理念中,大运河仍然不过是一项伟大的水运事业,人们看重的是它的运输和水利价值。直到21世纪初,它的博大而深厚的文化价值才得到初步认知,从而被作为文物或一种文化遗产形态而呈现于世人眼中。推动这种理念产生的重要原因,是20世纪90年代兴起的"文化线路"遗产实践。

"文化线路"遗产概念提出于1993—1994年。1993年,位于西班牙和法国的"圣地亚哥—德孔波斯特拉朝圣之路"被列入世界文化遗产名录。次年,"文化线路"世界遗产专家会议在马德里召开,专家们对"文化线路"作为一种新型文化遗产的学术概念、定义、判断标准等形成了学术共识。1998年,国际古迹遗址理事会又专门成立"文化线路科学委员会"。我国文物考古界大约从2000年前后开始以"海上丝绸之路"申报世界文化遗产以及以大运河考古为题,开启了中国"文化线路"类遗产主动性考古的学术

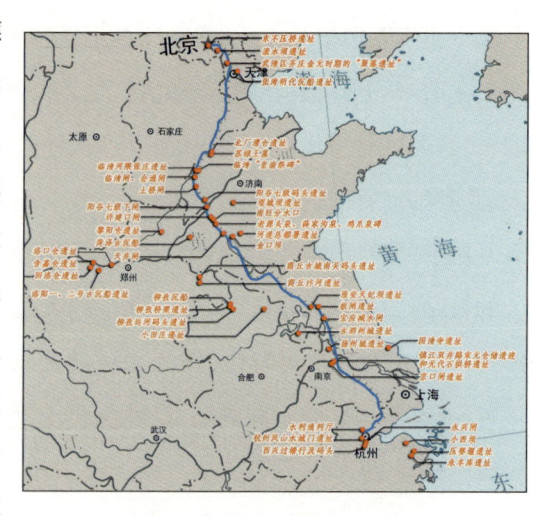

大运河沿线考古项目示意图

先河。2005年10月,国际古迹遗址理事会第15届大会暨国际科学研讨会在我国陕西省西安市召开,"文化线路"是这届大会的四大论题之一,会议上通过了《文化线路宪章(草案)》。此后,大运河申遗也提上了议事日程,在国家文物局的主导下,配合申遗的大运河考古进入了大面积开展的新时期。2014年6月,在

卡塔尔首都多哈召开的第 38 届世界遗产委员会会议上,中国大运河顺利进入《世界遗产名录》,但是大运河考古却并未终结。2017 年 6 月,习近平总书记指示:"大运河是祖先留给我们的宝贵遗产,是流动的文化,要统筹保护好、传承好、利用好。"此后,由 8 省市共同参与的大运河文化带建设拉开帷幕,由此,大运河考古又承担了新的历史使命。

大运河考古作为一项专题性考古,涉及面宽广,包括大运河河床本体、河防工程、船闸、堤坝、分水枢纽工程、调节运河水量的水柜,大运河涉及的城镇、乡村、码头、桥梁、沉船或船舶、仓储设施、关防设施、宗教设施、管理设施,大运河上丰富多彩的运输物资如粮食、陶瓷、木材、盐茶、砖石、文化用品等,以及大运河涉及的人物遗存、中外文化交流遗迹遗物等。考古研究的目标至少应包括大运河的历史、文化、交通、工商业、水利、科技、生态环境、宗教、外交等以及文化遗产的保护、传承、利用等诸多方向。从学术史角度而言,大运河考古其实早在 20 世纪 70 年代已经开始,如考古学者于 20 世纪 70 年代发掘与大运河直接相关的国家仓储遗存——洛阳隋唐含嘉仓遗址;1999 年,在安徽濉溪县柳孜村发现隋唐大运河河道、码头遗迹以及沉船、陶瓷器等大量遗物;2001—2002 年发掘宁波元代永丰库遗址;2004 年,笔者团队也主持了江苏盱眙县唐宋大运河的重镇泗州城址的考古勘探等。但是,主动的、系统的大运河考古还是在国家文物局主导大运河申遗后才逐步深化的。如:考古界 2006 年对安徽宿州西关步行街汴河遗址的发掘;2007 年对宿州老环城路内宋代码头遗址的发掘;对唐宋大运河重镇泗州城遗址的发掘;对山东汶上南旺分水枢纽工程及分水龙王庙遗址的发掘;2010—2011 年,对巩义市隋唐洛口仓遗址的发掘、对汴河荥阳故城河段的发掘、对中牟县官渡镇附近汴河河段用于调节水量的天然"水柜"遗存的发掘;2011 年对泗县刘圩汴河故道遗址的发掘;对商丘南关段汴河遗址的发掘;2012 年对柳孜运河遗址做第二期考古发掘;2016 年对安徽灵璧县隋唐运河遗址的发掘;2018 年对高邮大运河故道平津堰遗址的发掘等。这些大运河考古项目不仅揭示了大运河的形态演变和复杂内涵,而且以许多前所未知的内容展现了大运河所长期孕育的有关物质文化、制度文化和精神文化的成就，为全面真实地向世人展现大运河文化的源远流长、深厚博大提供了独特的材料和视角，一批建立在考古发现基础上的有关大运河历史文化的博物馆、遗址公园应运而生。

| 柳孜运河遗址第一次发掘出土的独木舟 | 柳孜运河遗址第二次发掘航拍 |

当然，千年流淌的大运河积淀了太多的历史内涵和文化篇章，迄今为止的大运河考古在数千公里长的运河线路上还仅仅是九牛一毛，随着文化线路类世界遗产保护及研究事业的不断发展，随着大运河文化带及大运河国家文化公园建设的不断深入，大运河还会给考古人提出无数的问题，呼唤有志者去发掘、去探讨、去展现。或者说，大运河考古作为大运河历史与文化认知及大运河文化遗产保护传承利用的基础性、细节性、深厚性、实证性的科学事业，理应得到政府、社会、学界等各方面的更多支持和推进，从这个意义上说，大运河考古真可谓方兴未艾！

（本文发表于《大众考古》2019年第1期）

邵伯明清运河故道

我对"大运河考古"的理解

中国大运河和中国及世界上其他人工运河一样,它有自己的诞生、发展的历史,涉及大运河本体的设计、开挖、运行、管理、维护和不断延展、创造的历史。尽管中国大运河诞生之后有着诸多历史文献的记载,但是,只有在考古学家的手铲下,才可以揭示它的物理空间、物质形态、工程技术、相关要素以及无数的故事,从而呈现出大量未为人知的大运河的历史细节和蕴含其中的独特智慧,为大运河历史研究提供珍贵实证资料。同时,许多大运河世界遗产点、大运河专题博物馆、大运河遗址公园、大运河文旅融合景点景区、大运河数字展示、大运河研学等也离不开大运河考古成果的支撑。

大运河考古涉及工程、地理、地貌、水文、水利、环境、交通、运输、城市、乡村、手工业、农业、商业、建筑、艺术、饮食、人物、中外交流等许多领域,是一门跨学科、综合性的"部门考古",这对大运河考古的组织工作与学术协作等提出了更高要求。"大运河文化"是由大运河作为"文化创造力量"所促成的文化体系,从21世纪初开始,"大运河文化"成为中国文化的经典符号和具有世界性地位的中国文化标识。大运河考古是揭示"大运河文化"的基础性学术事业。

"大运河文化"主要是指在大运河水系及流域于历史上所形成的文化廊道体系及当代对这些文化遗产的保护传承利用发展体系。从大运河文化形态上说,有大运河物质文化、大运河非物质文化、大运河文献形态的文化、大运河文化景观、大运河文化生态等；从时段上说，有古代大运河文化、近代大运河文化、当代大运河文化；从类型上说，有大运河水工文化、大运河水运及漕运文化、大运河城市与城镇文化、大运河乡村文化、大运河工业文化、大运河商业文化、大运河盐文化、大运河建筑文化、大运河工艺文化、大运河饮食文化、大运河名人文化、大运河海丝文化、大运河文学文化、大运河宗教文化、大运河戏曲文化、大运河地名文化、大运河文献、大运河地图与绘画、大运河学派、大运河医派、大运河书院及教育文化、大运河军事文化、大运河文化博物馆、大运河考古遗址公园、大运河文化生态保护区、大运河文旅、大运河文创等领域。随着科学研究的深入，我们相信还会有更多的大运河文化类型被发现。

大运河考古属于历史时期考古，除了田野考古之外，需要与相关历史文献（如《三吴水利录》《漕船志》《山东运河备览》等），与历史地图（如《山东河道图》《都畿水利图》《九省运河泉源水利情形图》等），与古代运河绘画（如《清明上河图》《康熙南巡图》《乾隆南巡图》《潞河督运图》《姑苏繁华图》等），与地面物质文化遗产资料、非物质文化遗产资料、近现代档案资料、历史地名资料以及水文、水运资料等相互结合，构成以考古学资料为中心的大运河考古学术资料体系。

大运河文化博大精深，源远流长，考古学只不过是研究与展现大运河文化的学科之一。考古学在研究、揭示大运河文化的时候，还必须与其他学科如水运交通、水利、历史、地理等的大运河研究、大运河文化的研究资料、研究成果相互结合。当然，我们强调的是，因为大运河文化首先是一种历史形态的文化，为此，考古学作为研究人类历史形态文化的基础性科学，它在发现、揭示、阐述、表达、传承、传播大运河文化方面无疑占有极重要的地位。

东西走向的自然大河及其流域创造了古中国文明，给中华文明的不同文化板块的诞生、发展与碰撞提供了运动空间。但它也有缺点，就是容易造成南北阻隔甚至同胞分离：三国、东晋十六国、南北朝、五代十国、宋金时代等，几乎都以淮河—长江为界。而且，因为自然气候、土壤、水量、农业品种以及民族、移民及人口分布等各种原因,中国存在经济重心不断南移而政治中心必须在北方的问题。

中华文明的持续发展、中华民族的统一与融合、中国国土的长治久安,都需要一条纵贯南北的水上大通道,它就是"中国大运河"。从这个意义上说,我国土地上唯一的南北贯通而且是连通所有东西走向自然大河包括海洋的大运河,实际上是一个人工重新建构的贯通南北、连接东西的巨型水系流域和水网系统。这是大运河超越"上苍之手"重构中华山河及交通体系的伟大创造性所在,它也是确保中华文明持续发展未曾断裂的重要支撑条件,因为至少从隋唐开始,中国的政治中心再也不能离开大运河。换句话说,大运河是切合中华民族需求,顺应中华文明内在发展规律,重构中国宏观山川水系,整合中华文明不同文化板块的伟大工程与动力体系。它的伟大性已经深深嵌入中华文明数千年发展进程之中,并且还会深刻参与中华民族的伟大复兴进程。它的举世无比的文化贡献需要我们今天用历史细节慢慢揭示和体会,需要我们用心灵去触摸和感知。这也是大运河考古与大运河研究的意义所在,是大运河文化带建设与国家文化公园建设的重大价值所在。

一、大运河考古的背景认识

(一)大运河身份的变革:从经济性到文化性

21世纪以来,大运河的身份发生了里程碑式的转化,即从一般性运输河道转变为"全国重点文物保护单位"和"世界文化遗产"。

2005年12月,郑孝燮、罗哲文、朱炳仁三位专家联名致信大运河沿线各市市长,呼吁大运河申报世界遗产。2006年,全国"两会"期间,58位政协委员联合提交提案,呼吁启动对大运河的抢救性保护,并申报世界文化遗产。同年5月,京杭大运河被国务院公布为第六批全国重点文物保护单位,12月被列入《中国世界文化遗产预备名单》,大运河申遗工作正式启动。2007年9月,"大运河联合申报世界文化遗产办公室"在江苏扬州挂牌成立。2014年6月22日,中国大运河成功入选《世界遗产名录》。世界遗产委员会对中国大运河的价值评价是："大运河是人类历史上最伟大的水利工程杰作。大运河起源古老、规模巨大、不断发展，适应了千百年来的环境，提供了人类智慧、决心和勇气的确凿证据。大运河是人类创造力的杰出范例，展示了人类在直接起源于中国古代的巨大农业帝国中的技术能力和对水文地理学的掌握。"

国家高度重视大运河的保护利用，要求以世界文化遗产的标准保护和利用好大运河文化遗产。习近平总书记多次作出重要指示："大运河是祖先留给我们的宝贵遗产，是流动的文化，要统筹保护好、传承好、利用好。"

2017年2月24日，习近平总书记在北京通州视察时指出，"保护大运河是运河沿线所有地区的共同责任"，要"深入挖掘以大运河为核心的历史文化资源"。2017年6月4日，习近平总书记又专门就大运河文化带建设作出重要指示。

2017年6月28日，国家文物局在济南召开大运河文化带建设工作座谈会，提出贯彻习近平总书记重要指示批示精神，以大运河为核心打造"大运河文化带"，使之成为中华民族伟大复兴的文化标志性品牌。

2019年2月，中共中央办公厅、国务院办公厅印发了《大运河文化保护传承利用规划纲要》。

2019年7月24日，习近平总书记主持召开中央全面深化改革委员会会议，审议通过《长城、大运河、长征国家文化公园建设方案》，该方案于2019年12月由中共中央办公厅、国务院办公厅印发全国执行。包括江苏在内的大运河沿线各地与"规划纲要"及"建设方案"进行对接，制定充分体现区位特点优势的高质量实施规划。"中国大运河是世界上唯一一个为确保粮食运输安全，以稳定政权、维持帝国统一为目的，由国家投资开凿和管理的巨大工程体系。它是解决中国南北社会和自然资源不平衡的重要措施，以世所罕见的时间与空间尺度，展现了农业文明时期人工运河发展的悠久历史阶段，代表了工业革命前水利水运工程的杰出成就。它实现了在广大国土范围内南北资源和物产的大跨度调配，沟通了国家的政治中心和经济重心，促进了不同地域间的经济、文化交流，在国家统一、政权稳定、经济繁荣、文化交流和科技发展等方面发挥了不可替代的作用。中国大运河由于其广阔的时空跨度、巨大的成就、深远的影响而成为文明的摇篮,对中国乃至世界历史都产生了巨大和深远的影响。"

大运河所处历史空间与我国当代京津冀协同发展区及雄安新区、黄河生态保护与高质量发展带、淮河生态经济带、长三角区域及长江经济带、中部地区、"一带一路"交汇地等区域高度契合。大运河文化带建设成为我国改革开放以来最富有历史意义、当代意义和未来意义的重大国家文化工程,是我国改革开放以来第一个国家级的以文化为引领的重大区域发展战略项目。

(二)中国大运河的发展可分为三个阶段

第一个阶段:局域性运河阶段。从公元前486年前后邗沟、胥河、古江南河(丹徒水道)、黄沟运河(沟通泗水与济水,入黄河)、鸿沟等开始,一直到隋代之前,大运河主要涉及黄河、淮河、长江、钱塘江之间的运河;浙东运河在这一阶段也已成形;还有春秋战国时期的越国山阴古水道、西汉吴王刘濞开通的"东邗沟"、西汉的漕渠、东汉的阳渠、三国时期的破冈渎、西晋西兴运河(沟通钱塘江与曹娥江)等。

第二个阶段:全国性大运河形成,历隋、唐、宋三代。大运河北及涿郡(今北京),南至明州(今宁波),西通长安(今西安)、洛阳、汴梁(今开封)等。包括通济渠、山阳渎、永济渠、江南运河、浙东运河、盐运河等。

第三个阶段:全国性大运河的进一步发展,为京杭大运河阶段,历元、明、清、民国到今天。大运河从北京到宁波,包括通惠运河、北运河、南运河或御河、会通河、中运河、里运河、江南运河、浙东运河等。

中国大运河源于春秋时期。《左传》记载公元前486年,吴王夫差筑邗城(今扬州),城下凿河,引江水北行至末口(今淮安)入淮河,将江、淮两大水系连接起来。公元前482年,吴人又从菏泽引济水东流入泗水,沟通黄、淮两大水系,史称菏水运河。

战国时魏国开凿鸿沟,自今河南荥阳引黄河水东流经大梁城(今开封),折向南注入颍水,将黄河与淮河支流颍水连接起来,同时又连接了黄淮之间的济、汴、濉、涡、汝、泗、菏等主要河流,其中通泗的运道成为后来汴水的一条重要支流。

隋唐时期,中国的经济重心逐渐向南方转移,为巩固统一国家,必须大规模地开挖、整治联系南北方的大运河,推动全国性大运河运输网络的形成及航运繁荣,其基础是历代开凿形成的局域运河。隋唐时期的中国运河网络由广通渠、永济渠、通济渠、山阳渎、江南河五段组成。隋朝开凿的南北大运河,西抵长安,北通涿郡(今北京),南达杭州,全长2700多公里,沟通了海、河、淮、江、钱塘五大水系,连接了华北、黄淮和长江下游三大平原,形成以长安、洛阳为轴心,以黄河为基干,以洛阳为起点,向东北(永济渠)、东南(通济渠)辐射的Y形的庞大水运网。

北宋王朝定都开封,漕运中心由洛阳转移到开封,由于经济重心的逐渐南移,由汴河、邗沟、江南河构成的南北运河的地位日趋重要,实际上成为北宋王朝的经济命脉,每年由此输往京师的漕粮高达600万石。南宋时期,宋室南迁,大运河南北交通暂时中断,全国性运河网络发展受阻,以临安(今杭州)为中心的区域性运河系统生成。这时的江南运河成为南宋王朝的生命线,浙东运河得以进一步开凿,一批新的运河如得胜新河、荆溪、官塘河、金坛运河、上塘河等相继建成,一个以杭州为中心的联系更加密切、功能发挥更为充分的新的运河网络逐渐形成。有赖通畅而发达的漕运系统和江南经济重心区的优势,南宋王朝才在强敌压境的态势下得以偏安不辍。

元朝定都大都(今北京),经济上要依赖南方。为解决南粮北运问题,元朝对隋唐大运河进行了一次大规模的整治与开发,自南向北先后开凿了济州河、会通河、通惠河。重新开通的南北大运河以北京为中心,经通惠河至通州,由通州沿御河至临清,入会通河,南下入济州河至徐州,由泗水和黄河故道至淮安入淮扬运河,由瓜洲入长江,再由丹徒入江南运河,直抵杭州,沟通海、河、淮、江、钱塘五大水系,全长1700余公里。至此,完全意义上的京杭大运河最终形成。

明清两朝,中央政府高度重视运河漕运,设置漕运总督和河道总督,分别掌管运河漕运和运河水利。运河沿线的城市也因漕运而繁荣,北方的天津、德州、沧州、临清等城市迅速发展起来;东南地区的淮安、扬州、苏州、杭州也成为繁华的都市,并称运河沿线"四大都市""东南四都"。

近代以来,大运河作为国家漕粮物资运输大通道的历史使命逐渐完结。清咸丰五年(1855),黄河在铜瓦厢决口,京杭大运河被拦腰截断,黄淮分离,安山至临清间运道涸竭,而淮河下游河道淤塞,淮南运道也受到较大影响。同治十三年(1874),漕船由海轮代替。光绪二十六年(1900),漕运全罢,漕粮改折现金,海运、河运全部废止。民国初年,政府曾对江北运河进行了一定程度的治理,但后因军阀割据、财政匮乏、技术缺失等因素而陷入停滞。

1949年新中国成立后,人民政府对于航运水利事业的发展非常重视,不仅提高了航道标准,修建了大量的现代化闸坝桥梁,而且每年都对运河进行疏浚与维护,从而使其运输能力大为提高。但是必须看到的是,一直到20世纪结束,人们对大运河的价值认知,还是停留在运输、水利等原始功能上。

随着中国大运河申报世界遗产的成功以及南水北调工程的进行,特别是十八大以来党中央高度重视中华优秀传统文化传承发展、高度重视国家"文化建设"、高度重视马克思主义与中华优秀传统文化相结合,中国大运河迎来了新的春天,无论是对其历史文化的研究,还是相关物质与非物质文化遗产的保护,民生、经济与生态效益的结合等,都引起国家与社会对大运河的再次瞩目,古老的大运河又将对中华民族产生更为深远的影响。

(三)对中国大运河的价值认知

第一,大运河是中国的政治河、经济河、文化河。

大运河的第一功能是服务于国家政治、国家文明,包括军事力量调度功能、供应首都中央物资所需的漕运功能等,是为了国家统一、国家稳定、国家治理,为了不同区域的相互整合、沟通和互动,为了不同民族的交往与凝聚,为了国土安全,等等。历代大运河的开凿、修理、管理等都是国家最高领导人主持,如夫差、杨坚、杨广、忽必烈、朱棣、康熙、乾隆等。唐朝中期之后，大运河就成为支撑首都和中央运转的生命线。

当然，大运河也服务于经济，包括国家经济和民间经济，盐、渔、粮、丝、棉、茶、瓷器、木材、药材、砖瓦，各地土特产，餐饮业、娱乐业、服务业等都在运河沿线进行生产交流贸易，多种新的经济业态得以成长，大批的城镇得以成长，农业渔业得到开发，税收得到保障。大运河是推动我国国土"胡焕庸线"现象形成的重要力量，虽然现在这条线已经很少被提起，但依然是非常重要的。

说大运河是"文化河"，是指大运河沿线的各种文化遗产和文化成就的诞生，如城市文化、集镇文化、建筑文化、手工艺、教育、雕版印刷、书画、科学技术、文学、园林、饮食、戏曲、音乐、故事、民俗、宗教、文化人才等大量涌现。大运河沿线交通的便利、信息的交流、经济的繁荣、人才的来往、物资的流动、文化的碰撞都带动大运河沿线文化趋向发达，使之形成中国文化的富集区。

第二，大运河使得中国的政治中心与经济重心、海上丝路和陆上丝路、海上丝路与草原丝路、天然运道和人工运道、经济基础和文化创造相互沟通、融合，创造了一个又一个文明奇迹。

至少从隋唐开始，中国的首都如长安、洛阳、开封、杭州、北京、南京等都离不开大运河，南北政治中心必须与大运河相连接，才能获得首都的生存保障和国家政治中枢正常运转的条件。海上丝路文明交流中的遣唐使，元代马可·波罗，明代利玛窦、苏禄国王，清代马戛尔尼等海外使者无不与大运河发生关联。中国外销的瓷器、茶叶等商品也多由大运河集散外运，中外沉船考古，如"黑石号"沉船、新安沉船等，可以充分证实这一历史过程。

大运河把唐代青龙镇(在今上海)、黄泗浦(在今张家港)、掘港(今如东)、扬州、涟水、楚州(今淮安)、海州(今连云港)、登州(今山东蓬莱)、宁波，宋代杭州、温州，元明清的上海、南京、天津等通海港口城市或集镇组织在一起，形成海上丝路的大通道，与陆上丝路相互连接，使中国与世界的文化汇聚通过大运河得以顺利实现。当然这种沟通也有长江、淮河、海洋的广泛参与。

第三,大运河得以兴盛,是由于中国先民充分利用了天然运道,把人工运河与天然运道相结合,体现了中华文明"天人合一"的智慧和特征。

一是中国河流多为东西流向,如长江、淮河、黄河、海河、钱塘江等,人工开挖的南北走向的大运河正好可以把它们打通连接起来,形成东西、南北天然运道和人工运道相互交织的最便捷的运输体系,首都—运河—天然运道—地方性政治经济中心城市—每一个集镇和乡村,这是一种贴近实际、高效低价的运输工程创造。不同运道的连接,涉及许多水利水运工程技术问题,在每个连接点上,不同流域的分水岭处,都有诸多的智慧性工程杰作,如淮安、扬州、镇江、仪征、汶上等地保存的相关水运工程遗产特别丰富。

二是湖泊与大运河的紧密关系。数千里的大运河在不同的地段要保持水流畅通,离不开特定区域可以提供补水、调水的"水柜",包括自然的湖泊或者是人工的湖泊,在早期阶段,有的运河河段就在湖中通行,人称"湖漕"。

大运河沿线从最北端的北京颐和园昆明湖,到最东南端的宁波市东钱湖,沿线湖泊有70个左右,比如洪泽湖、太湖、南四湖(微山湖等)、鉴湖,还有山东东平湖、宿迁骆马湖、苏北高邮宝应白马湖、扬州瘦西湖、丹阳练湖、杭州西湖、萧山湘湖、绍兴东湖等。有的是人工湖,有的是天然湖,有的是半人工半天然湖,有的干脆就是借湖行运的"湖漕"之湖。这些湖泊与运河相生相伴,一般都有为运河供水或为运河滞纳洪水的作用。

三是大运河与海运的结合。如宁波港口、太仓港口、上海港口、天津港口、扬州港口等都离不开与大运河的联通。为此,大运河作为人工河流,之所以有那么大的作用,是因为它借助于数以千万计的自然河流、湖泊、海上运道的优势,构成了四通八达的水上运输系统,支撑着一个大国的物流体系。

同时,沿着水运道路,还有陆上驿道的修建,形成水、陆相辅相成的行水供水系统与交通系统,使中国这样一个国土大国拥有了无与伦比的水陆皆备的交通命脉,使大运河沿线区域在隋唐至明清长达1000多年时间里成为中华文化最发达的区域。当然,此前的夏商、西周、春秋战国、两汉、三国至南北朝等时代积淀形成的各区域文化及局域性运河恰恰为大运河时代的到来、为不同区域文化的交流和人才的流动创造了坚实的基础。

第四,大运河是改变中国经济文化结构的重大力量。

中国5000多年文明进程中,早期的中心还是在中原至关中的区域。但到了唐代,出现"扬一益二",江南税贡始占主体;宋代"苏湖熟,天下足","上有天堂,下有苏杭";元明清时,江南区域成为国家经济文化中心,直到民国时产生胡焕庸先生发现的"胡焕庸线"所概括的现象,在这条线以东区域,大运河正居其中。这种现象一直影响到今天的长三角、京津冀、长江经济带、沿海及东部发达地区等国家经济文化格局的出现。

大运河一线的城市带即从北京到杭州、宁波,仍然是当代中国最重要的经济重心,创造这种现象的核心力量即来自千年流通的大运河。今天的南水北调东线、贯通中国南北的运河生态大走廊仍然在大运河一线。这也正是我们在"大运河文化带"建设中所能找到的历史创造与现代文明的高度关联、古今一体,实现历史文化遗产的创造性转化、创新性发展及让文化遗产参与现代化建设的重要契合点。

京杭大运河扬州段

二、大运河考古与大运河文化研究的初步收获

近20年来,中国考古界在大运河考古方面已经取得丰硕成就,包括对大运河文化空间及其文化遗产体系、大运河工程文化、大运河水运文化、大运河城镇文化、大运河工商文化、大运河盐文化、大运河丝路文化、大运河宗教文化、大运河名人文化、大运河艺术文化等方面的考古揭示。

(一) 大运河工程文化考古

大运河是一项伟大的人工水运工程,属于文化性和文明性成就。其考古工作的首要任务就是揭示其运河工程文化成就。第一是大运河河道本体考古,如河床、河堤等;第二是大运河水工设施考古,如船闸、水闸、水坝、水利枢纽等。学术目的主要是解决大运河河道在历史上的规模、变迁、工程技术成就等工程科技文化考古问题。

(二) 大运河城镇文化考古

这是大运河考古与大运河文化研究最重要的内容之一。如扬州、洛阳、北京、杭州、宁波、开封、泗州(在今江苏盱眙)、徐州、镇江等大运河城市都取得了重要成就。问题是我们如何把一般城市考古文化研究和大运河城市文化研究区别开?大运河城市考古最需要解决哪些问题?这些都是可以讨论的问题。

(三) 大运河运输遗迹考古

1. 隋唐大运河黎阳仓遗址考古

2011年12月,河南省文物考古研究所与浚县文物旅游局合作,根据文献记载,对隋唐大运河黎阳仓遗址进行了考古调查和勘探,确定了该遗址位于浚县城关镇东关村前街大任山北麓。考古发现涉及黎阳仓仓城城墙与护城壕,3座隋唐时期仓窖遗存,隋唐时期专用漕渠(南端),以及不同时期墓葬11座,灰坑100

余个,路1条,灶15个,同时还清理出北宋时期大型建筑基址2处等。①

黎阳仓遗址的考古发现为中国大运河的申遗提供了隋代大运河(永济渠)开凿和利用的珍贵实物证据,说明北宋时期永济渠对巩固北方边境仍然具有重要战略作用;为研究中国大运河沿岸古代官仓的建设和储粮技术发展增添了新的考古资料,印证了史籍中对"黎阳仓"的有关记载,同时,为黎阳仓遗址的有效保护提供了基础性材料。

2. 隋唐大运河回洛仓遗址考古

隋唐大运河回洛仓遗址位于隋唐洛阳城北1200米处,地处邙山南麓的缓坡带。2004年以来洛阳市文物考古研究院对回洛仓遗址进行考古工作,确认了范围、布局等。②

回洛仓遗址的发掘展示了大运河沿线与隋代都城具有战略储备和最终消费功能的大型官仓的储粮规模和仓窖形制特征。这个考古发现对于研究隋代大运河漕运制度、社会经济、政治、工程技术及俸禄制度等具有重要的实物资料价值,同时也为中国大运河成功申遗提供了隋代大运河开凿和利用的珍贵实物证据。

3. 隋唐大运河含嘉仓遗址考古

隋唐大运河含嘉仓遗址位于河南省洛阳市老城北,仓城北墙与洛阳隋唐东都故城的北墙正相吻合。含嘉仓的发现,为研究隋唐大运河与东都的关系及中国古代地下粮窖结构和储粮方法,以及研究隋唐时期对粮仓的管理制度、漕运情况和农业经济等方面,提供了重要资料,也为大运河的申遗及相关文化遗产的保护展示提供了重要资料。③

4. 镇江双井路宋元仓储遗迹、元代石拱桥遗址和大运河遗址考古

2009年8月至2010年1月,为配合镇江市"双井路片区旧城改造"项目,镇

---

① 马晓建、郭木森、刘海旺:《河南浚县隋代黎阳仓遗址》,《大众考古》2015年第5期。
② 王炬、吕劲松、赵晓军等:《洛阳隋代回洛仓遗址2012—2013年考古勘探发掘简报》,《洛阳考古》2014年第2期。
③ 河南省博物馆、洛阳市博物馆:《洛阳隋唐含嘉仓的发掘》,《文物》1972年第3期。

江博物馆考古人员对该区域进行了考古勘探和发掘工作。先后发现了宋元时代大运河仓储遗迹、元代石拱桥和大运河遗址。遗迹前临宋元时期的运河,后枕长江,规模宏大,布局规整。运河、石桥、仓储、长江,四者有机一体,共同构成大运河文化遗产的重要组成部分,是大运河文化遗产的重大考古发现。[1]

5. 洛阳大运河一、二号古沉船遗址考古

2013年9月,在河南洛阳偃师市首阳山镇义井村西南、洛河北岸的滩地上,当地人发现一艘古代沉船,沉船所在地西距隋唐洛阳城12.6公里左右,距东汉洛阳城郭城东墙300米左右。洛阳市文物考古研究院对其进行抢救性发掘。此次发掘共清理出古代沉船两艘,因其出土地点处于汉唐漕运故道上,故将其分别命名为洛阳大运河一号、二号古沉船,之后将其搬迁至回洛仓考古遗址公园保护展示。[2]

两艘古沉船的发现意义重大。古沉船发现位置距东汉洛阳城郭城东墙300米左右,遗址地处原隋唐洛阳城漕渠故道上,也是汉魏洛阳城阳渠南支的一部分,是汉魏和隋唐时期漕运河道的重要组成部分。古沉船的发现为大运河洛阳段的研究提供了实物资料。

6. 天津市张湾明代沉船遗址考古

张湾明代沉船遗址位于天津市北辰区双街镇张湾村东南、北运河河道拐弯处,在2012年4月北运河整治和考古过程中发现。考古发现明代沉船3艘,出土金元至明清时期铜、铁、瓷、陶、骨、木、竹等不同质地文物及标本600余件。在此次考古工作中,出土的金代钱币、元代瓷器、明代沉船与遗物以及清代丰富的生活器皿,清晰地反映出了文献记载中北运河的始建与使用的历史过程,为天津市大运河申遗提供了重要的实物证据。[3]

---

[1] 南京博物院、镇江博物馆:《江苏镇江双井路宋元粮仓遗址考古发掘简报》,《东南文化》2011年第5期。

[2] 史家珍、吕劲松、赵晓军等:《洛阳运河一号、二号古沉船发掘简报》,《洛阳考古》2015年第3期。

[3] 天津市文化遗产保护中心、张湾沉船考古发掘队:《天津北辰张湾发现三艘明代沉船》,《中国文物报》2012年7月13日第8版。

7. 菏泽大运河古沉船考古

2010年9月,山东省文物局等单位对发现于菏泽国贸中心工程建设工地的大运河古船进行抢救性发掘。经考古确认,该沉船为元代木质河船,沉船内及周围共出土110余件文物,主要类别包括陶器、瓷器、漆器、玉石、玛瑙、石器、铁器、铜器、金饰等。典型器物包括元代青花龙纹梅瓶、钧窑影青釉杯盏等,瓷器包括景德镇、龙泉窑、钧窑、磁州窑、哥窑等五六个南北方不同窑口的产品。沉船保存基本完整,为研究元代大运河木船形制及制作工艺提供了科学标本,对菏泽地区漕运史、河运交通及元代时期黄泛区之地形地貌等研究均有重要意义。[①]

(四) 大运河管理制度文化遗迹考古

1. 济宁河道总督署遗址考古

大运河济宁段地势起伏,水文地质条件复杂,水位不平衡,加之黄河冲淤等情况,使济宁成为扼守大运河咽喉的中枢地段。元明清三朝均在此设有最高司运机构——"河道总督衙门"。至清代,运河沿线曾设有三个河道衙门。其中,济宁"河道总督署"存在时间最长,于光绪二十八年(1902)官职裁撤后被废弃,历时600多年,历经188任河道总督。2010年,济宁市文物局考古研究所人员对驻济宁河道总督署遗址进行了局部发掘,发掘出墙基和砖铺地面遗迹多处。考古结果显示,河道总督署占地5公顷,建筑面积达1.6万平方米,设有大堂、二堂、三堂,有书院、射圃、演武厅等,规模宏大。这次发掘,确定了驻济宁河道总督署的位置所在及总体布局。

2. 大运河余杭段水利通判厅遗址考古

2010年4月,考古学者对大运河余杭段塘栖乾隆御碑公园进行局部考古发掘,发现明代水利通判厅建筑遗址。该遗址为两间坐西朝东建筑遗迹,并出土一块明代石碑,左侧碑文有明确纪年落款。此次考古发现与文献记载水利通判厅建立时间和所处位置符合,遗址出土的石碑为国内现存最大的大运河御碑。

[①] 孙明、高本同:《山东省菏泽沉船考古发掘获重要收获》,《中国文物报》2010年12月3日第4版。

（五）大运河宗教遗迹考古

山东南旺分水龙王庙是大运河文化体系中宗教文化的重要代表。该建筑群遗址位于汶上南旺京杭大运河的南岸，坐南朝北，与引汶入运的小汶河口相对，由东西并列的四组建筑组成。考古发现了丰富的文化遗物，出土大量的陶器、瓷器、玉器、陶石建筑构件、铜钱、船上用具及石驳岸、闸门构件等，考古发掘基本掌握了分水龙王庙的建筑格局和文化内涵。①

（六）大运河工商文化遗迹考古

关于大运河的工商文化遗迹考古，最典型的就是瓷器的生产、物流与消费，构成了大运河工商文化的重要内涵。举例而言，中国号称"瓷器之国"，而大运河水系则是中国瓷业生产的最重要的流通、消费渠道。大运河沿线城镇、乡村的考古中，经常出土大量的瓷器，这些瓷器来自不同的窑口，但它们都在大运河沿线流通。如安徽淮北柳孜运河遗址发现的唐代瓷器②、淮安河下古镇发掘出土大量龙泉窑瓷器③、扬州唐城考古中出土大量的越窑瓷器和长沙窑瓷器④等都是证明。

（七）大运河海丝文化考古

在大运河海丝文化考古中，最经典的有三个案例。一是湖南长沙窑的考古发现⑤，河南巩义市黄冶窑考古发现唐三彩和唐青花瓷⑥，扬州唐城考古出土长

---

① 山东省文物考古研究所：《汶上南旺——京杭大运河南旺分水枢纽工程及龙王庙古建筑群调查与发掘报告》，文物出版社，2011年。
② 安徽省文物考古研究所、安徽省淮北市博物馆：《淮北柳孜——运河遗址发掘报告》，科学出版社，2002年。
③ 南京博物院、淮安市楚州博物馆：《江苏淮安楚州区河下遗址龙泉窑瓷片堆积坑发掘简报》，《东南文化》2010年第2期。
④ 南京博物院发掘工作组、扬州博物馆发掘工作组、扬州师范学院发掘工作组：《扬州唐城遗址1975年考古工作简报》，《文物》1977年第9期。
⑤ 长沙市文物考古研究所：《湖南望城县长沙窑1999年发掘简报》，《考古》2003年第5期。
⑥ 河南省文物考古研究所、中国文物研究所：《河南巩义市黄冶窑址发掘简报》，《华夏考古》2007年第4期。

沙窑瓷器及唐青花瓷器[1],印尼海域发现的"黑石号"沉船中的6.7万多件长沙窑、越窑瓷器及唐青花瓷器[2]。二是浙江龙泉市元明龙泉窑考古、江苏太仓樊村泾龙泉窑瓷器发现、韩国新安海域发现的中国元代沉船及龙泉瓷器等。三是江苏南通如东发现的唐宋国清寺遗址,以及日本第19次遣唐使与高僧圆仁入唐求法线路考古、西安唐青龙寺考古发现等。许多原本看上去不相关联的事物,经大运河考古开展后,会发现它们彼此间通过大运河形成了深刻的一体化关系,从而揭开了大运河海上丝路文化的丰厚内涵与崇高地位。

(八)大运河人物考古

扬州发现隋唐大运河工程的开创者——隋炀帝的陵墓[3]。

大运河考古展现了大运河文化的丰富性、持久性、创造性,它不仅为中国大

扬州隋炀帝陵遗址公园(视觉中国供图)

---

① 南京博物院发掘工作组、扬州博物馆发掘工作组、扬州师范学院发掘工作组:《扬州唐城遗址1975年考古工作简报》,《文物》1977年第9期。
② 长沙铜官窑遗址管理处:《海丝唐韵 千年回望——"黑石号"出水遗珍》,文物出版社,2018年。
③ 汪滢、龚倩、王宏伟:《隋炀帝墓葬获国家文物局确认》,《新华日报》2013年11月17日第1版。

运河申遗提供了科学支撑,为大运河系列博物馆、考古遗址公园建设、讲好大运河文化故事、推动大运河文旅融合等提供着独特资源,也为传承、复兴、发展大运河文化提供着基础性研究成果。

三、大运河考古对大运河文化认识的意义

大运河考古是中国"交通考古"的重要成功实践,是研究大运河历史的基础性学术工作;大运河考古工作的成果进一步揭示了大运河文化丰富多彩、细致而深刻的内涵;大运河考古工作曾经为大运河申报世界文化遗产提供了重要的学术支撑和一系列申报主体,其突出贡献不应该被忘记;大运河考古工作加深了对大运河文化带建设与国家文化公园建设的学术认识,相关发现也成为重要建设内容;大运河考古工作是大运河沿线专题博物馆建设、遗址公园建设、文物保护等重大文化项目建设的基础,是推动大运河文化事业发展的重要抓手;大运河考古工作是大运河文创产业、文旅融合产业、数字化传播发展的基础条件。独特的考古发现可以进一步激活历史记忆和文献资料,为中华优秀传统文化传承、文化品牌创造、讲好大运河故事提供真实的科学依据和创造性资源。目前大运河沿线的考古工作还比较薄弱,许多学术问题处于有待深入状态,迫切需要进一步加强大运河沿线考古机构及考古同仁的合作。

现代文化建设视野下的中国大运河文化

一、中国大运河从运输河道转化为文化体系的过程与原理

本次我和大家交流的这个题目不是有关"中国大运河"的历史研究话题,因为有关大运河的历史研究成果十分丰硕,论文和著作数以千计,大家都可以去检索阅读。本次我和大家讨论的是关于"中国大运河"作为"人类遗产"的话题,或者是一个有关"文化遗产学"的话题。

(一)从"文化遗产"到"大运河"

文化遗产学是一个新学科、新领域。文化遗产学看上去跟考古学、历史学、文物学、博物馆学、民俗学、人类学,包括工艺学、技术学、规划学等有很大关系,涉及很多学科,但实际上它是一个现代化的问题,这是比较有趣的学术创新问题。当然,今天我们不是来探讨文化遗产学问题的,但我们使用的视角和方法是文化遗产学的,其中包括遗产考古、遗产产生的历史追溯、物质遗产形态、非物质遗产形态、遗产保护利用及遗产价值评估,等等。

如果我们把"文化遗产"当作一个"话语"的话,它就是由人类创造出来的一种特殊资源,积累至今的年代有 300 多万年。我们现在在地球上发现的最早的

人类创造的文化距今320万年左右,那就有320万年左右的创造积累。当然,文化遗产主要的创造和积累的时间,大概从距今5万年开始,一直到今天。我们今天的所有行为,明天就会变成遗产,这些就会构成我们的认知对象。文化遗产是人类的一种发展资源,是取之不尽用之不竭的。它跟自然资源的一个最大差异是:自然资源用完了就会枯竭,所以出现了很多所谓的资源枯竭型城市;但是文化遗产是永远不会用完的,反而是越使用,其价值就越大,其推动发展的动力就越大。

文化遗产学是一门现代科学,调查、研究、保护、利用、发展文化遗产更是人类的一种现代化事业。文化遗产是现代社会的根基,而现代社会实际上就建立在文化遗产的基础上。在我们国家,这样的社会根基,主要体现在三个方面:中华优秀传统文化、革命文化,还有社会主义的建设和改革开放的文化。从文化遗产的角度来说,这三种文化都是属于一种文化遗产形态,作为构建了我们社会根基的对象,是非常值得我们关注和研究的。

文化遗产还是一种创新发展的资源。王巍先生就认为,(这种)创新发展有两种,一种是我们现在各种各样的物质创新,是在自然的资源里面进行研究开发;但是也有另一种很重要的创新,就是向历史的发掘。我们每一次发现了一种文化遗产,就会运用它重新构建我们的观念,构建我们的社会结构,构建我们的文化体系。所以,重新发现历史,建立当下社会观念与历史价值的承继关系,是奠定创新思维的一个重要方法。

文化遗产学作为一个领域和方法,产生于人类的现代化进程中。有学者总结过,人类农业文明走过5000多年,尽管也有过国家战争、阶级冲突、民族矛盾、自然灾难、专制迫害等种种问题,但是总体上还是可持续的。18世纪60年代工业文明诞生,这使人类取得了史无前例的发展和物质文明的进步,今天缤纷多彩的物质世界都是工业文明给我们带来的,但是它也产生了各种严重的问题甚至是危机。农业文明时期的很多问题,今天还存在。但是工业文明产生了新的发展不可持续的问题,如环境污染及生态危机、资源消耗过快和能源危机、拜物教和金钱崇拜、市场剧烈争夺、贫富分化日益加大、信仰缺失、恐怖主义、高科技战争风险等。可持续发展成为人类面临的最重要课题。

解决工业文明带来的危机,"校正"人类发展方向,从方法论上或者从根本上说是要问"人类怎么办?",不同的学科可能有不同的方案。对于我们这些从事考古、历史、文物及文化遗产、博物馆历史文献等学科研究的人来说,这个问题是"可以去做什么?"。我们这些来进行专业学习的人,就是要去为人类、为国家、为社会、为我们的人民去解决问题,让我们生活得更好,让我们整个社会、整个人类更加安全地向前发展。我们要以"文化的力量"为人类寻求发展主义和保护主义的平衡、传统与现代的平衡、肉体和心灵的平衡、物质与精神的平衡、自然资源开发和文化资源开发的平衡、增量和存量的平衡等发展策略。我们的目的是不要让现代化这艘巨轮倾覆或迷航。

1972年6月,在瑞典的斯德哥尔摩举行的联合国人类环境会议,通过了《人类环境宣言》(*Declaration of the United Nations Conference on the Human Environment*)和《人类环境行动计划》(*Action Plan for the Human Environment*)这两个文件。《人类环境宣言》提出:"人类拥有一种在能够过尊严和幸福生活的环境中,享受自由、平等和充足的生活条件的基本权利,同时也负有为当代和将来世世代代保护和改善环境的神圣责任。"这就是可持续发展思想的来源,也是一个国际(性)的行动。我们应该注意到在1972年的这两份文件里面,它所讲的人类的环境权包含了两方面:一个是自然环境,就是我们今天讲的所谓生态文明;还有一个是人文环境,而这个人文环境就是我们今天讲的文化遗产。如果离开文化遗产,我们这些人文学科是无以立足的。

同样在1972年,联合国教科文组织通过了《保护世界文化和自然遗产公约》(*Convention Concerning the Protection of the World Cultural and Natural Heritage*)。这是人类发展史上,文化遗产领域中的一个里程碑。今天我们很多的文化遗产的理念,其实都是从这个时候变成世界的共识的。在通过《保护世界文化和自然遗产公约》的同一天,教科文组织议决了《关于在国家一级保护文化和自然遗产的建议》(*Recommendation Concerning the Protection, at National Level, of the Cultural and Natural Heritage*)。这个建议提出："在生活条件加速变化的社会中，为人类保存与其相称的生活环境，使之在其中接触到大自然和先辈遗留的文明见证，这对人的平衡和发展十分重要。"就是说在《保护世界文化和自然遗产公约》及其执行中，追求的是人的平衡和发展。这个建议又提出，为了让文化遗产和自然遗产在社会生活中发挥积极的作用，整个社会的建设规划要包含三个要素：第一个是"当代成就"。但是还有两个很重要的内容必须纳入社会的规划中，一个是"昔日价值"，就是文化遗产；还有一个是"自然之美"，就是自然遗产。一个区域规划也好，一个城市规划也好，一个乡村规划也好，只有包含这三个要素，才是一个最符合现代化发展的、安全的、均衡的、和谐的、可持续的发展规划。

按照经济学原理，那些不可再造的东西才最具有价值，具有唯一性的价值，所以在规划建设时，当我们把很多的这种"昔日价值"和"自然之美"抛弃掉时，建设起来的社会就处于一个不和谐的、不安全的、不可持续的状态。这种以人类遗产为主导力量而追求均衡发展的先进理念，它的核心就是过去、现在和未来的有机联系，以及文化与经济、人与自然的和谐共生。当然这些都是我们中国目前正在追求的理念。

然而，面对国际上文化遗产及自然遗产事业的蓬勃兴起，人们会问：我们为什么创造和需要这项事业？这难道是为我们自己吗？不是的。我们作为一个人，要对子孙后代负责，要对整个社会负责，对国家负责，当然讲大一点要对人类负责。特定情况下的工业化、全球化和现代化带来了很多危机，我们从事文化遗产事业正是在抵抗这些危机。在现代科技支撑下，物质生产力发展越来越快，越来越强大，而人类的精神生产力跟不上现实的需求。文化遗产作为一种精神文化的资源，或者说一种软实力，就可以在此时发挥无可替代的作用。

"文化遗产学"置身于人类历史进程中并承载这样一个宏大的主题，让我们今天谈"中国大运河"这样一个同样宏大的主题有了一个很好的切入点和结合点:中国大运河原本是一条在历史上使用了 2500 多年的人工运输河道,在 21 世纪时受到了"文化遗产"的思维指导,演化成一个"全国重点文物保护单位"(2013年)、一项"世界文化遗产"或"人类遗产"体系(2014 年),演化成国家"五位一体"现代化方略中"文化建设"的重要领域和主场(2017 年以来)。

(二) 大运河的"文化转变"

中国大运河从一条运输河道转化为"文化体系"的这样一个演化过程,需要多个条件。一是人类遗产事业的产生与发展,这以联合国教科文组织主导的世界遗产运动为重点;二是由此引发的中国文物事业的发展,促成了从"文物观"到"文化遗产观"的转变,也通过了《中华人民共和国非物质文化遗产法》,这是国家层面的重要法律;三是适应全球化的需要,1985 年我们加入《保护世界文化和自然遗产公约》,2004 年加入《保护非物质文化遗产公约》,目前已成为世界遗产大国;四是我国中央政府对文化事业的高度重视,且将其纳入中国特色社会主义现代化建设核心体系,这使文化遗产事业的发展成为一种国家的追求、一种中国式现代化的重要实践;五是"大运河文化带"和"大运河国家文化公园"的建设,2017 年迄今,党中央决策构建大运河、长城、长征、黄河、长江五大国家文化公园体系。以上这些就是今天我们交流的主题——"现代文化建设视野下的中国大运河文化"的来源。

"大运河文化"主要是指在大运河水系及流域于历史上所形成的文化廊道体系及当代对这些文化遗产的保护、传承、利用、发展体系。从大运河文化形态上说,有大运河物质文化、大运河非物质文化、大运河文献形态的文化、大运河文化景观、大运河文化生态等;从时段上说,有古代大运河文化、近代大运河文化、当代大运河文化;从类型上说,有大运河水工文化、大运河水运及漕运文化、大运河城市与城镇文化、大运河乡村文化等。随着科学研究特别是大运河考古工作的深入,我们相信还会有更多的大运河文化遗产类型被发现。

我们会看到有很多的大运河沿线考古地,我们可以把它建成博物馆,可以把它变成一个遗址公园，可以把它变成乡村振兴或者特色古镇的一个建设对象，可以把它变成一个旅游区，也可以把它变成一个文化生态保护区的内容。就是说，你可以寻找各种各样的文化遗产保护利用方法，把这种大运河文化的发现变成一个"现代"的作品，变成一个现代化的"参与者"，变成一个人民可以去分享的历史创造。爱国主义、文化自信、创新发展，这些都包含在对大运河文化的考古中间。我们做大运河的文化建设行为，做这些"作品"同样也是把论文写在祖国大地上的重要成果。所以我觉得，自然科学学者和我们社会科学、人文科学的学者，有着同样的目的，即我们所有的研究都是为了人类的福祉，都是为了社会和国家的发展。对于路径、行为，我们可能有不同的选择，但是这样一个总目标是不可以放弃的。

洛阳隋唐大运河博物馆

宝应大运河刘堡减水闸考古遗址公园

我们来看泗州城。泗州城原处于唐宋汴河或通济渠进入淮河的一个接合部，后来在清康熙年间因为洪灾被淹到水里去了。我们于2005年对泗州城进行了考古勘探，在下面发现了城墙，还发现了一些遗物，包括唐三彩等。所以考古学就把当年被全部淹没掉的一座城市，在地下一米左右深的地方发现出来了，这就是我们大运河文化的一种发现。沿着明清黄河故道，当然它也和大运河有关，许多城市在历史上形成一个又一个黄泛性遗址，后来我称之为"灾难性遗址"。我曾写过一篇文章，提到人类应该认识自己的灾难性遗址，因为我们有各种各样的灾难，所以人类应该汲取历史上灾难的教训，从而更好地寻找到未来发展的方式。

泗州城遗址考古发掘现场

考古人又在淮安市发现了运河板闸遗址。板闸遗址中能看到在地下保存下来的一些地钉和其他遗存，这蕴含了很多工程技术原理。一段运河是怎么开挖出来的？包含了哪些科学技术？需要我们通过文化遗产学的方式，一个一个找到并说明。这样一来，我们大运河的这种技术系统、设计系统、智慧系统、工程系统，以及相关的各种各样的管理系统、城镇系统，以及它的整个文化系统，就可以被一点一点寻求出来。如果我们摈弃这些东西，只是把大运河看成一个普通的运输河道，而不把它看成我们中华民族的一种文化创造、一种文明成就，那就意味着我们今天谈的这些东西全部都会灰飞烟灭。

淮安板闸遗址

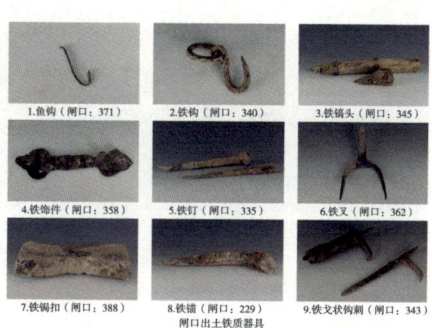

淮安板闸遗址考古出土的铁质器物

我们把刚才讲的这个部分适当地展开一下。中国大运河是公元前 5 世纪到公元20世纪上半叶持续完成的巨型人工运河工程,包括先秦到南北朝大运河、隋唐宋大运河、元明清京杭大运河。它经过北京、天津、河北、河南、山东、安徽、江苏、浙江8个省市,涉及数以百计的大中小城市。河道总长约3100公里(包括隋唐大运河和京杭大运河),其中主线长度约2681公里。它历经运输河道、南水北调输水通道、全国重点文物保护单位、世界文化遗产、"国家文化带"及"国家文化公园"几个阶段。今天它具备着生活、生产、文化、运输、供水、水利、旅游、生态、景观等综合性功能。我们今天谈大运河,是从文化与文化遗产的角度来谈的。但是我们更要知道,大运河不仅仅是我们文化人的,它还是我们整个人民的、整个国家的,因为还有众多人民生活在运河两岸,众多城镇分布在运河两岸。

我们提到大运河身份的变革,是在说大运河从经济性到文化性的变革。当年中国大运河作为世界遗产申报对象时,世界遗产委员会对它的价值评估是:"大运河是人类历史上最伟大的水利工程杰作。大运河起源古老、规模巨大、不断发展,适应了千百年来的环境,提供了人类智慧、决心和勇气的确凿证据。大运河是人类创造力的杰出范例,展示了人类在直接起源于中国古代的巨大农业帝国中的技术能力和对水文地理学的掌握。"这些词是不是太夸张了?其实不是的。他们(世界遗产专家)知道每一个国家、每一个民族、每一个时代的创造,都是人类智慧的伟大结晶,都具有全人类的意义,所以他们将每个民族、每个国家在每个时期的伟大的创造都视为全世界人类的共同的财富。世界上也有其他国家的运河进入世界遗产,比如法国米迪运河、比利时拉卢维耶尔和鲁尔克斯主运河、加拿大里多运河、阿姆斯特丹王子运河、英国庞特基西斯特输水道及运河等。可以说,世界遗产专家对中国大运河的评价是在全球比较视野下给出的,不是为了说给中国人听的,而是说给全世界人听的。

总体上看,中国大运河是世界上唯一一个为确保粮食运输安全,以稳定政权、维持国家统一为目的,由国家投资开凿和管理的巨大工程体系。它是"解决中国南北社会和自然资源不平衡的重要措施,以世所罕见的时间与空间尺度,展

法国米迪运河

英国庞特基西斯特输水道及运河

加拿大里多运河

阿姆斯特丹王子运河

比利时拉卢维耶尔和鲁尔克斯主运河

现了农业文明时期人工运河发展的悠久历史阶段,代表了工业革命前水利水运工程的杰出成就。它实现了在广大国土范围内南北资源和物产的大跨度调配,沟通了国家的政治中心和经济重心,促进了不同地域间的经济、文化交流,在国家统一、政权稳定、经济繁荣、文化交流和科技发展等方面发挥了不可替代的作用。中国大运河由于其广阔的时空跨度、巨大的成就、深远的影响而成为文明的摇篮,对中国乃至世界历史都产生了巨大和深远的影响"。这就是学术界对整个大运河的一种现代化视角下的评价、解释和价值肯定。

我们再对中国大运河的文化价值进行一个总体认识:第一,大运河是中国古代最伟大的交通运输工程;第二,大运河是支撑中华文明持续发展的重要保障;第三,大运河是多样文化共生、共通、共荣的空间廊道;第四,大运河是沟通"海上丝绸之路""陆上丝绸之路""草原丝绸之路"的水上大通道；第五，大运河是影响近代中国经济格局的重要力量；第六，大运河是当代中国最宏大的国际文化"名片"。

我们再深层地探讨一下中国大运河的价值。实际上，中国大运河的价值深植于中华文明的运动机理之中。中国作为世界四大原生文明的诞生地之一和东亚地区唯一的原生文明诞生地，作为世界原生文明延续到当代的文明奇迹，其所有的自然大河几乎都是从西向东走向的，黄河、长江、淮河、海河等无不如此。这是中国文明与古巴比伦文明、古埃及文明、古印度文明在地理背景上的最大不同。东西走向的自然大河及其流域创造了中国文明，给中华文明不同文化板块的诞生、发展与碰撞提供了运动空间。我们可以看到，这些早期文明如尼罗河文明、底格里斯河和幼发拉底河文明、印度河和恒河文明都在北纬30度这条线上，它们的河流都是南北向的，只有我们的黄河和长江是东西走向的。这种巨大河流文化板块的阻隔实际上为农业民族抵抗游牧民族的南下提供了极大的优势，使得农业民族获得更为安全稳定的文明发展空间。但东西向的河流也有缺点，就是容易造成南北阻隔甚至同胞分离：三国、东晋十六国、南北朝、五代十国、宋金时代等，几乎都以淮河—长江为界形成南北分裂。而且，自然气候、土壤、水量、农业品种以及民族、移民及人口分布等各种原因，使中国存在经济重心不断南移而政治中心必须在北方的问题。

因此，中华文明的持续发展、中华民族的统一与融合、中国国土的长治久安，都需要一条纵贯南北的水上大通道，它就是"中国大运河"。从这个意义上说，我国土地上唯一的南北贯通，而且连通所有东西走向自然大河包括海洋的大运河，实际上是一个人工重新建构的贯通南北、连接东西的巨型水系流域和水网系统。这是大运河超越"上苍之手"重构中华山河及交通体系的伟大创造性所在，它也是确保中华文明持续发展不曾断裂的重要支撑条件。因为至少从隋唐开始，中国的政治中心再也不能离开大运河。

换句话说，大运河是切合中华民族需求、顺应中华文明内在发展规律、重构中国宏观山川水系、整合中华文明不同文化板块的伟大工程与动力体系。它的伟大性已经深深嵌入中华文明数千年发展进程之中，并且还会深刻参与到中华民族的伟大复兴进程之中。大运河的举世无比的文化贡献需要我们今天用历史细节慢慢揭示和体会，需要我们用心灵去触摸和感知。这也是大运河作为中华文明重要标志与大运河文化研究的意义所在，是"大运河文化带"建设与"国家文化公园"建设的重大价值所在。

二、中国大运河的产生和发展

第二个问题就是大运河的产生与发展，这个是历史方面的问题。这里还涉及交通，大运河实际上是一个交通遗产。交通是人类发展经济、政治、文化、社会生活的最重要的基础条件之一，没有交通的不断开发，就没有人类的文明进步。

（一）产生阶段

最早开凿的运河当属楚庄王时期（前613—前591）孙叔敖主持开凿的沟通江、汉的荆汉运河和联系江、淮的巢肥运河。孙叔敖引发源于湖北荆山南流入长江的沮水，与发源于郢都（今湖北荆州北）附近北流入汉水的扬水相接，使长江中游的干、支流荆江与汉水在郢都附近得以沟通，故称"荆汉运河"。后来伍子胥率吴国军队伐楚，曾疏浚此河，故又称"子胥渎"。孙叔敖又将发源于鸡鸣山、分别流向淮河和长江的同源而异流的两支肥水在合肥附近凿河连接起来，沟通江、淮两大水系。因东南流的肥水需汇入巢湖后再入长江，故名"巢肥运河"。

春秋后期，地处长江下游的吴国为攻越、征楚、伐齐，争霸中原，曾先后开凿堰渎（从太湖西接长江）、胥浦（从杭州湾北通太湖一带）、古江南河（南起吴都、北至渔浦）、百尺渎（由吴都通往钱塘江北岸）、邗沟和菏水等数条运河。越国也开凿了浙东运河最早的一段，由绍兴至上虞，又名"山阴故道"。

吴国及其开凿的邗沟，通常被认为是大运河的"逻辑起点"。公元前486年，吴王夫差筑邗城(今江苏扬州),城下凿河,引长江水北行至山阳湾末口(今江苏淮安)入淮河,将长江、淮河两大水系连接起来,成为后世中国大运河的滥觞。

公元前482年,吴人又从菏泽引济水入泗水,沟通黄河、淮河两大水系,史称"菏水运河"。这样,长江、淮河、黄河三大水系就连为一体了。战国时,魏国开凿鸿沟,自今河南荥阳引黄河水东流经大梁(今河南开封),折向南注入颍水,将黄河与淮河支流颍水连接起来,同时又连接了黄淮之间的济、汴、濉、涡、汝、泗、菏等主要河流,其中通泗的运道成为后来汴水的一条重要支流,它最早把徐州纳入后来的大运河体系。

邗沟、菏水、鸿沟等局域运河的开凿,使江淮河济"四渎"得以贯通,大大便利了南北交通,并在此基础上形成了最早沟通"四渎"的区域性运河体系。

我们可以看到,早期的一些运河都被称为"沟""渠""水""河"等,一直到北宋年间才出现"大运河"这个概念。在这里我想厘清一下:使用"中国大运河"或"大运河"来称我国纵贯南北的运河是准确的。宋代使用"大运河"这一概念时,它指的是隋唐至北宋的运河及河道流域。元明清使用"大运河"主要指元代及此后形成的运河及河道流域。显然,"大运河"这一概念本身,已经被史籍和我国现代历史著作所界定。用"大运河"简称或统称"中国大运河"是有依据的。而"大运河""中国大运河""京杭大运河"这三个概念,包含的历史地理河道走向和文化涉及范围是不同的。

我们现在经常读到一些张冠李戴的文章,是因为概念搞错了。概念是人类发现和创造出来的揭示事物内涵和本质的一个东西。如果概念用得不准确,就会引发一些不必要的争论。所以我们要准确地界定概念,并且准确地利用概念,然后才能深入到概念背后的体系中去。

(二) 发展阶段

纵观2500余年的中国大运河修建史,大运河起源于先秦,初步发展于秦汉、隋唐时期,繁荣于两宋,兴盛和终结于元明清时期。我把大运河的发展阶段具体划分为六个时期:一是先秦、秦汉、三国、两晋、南北朝全国局域运河初步发展时期,二是隋唐全国性大运河全面形成及发展时期,三是北宋全国性运河繁荣及南宋局部发展时期,四是元明清京杭大运河高度发展时期,五是近代大运河衰弱时期,六是当代大运河文化建设复兴时期。大运河与中华民族和中华文明的命运具有内在的关联性,因为这个背后隐藏的就是从天道到人道再到文化之道的一个内在的共振关系。

秦汉时期统一王朝的建立,为运河的发展创造了条件。秦王朝重视经营水运系统,决通川防,疏浚鸿沟,联通济、汝、淮、泗等水道;开凿连接湘、漓二水的灵渠,沟通长江和珠江两大水系;疏浚由姑苏(今江苏苏州)至钱塘(今浙江杭州)的水运通道;令三千囚徒开凿由镇江到丹阳的曲阿河(江南运河镇江段),即在古江南河和百尺渎基础上,进一步开浚江南运河系统。

西汉时期,先后修建了由长安直通黄河的关中漕渠和沟通黄河与淮河的荥阳漕渠,重点整治了黄河三门峡的砥柱之险。荥阳漕渠为鸿沟水系的改造利用,它由荥阳北引黄河水东出,分为两道:一道由鸿沟旧道通颍水,至寿春入淮;一道由陈留东南行入泗水,再南下通淮,是为汴渠。这一时期,沟通全国的运河体系已初步形成,由漕渠、黄河、鸿沟、汴渠、邗沟等构成的东西水运通道成为交通大动脉,每年由此运道输往关中的漕粮在400万石左右,多时达600万石。西汉强大王朝的存在,离不开运河的支撑。

隋唐时期,中国的经济重心逐渐向南转移,为巩固统一国家,必须大规模地开挖、整治联系南北方的大运河,推动全国性大运河运输网络的形成及航运繁荣,其基础是历代开凿形成的局域运河。这一

永济渠示意图

时期的中国运河网络由广通渠、永济渠、通济渠、山阳渎、江南河五段组成。

隋朝开凿的南北大运河,西抵长安,北通涿郡(今北京),南达杭州,全长2700多公里,沟通了海、河、淮、江、钱塘五大水系,流经今天8个省市,连接

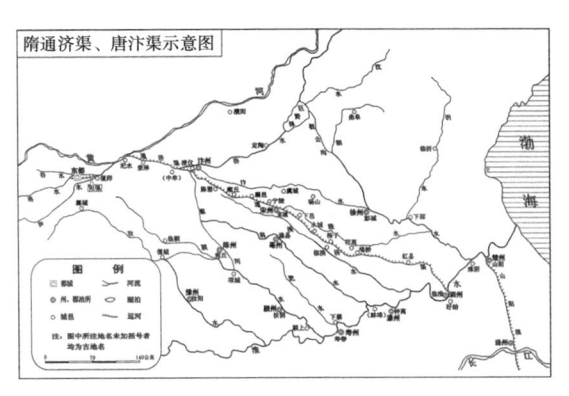

隋通济渠、唐汴渠示意图

了华北、黄淮和长江下游三大平原,形成以长安、洛阳为轴心,以黄河为基干,以洛阳为起点,向东北(永济渠)、东南(通济渠)辐射的Y形的庞大水运河网。

唐朝大运河在隋代大运河的基础上经过局部变更和整修而形成。主要运河工程包括对汴渠、山阳渎、江南河和永济渠等进行多次疏浚、整治,开挖三门运河、涟水漕渠、湖州运河、仪征运河等。发达而完善的运河系统为大唐的经济繁荣和文化昌盛奠定了深厚基础。

这一时期,今安徽省淮河以北进入大运河主运道的一段主要是通济渠,当然通济渠的形成还有待研究,有一些问题目前尚不很清楚。我们今天研究文化的问题,一定要重视这样的基础研究。离开基础性研究、细节性研究、真实性研究、过程性研究、变化性研究,这是不行的。因为如果我们这些做基础研究的人搞错了,那博物馆谈的也就谈错了,谈大运河的中国故事也谈错了,政府部门的决策也会出现问题,所以我们要非常严肃地去做这个基础研究。

北宋时期,中国的经济重心已经完全转移到南方,大运河成为首都的生命线。北宋依然沿用隋代的运河系统。在重点经营汴河的同时,相继开凿了由开封通往山东地区的五丈河(广济河)、通往西南的蔡河(惠民河)以及作为五丈河水源的金水河。汴河、蔡河、五丈河、金水河合称"漕运四渠",共同构成以开封为中心的运河网络。北宋运河系统的发展标志着漕运中心由洛阳转移到开封。由于经济重心的逐渐南移,由汴河、邗沟、江南河构成的南北运河的地位日趋重要,

实际上成为北宋王朝的经济命脉,每年由此输往京师的漕粮达 600 万石。

这一时期的大运河主运道也在今安徽境内。隋朝的通济渠、唐朝的汴渠、北宋的汴河都经过今天的安徽,大运河安徽段为这三个王朝北方与南方的统一、政治中心与经济重心的沟通、陆上丝路与海上丝路的连接发挥过重要作用。大运河安徽段现在基本呈遗址状态,而不是活态运河,但是它在隋、唐、北宋三代曾经创造过辉煌的文明。这也是今天安徽成为"大运河文化带"及"国家文化公园"建设重要省份的原因。安徽省文物考古研究所的考古学家们为大运河安徽段的发掘、保护与文化公园的建设作出了杰出贡献。

南宋时期,宋室南迁,大运河南北交通暂时中断,全国性运河网络发展受阻,以杭州为中心的区域性运河系统生成。这时的江南运河成为南宋王朝的生命线,浙东运河得以进一步开凿,一批新的运河如得胜新河、荆溪、官塘河、金坛运河、上塘河等相继建成,一个以杭州为中心的联系更加密切、功能发挥更为充分的新的运河网络逐渐形成。有赖通畅而发达的漕运系统和江南经济重心区的优势,南宋王朝才能在强敌压境的态势下得以偏安一隅。

公元 1128 年发生"黄河夺淮"事件,在淮河流域的豫东、皖北、苏北和苏中、鲁西南地区黄河洪水泛滥,时间长达 700 余年。在此期间大运河深受其害,经济社会影响极其深远。

再到元朝,重新开通的南北大运河以元大都为中心,从大都出发,经通惠河至通州,由通州沿御河至临清,入

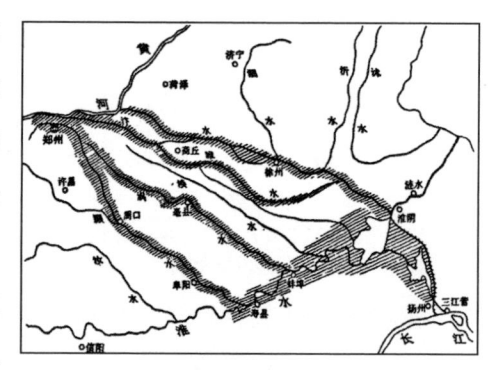

黄河夺淮后的淮河水系图

会通河,南下入济州河至徐州,由泗水和黄河故道至淮安入淮扬运河,由瓜洲入长江,再由丹徒入江南运河,直抵杭州,沟通海、河、淮、江、钱塘五大水系,全长1700 余公里。至此,完全意义上的京杭大运河最终形成。

明清两朝,中央政府高度重视运河漕运,设漕运总督和河道总督,分别掌管

运河漕运和运河水利。运河沿线的城市也因漕运而繁荣：北方的天津、德州、沧州、临清等城市迅速发展起来，东南地区的淮安、扬州、苏州、杭州也成为繁华的都市，并称运河沿线"四大都市"。为确保这一关系到国家命运的交通大动脉的畅通，明清两朝都不遗余力地经营运河，使运河的功能和作用得以充分发挥，进而将古代运河的发展推向最后的高峰。

近代以降，大运河进入衰弱时期。清咸丰五年（1855），黄河在铜瓦厢决口，夺大清河从利津入海，结束了长达700余年夺淮入海的局面，京杭运河被拦腰截断，黄、淮分离，安山至临清间运道涸竭，而淮河下游河道淤塞，淮南运道受到较大影响。同治十三年（1874），漕船由海轮代替。光绪二十六年（1900），漕运全罢，海运、河运全部废止。自此，大运河作为国家漕粮物资运输大通道的历史使命终结。

民国初年，政府曾对江北运河进行了一定程度的治理，但后因军阀割据、财政匮乏、技术缺失等因素而陷入停滞。抗战时期，运河区域位于沦陷区，更无法进行管理与治理，甚至很多河段已淤塞不通。

1949年新中国成立后，人民政府对于航运水利事业的发展非常重视，不仅提高了航道标准，修建了大量的现代化闸坝桥梁，而且每年都对运河进行疏浚与维护，从而使其运输能力大为提高。但是必须看到的是，一直到20世纪结束，人们对大运河的价值认知，还是停留在运输、水利等原始功能上。

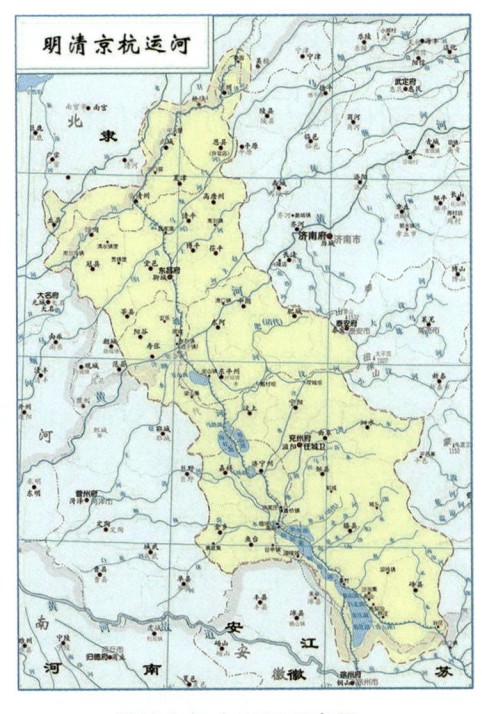

明清京杭大运河示意图

这种状况一直到21世纪的头十年才获得改变。随着中国大运河申报世界遗产的成功以及南水北调工程的进行,特别是十八大以来党中央高度重视中华优秀传统文化传承发展、高度重视国家"文化建设"、高度重视马克思主义与中华优秀传统文化相结合,中国大运河迎来了新的春天,无论是对其历史文化的研究,还是相关物质与非物质文化遗产的保护,民生、经济与生态效益的结合等,都引起国家与社会对大运河的再次瞩目,古老的大运河又将对中华民族产生更为深远的影响。

今天讲的大运河文化,实际上有一个累积的过程。每个时期都有创造,这些创造都累积在大运河流经的这8个省市的空间里边。实际上大运河不仅仅是8个省市的文化,大运河的文化是全世界的。曾经走过大运河的这些人,像马可·波罗,像马戛尔尼等,不管是东方的还是西方的,他们在大运河上走过,把中国大运河写进他们的书里面,使得大运河文化逐渐成为世界性的文化。大运河存在于中国的土地上,但是它涉及的历史与文化是世界性的。

三、对中国大运河的价值认知

第三个问题是把大运河的价值展开来谈,即对中国大运河的价值认知,包含以下几点。

第一,大运河是中国的政治河、经济河、文化河。

首先从政治角度去看,它是一条"政治河"。大运河的第一功能是服务于国家政治、国家文明,包括军事力量调度功能、供应首都中央物资所需的漕运功能等,是为了国家统一、国家稳定、国家治理,为了不同区域的相互整合、沟通和互动,为了不同民族的交往与凝聚,为了国土安全等。为此,历代大运河的开凿、修理、管理等都是国家最高领导人主持,如夫差、杨坚、杨广、忽必烈、朱棣、康熙、乾隆等。在唐朝中期之后,大运河就成为支撑首都和中央运转的生命线。

其次,大运河也是"经济河"。大运河涉及的经济范围包括国家经济和民间经济,如大运河及其联通的自然河道沿线和沿海区域资源的开发与流通,盐、渔、粮、丝、棉、茶、瓷器、木材、药材、砖瓦,各地土特产,餐饮业、娱乐业、服务业等都在运河沿线进行生产交流贸易,多种新的经济业态得以成长,大批的城镇得以成长,农业渔业得到开发,税收得到保障。大运河是推动我国国土"胡焕庸线"现象形成的重要力量,这条线已经很少被提起,但依然是非常重要的。

最后,说大运河是"文化河",是指大运河沿线的各种文化遗产和文化成就的诞生,如城市文化、集镇文化、建筑文化、手工艺、教育、雕版印刷、书画、科学技术、文学、园林、饮食、戏曲、音乐、故事、民俗、宗教、文化人才等大量涌现。大运河沿线交通的便利、信息的交流、经济的繁荣、人才的来往、物资的流动、文化的碰撞都带动大运河沿线文化趋向发达,使之形成中国文化的富集区。

第二,大运河使得中国的政治中心与经济重心、海上丝路和陆上丝路、海上丝路与草原丝路、天然运道和人工运道、经济基础和文化创造相互沟通、融合,创造了一个又一个文明奇迹。

至少从隋唐开始,中国的首都如长安、洛阳、开封、杭州、北京、南京等都离不开大运河,南北政治中心必须与大运河相连接,才能获得首都的生存保障和国家政治中枢正常运转的条件。海上丝路文化交流中的遣唐使,元代马可·波罗,明代利玛窦、苏禄国王,清代马戛尔尼等海外使者无不与大运河发生关联。中国外销的瓷器、茶叶等商品也多由大运河集散外运,中外沉船考古,如"黑石号"沉船、新安沉船等,可以充分证实这一历史过程。

"黑石号"沉船出水的长沙窑瓷器　　　　　　**修复后的新安沉船**

大运河把唐代的青龙镇、黄泗浦、掘港、扬州、涟水、楚州、海州、登州、宁波,宋代的杭州、温州,元明清的上海、南京、天津等通海港口城市或集镇组织在一起,形成海上丝路的大通道,与陆上丝路相互连接,使中国与世界的文化汇聚通过大运河得以顺利实现。当然这种沟通也有长江、淮河、海洋的广泛参与。

第三，大运河得以兴盛，是由于中国先民充分利用了天然运道，把人工运河与天然运道相结合，体现了中华文明"天人合一"的智慧和特征。

中国河流多为东西流向，如长江、淮河、黄河、海河、钱塘江等，人工开挖的南北走向的大运河正好可以把它们打通连接起来，形成东西、南北运道相互交叉的最便捷的运输体系，首都—运河—天然运道—地方政治经济中心城市—每一个集镇和乡村，这是一种贴近实际、高效低价的工程思想及创造。不同运道的连接，涉及许多水利水运工程技术问题，在每个连接点上，不同流域的分水岭处，都有诸多的智慧性工程杰作，如淮安、扬州、镇江、仪征、汶上等地保存的相关工程遗产特别丰富。为此，大运河作为人工河流，之所以有强大作用，是因为它借助于数以千万计的自然河流、湖泊、海上运道的优势，构成四通八达的水上运输系统，支撑着一个大国的物流体系。

同时，沿着水运道路，还有陆上驿道的修建，形成水、陆相辅相成的行水供水系统与交通系统，使中国这样一个国土大国拥有了无与伦比的水陆皆备的交通命脉，使大运河沿线区域在隋唐至明清长达1000多年时间里成为经济文化最发达的区域。当然，此前的夏商、西周、春秋战国、两汉、三国至南北朝等时代积淀形成的各区域文化及局域性运河恰恰为大运河时代的到来、为不同区域文化的交流和人才的流动创造了坚厚的基础。

第四，大运河是改变中国经济文化结构的重大力量。

中国5000多年文明进程中，早期的中心还是在中原至关中的区域。到了唐代，出现"扬一益二"，长江流域经济占主体；宋代"苏湖熟，天下足"，"上有天堂，下有苏杭"；元明清时江南区域成为国家经济文化中心；民国时形成"胡焕庸线"所概括的现象，在这条线以东区域，大运河正居其中。这种现象一直影响到今天的京津冀协同发展、长江经济带发展、长三角一体化、黄河流域生态保护和高质量发展、淮河生态经济带发展、沿海及东部发达地区发展等国家经济文化战略格局，支撑着当代中国"T型"、"一带一路"交汇等发展空间结构的形成。

大运河一线的城市带即从北京到杭州、宁波,仍然是当代中国最重要的经济重心,创造这种现象的历史力量即来自千年流通的大运河。今天的"南水北调"东线、贯通中国南北的"运河文化生态大走廊"仍然在大运河一线。这也正是"大运河文化带"建设中所能找到的历史创造与现代文明高度关联、古今一体,实现历史文化遗产的创造性转化、创新性发展及让历史创造参与现代化建设的重要契合点。

第五,大运河与中华优秀传统文化有着内在关联性。

古代大运河代表着农业文明的辉煌,是水运时代、农业文明时代的生命线和能量来源;工业文明时代,大运河走向衰弱,1905 年停止河运,现代铁路、公路等运输方式代替了河运,直到 20 世纪末。现如今,大运河文化带建设的提出,使得大运河线状文化生命体的深厚博大得以彰显,其文化资源蕴含的巨大文化能量应时代之需得以释放,大运河沿线巨大的文化价值、生态价值、交通运输价值、线状文化空间的联动分享价值、新型服务业的协同创造价值等都将得到充分发挥。大运河文化的复兴与中华民族复兴形成内洽、共生、互动的关系。

第六,大运河文化带是我国当代区域文化经济发展的重要纽带。

长期以来,大运河沿线成为我国东中部经济文化发展的"脊梁骨",在我国经济文化生产力布局中占有极其重要的地位。而承载着丰富文化资源和产品的"大运河文化带"必然强化这一传导和辐射功能,显著改善地缘文化经济。

最后,我们再次提到,"大运河文化带"及"大运河国家文化公园"建设是一项带有战略意义的文化复兴及生态文明建设工程。它对推动中国东部和中部区域的"大运河文化带"及国家文化公园沿线的物质文化遗产保护、非物质文化遗产传承、大运河本体及相关的历史文化名城、名镇、名村与各类文化遗产的利用,特别是对沿线的生态文明建设将会产生深远的意义。

(本文为作者 2022 年 5 月 28 日安徽大学讲座实录)

《明钱谷张复合画水程图》(无锡)

《明钱谷张复合画水程图》(毗陵)

《明钱谷张复合画水程图》(镇江)

《明钱谷张复合画水程图》(瓜洲)

大运河文化带建设的基础认知及若干思考

一、中国大运河的产生发展及其意义

(一) 产生发展

中国大运河是世界上开凿时间最早的人工运河,它源于春秋时代(前770—前476)。公元前486年,吴王夫差筑邗城(今江苏扬州),城下凿河,引江水北行至山阳湾末口(今江苏淮安)入淮河,将江、淮两大水系连接起来,成为后世中国大运河的滥觞。纵观2000余年的中国大运河修建史,中国大运河起源于先秦,发展于秦汉、隋唐时期,繁荣于两宋,兴盛和终结于元明清时期。其发展阶段可具体划分为以下几个时期。

1. 秦汉三国两晋南北朝:全国运河初步发展时期

秦汉统一王朝的建立,为运河的发展创造了条件。秦王朝重视经营水运系统,决通川防,疏浚鸿沟,沟通济、汝、淮、泗等水道;开凿连接湘、漓二水的灵渠,沟通长江和珠江两大水系;"治陵水道到钱塘越地,通浙江"(《越绝书·吴地传》),疏浚由姑苏(今江苏苏州)至钱塘(今浙江杭州)的水运通道;令赭衣(囚徒)

三千人开凿由镇江到丹阳的曲阿河(江南运河镇江段),即在古江南河和百尺渎基础上,进一步开浚江南运河。

西汉时期,先后修建了由都城长安(今陕西西安西汉长安城遗址)直通黄河的关中漕渠和沟通黄河与淮河的荥阳漕渠,重点整治了黄河三门峡的砥柱之险。荥阳漕渠为鸿沟水系的改造利用,它由荥阳北引黄河水东出,分为两道:一道由鸿沟旧道通颍水,至寿

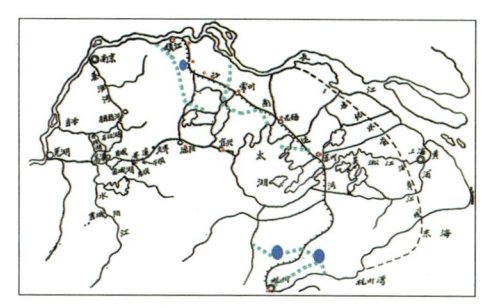

江南运河及其区域环境

春入淮;一道由陈留东南行入泗水,再南下通淮,是为汴渠。西汉初年,吴王刘濞还开挖了茱萸沟,西接邗沟,东达滨海地带,以收鱼盐之利,有人称之为"东邗沟"。这一时期,沟通全国的运河体系已初步形成,由漕渠、黄河、鸿沟、汴渠、邗沟等构成的东西水运通道成为交通大动脉,每年由此运道输往关中的漕粮在400万石左右,多时达600万石,形成了保障首都长安生活及战略物资需求的全国性水路物流网。

东汉初年,都城在洛阳(今河南洛阳汉魏故城遗址)。大司空张纯主持开凿阳渠,连接都城洛阳与黄河,各地漕船可直抵洛阳城下。永平十二年(69),王景治河,导黄河使由千乘入海,并用堰流法修成浚仪渠,黄河此后数百年得以安澜。顺帝阳嘉年间(132—135),又重新治理原属鸿沟系统的汴渠,沿岸垒石为堤,以固运道。这些运河的开凿和治理,使都城洛阳成为当时全国的水运中心。

东汉末年,广陵(今江苏扬州)太守陈登开邗沟新道,使运道更为畅通。曹操在河北平原上开凿了白沟(元代称为北运河)、利漕渠、平虏渠、泉州渠、新河等一系列运河,建立起以邺城(今河北邯郸临漳县)为中心的河北平原水运网络。

三国两晋南北朝时期,曹魏政权在黄淮平原上开凿了淮阳渠、百尺渠、广漕渠、讨虏渠、千金渠等运河,加强了江、淮、河、海之间的水运联系。东吴政权为方便都城建业(今江苏南京)和三吴地区(今太湖流域、钱塘江流域、宁绍平原一带)

的水运联系而开凿了破冈渎,缩短了绕道长江的航程。西晋杜预开凿了扬口运河,加强了江汉地区的水运联系。东晋谢安疏浚苏北运河并筑邵伯埭蓄水利航。

六朝破冈渎路线示意图(陈刚据张学锋草图绘)

2. 隋唐:全国运河全面发展时期

隋唐时期,中国的经济重心、手工业中心等逐渐向南方转移,为确保政治中心和经济重心的一体化,巩固中央集权国家的统一,必须大规模地开挖、整治联系南北方的大运河,推动全国性大运河运输网络的形成及航运繁荣,其基础必然是历代开凿形成的局域运河。

隋唐时期的中国运河网络由广通渠、通济渠、山阳渎、永济渠、江南河五段组成。

广通渠,又称漕渠,是连接东西两京(西京长安、东京洛阳)的水运通道。隋文帝开皇四年(584),命宇文恺修复西汉的关中漕渠,从咸阳西堰引渭水经长安城北,循西汉漕渠故道,至潼关入黄河。渠成,名广通渠,又名富民渠,后改名永通渠,全长 150 余公里,潼关至洛阳一段则利用黄河水道。

通济渠，自洛阳(今河南洛阳的隋唐洛阳城遗址)城西开始，引谷、洛二水过城南，东北经偃师，至河南巩义市洛河口入黄河；又自今河南荥阳汜水镇东北的板渚引黄河水东南入汴渠，至浚仪(今河南开封)；又东南行，经今河南杞县、睢县、宁陵、睢阳，行古蕲水旧道，经夏邑、永城，安徽省的宿州、灵璧、泗县，在今江苏盱眙淮河北岸(古泗州城遗址)入淮河，全长约1000公里。

山阳渎，利用春秋时吴王夫差开凿的邗沟旧道改造而成，北起山阳(今江苏淮安)，南到今江苏仪征东南的扬子江，沟通江、淮水系。隋文帝为南下灭陈，重浚邗沟，名"山阳渎"。隋炀帝大业元年(605)，又发淮南民10余万重修山阳渎，引故渎由扬子入长江，并全线加宽加深。隋炀帝还进一步开挖西汉吴王刘濞的茱萸沟，使之向东延伸，到达今南通的如东滨海地带，史称"掘沟"。

永济渠，自今河南武陟西北沁水北岸开渠，引沁水北向经淇(今河南淇县)，利用曹操所开白沟，至馆陶，以下另开新渠经临清(今河北临西)、德州、静海，至独流口折向西北，又经永清与瀑水，达于涿郡(今北京)，全长1000多公里。

江南河沟通长江与钱塘江水系。隋炀帝大业六年(610)，重浚江南河。自京口(今江苏镇江)引长江绕太湖之东，直达余杭(今浙江杭州)，全长400多公里。

江南运河江苏段

隋朝开凿的南北大运河，西抵长安，北通涿郡，南达杭州，全长2700多公里，沟通了海、河、淮、江、钱塘五大水系(有学者认为钱塘江不是独立的水系)，流经今天8个省市，连接了华北、黄淮和长江下游三大平原，形成以长安、洛阳为轴心,以黄河为基干,以洛阳为起点,向东北(永济渠)、东南(通济渠)辐射的Y形的庞大水运河网。

　　唐朝大运河在隋代大运河的基础上经过局部变更和整修而形成。主要运河工程包括对汴渠、山阳渎、江南河和永济渠等进行多次疏浚、整治,开挖三门运河(开元新河)、涟水漕渠(官河)、湖州运河、仪征运河等。其他如武德七年(624)尉迟恭凿治徐州境内的百步洪、吕梁洪;开元年间齐浣开挖伊娄河、广济新河等。发达而完善的运河系统为唐代的经济繁荣和文化昌盛奠定了基础。

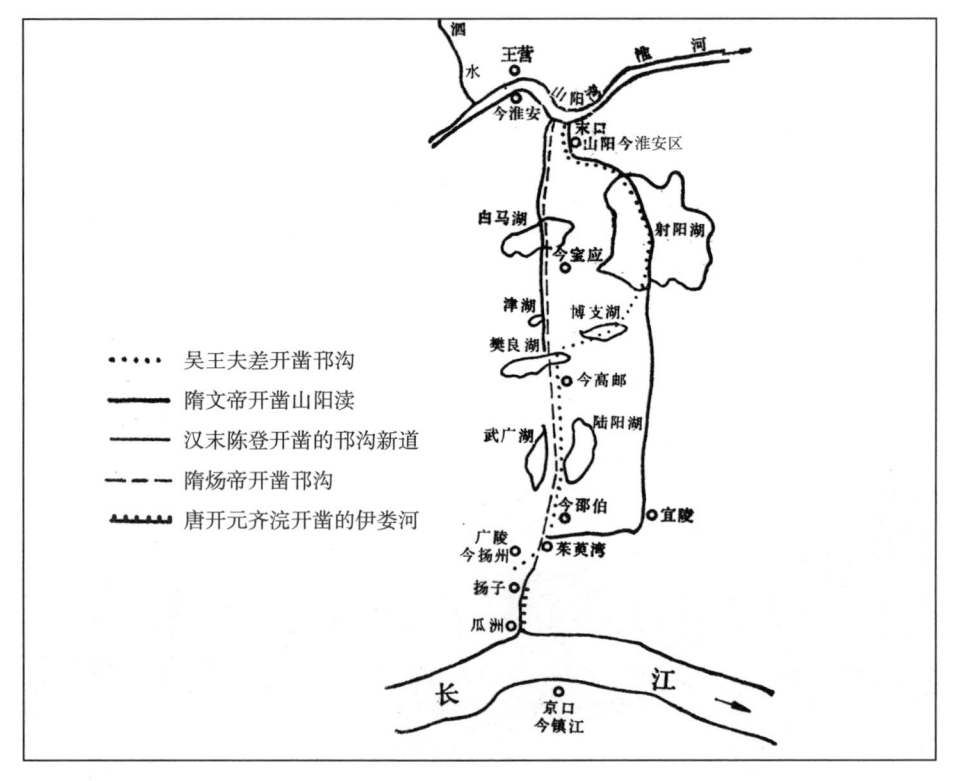

邗沟历次开凿线路图

3. 两宋:全国运河繁荣发展时期

　　北宋建都开封,称东京,当时中国的经济重心已经完全转移到南方,大运河成为首都的生命线。北宋依然沿用隋代的运河系统。在重点经营汴河的同时,相继开凿了由开封通往山东地区的五丈河(广济河),通往西南的蔡河(惠民河)以及作为五丈河水源的金水河。汴河、蔡河、五丈河、金水河合称"漕运四渠",共同构成以开封为中心的运河网络。

宋初还全面疏浚了流向边境地区的河流,在今河北境内开凿了清苑运渠,于清苑(今河北保定)界开掘徐河、鸡距河入白河,后又自深州(今河北深州市南)新寨镇开新河,导胡卢河水凡200里至真定府(今河北正定)以通漕运,以便向边境驻军输送粮资。为保障江淮地区的运道畅通,北宋还重点整治了邗沟故道(宋代又称楚扬运河),并在其两端开凿避江、避淮的延伸线,淮河南岸由淮安至泗州的沙河、龟山运河等即为避淮河风涛而开凿的辅助运河。

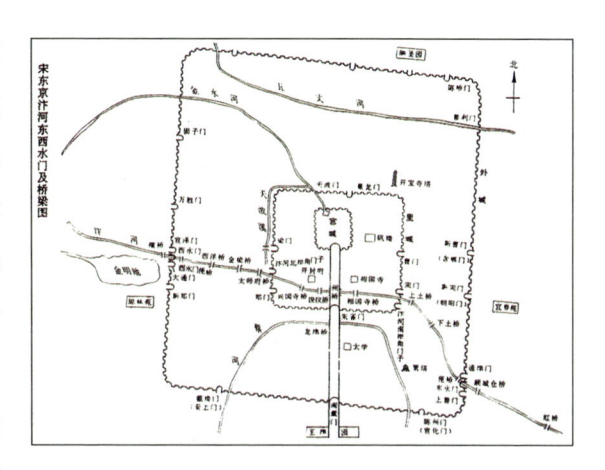

宋东京城汴河东西水门及桥梁图

开封汴河河道剖面(河南省文物考古研究院供图)

北宋运河系统的发展标志着漕运中心由洛阳转移到开封,由于经济重心的逐渐南移,由汴河、邗沟、江南河构成的南北运河的地位日趋重要,实际上成为北宋王朝的经济命脉,每年由此输往京师的漕粮达600万石。北宋运河系统的发达,运河建设的成就,漕运的繁荣,漕运体系的完善,朝廷对运河的依赖程度,都超过以往。

开封州桥考古发掘现场

（河南省文物考古研究院供图）

宋代州桥大型石雕壁画

（河南省文物考古研究院供图）

南宋时期,宋室南迁,大运河南北交通暂时中断,全国性运河网络发展受阻,以杭州为中心的区域性运河系统生成。这时的江南运河成为南宋王朝的生命线,浙东运河得以进一步开凿,江南地区一批新的运河如得胜新河、荆溪、官塘河、金坛运河、上塘河等相继建成,一个以杭州为中心的联系更加密切、功能发挥更为充分的新的运河网络逐渐形成。有赖通畅而发达的漕运系统和江南经济重心区的优势,南宋王朝才能在强敌压境的态势下得以偏安不辍。

宋代州桥复原图

（河南省文物考古研究院供图）

4. 元明清：全国运河高度发展时期

元朝定都大都（今北京）,经济上要依赖南方,明清时代依然如此。为解决南粮北运问题,元政府对隋唐大运河进行了一次大规模的整治与开发,重新开通了大运河河道,自南向北先后开凿了三条新河。元至元二十年(1283),开济州河,自济州(今山东济宁)至东平之安山,长150里,引泗水、汶水为水源。至元二十六年(1289),开会通河,从山东梁山县安山西南至临清。后又将临清与徐州之间的运河,包括安山以北至临清的原会通河、安山与微山县西北鲁桥之间的原济州河,以及鲁桥至徐州间的泗水,统称为会通河。元末因水源不足而废弃不用。

至元二十九年(1292),郭守敬主持开凿通惠河,引白浮山泉为水源,自通州至都城,仅50里,但开河总长却达160里,其间置闸坝20处。通惠河的开凿使京杭大运河首次实现全线贯通。至正二年(1342)春,开京师金口河,自通州南高丽庄起,东流汇于御河,接引海运至大都,全长120里。明永乐年间(1403—1424)改建北京皇城,通惠河城内故道被围入宫墙之内,通惠河改以大通桥为起点,故又有"大通河"之称。清嘉庆十三年(1808)九月,通惠河与北运河交接处的张家湾镇泥沙淤积严重,运河改走康家沟。民国起,通惠河不再通漕运,成为商旅行船河道,后来逐渐变成北京城的排水河道。

重新开通的南北大运河以大都(今北京)为中心,从大都出发,经通惠河至通州,由通州沿御河至临清,入会通河,南下入济州河至徐州,由泗水和黄河故道至淮安入淮扬运河,由瓜洲(属今江苏扬州)入长江,再由丹徒(今江苏镇江)入江南运河,直抵杭州,沟通海、河、淮、江、钱塘五大水系,全长1700余公里。至此,完全意义上的京杭大运河最终形成。

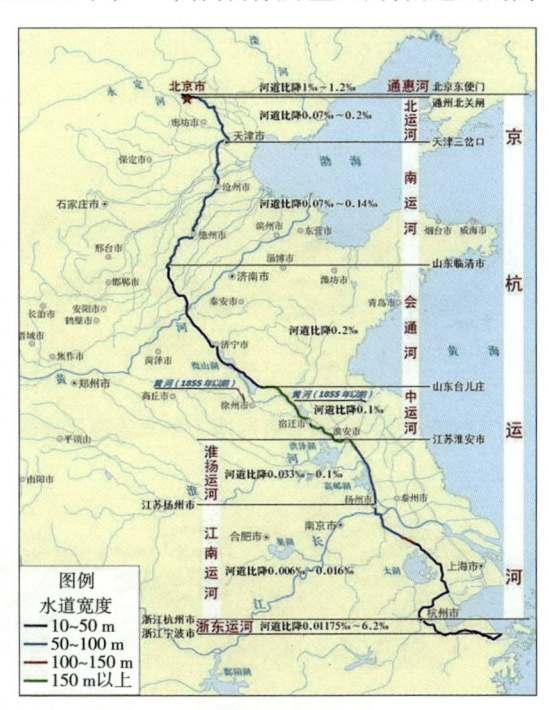

京杭运河河道示意图

明清两朝相继建都北京,统治者在元代"京杭大运河"基础上不断改造、完善和疏浚,继续沿用元代大运河作为连接北方政治中心与江南经济重心、北方陆上丝绸之路和南方海上丝绸之路的水运通道。明万历三十二年(1604)开通泇河,自夏镇南李家口至邳州直河口,黄河运道湮没后,泇河成为沟通南北的唯一通道;清康熙十九年(1680)靳辅开皂河,自窑湾接泇河再至皂河口接黄河;清康熙四十二年(1703)于成龙、张鹏翮先后开中河,自宿迁张庄至淮阴杨庄接淮扬运河。

为确保这一关系到国家命运的交通大动脉的畅通,明清两朝都不遗余力地经营运河,使运河的功能和作用得以充分发挥,进而将古代运河的发展推向最后的高峰。明代后期开清江浦河,即淮安淮阴区杨庄至淮安楚州区(今淮安区)运河。自此,南起扬州、北至淮阴(今江苏淮安码头镇)连接江淮的运河新河段形成。清代改称淮阴到扬州间的运河为"里运河",目前功能以航运、灌溉和区域排涝为主。

清康熙四十年北运河河段图1(《治河全书》)

清康熙四十年北运河河段图2(《治河全书》)

明清两朝,中央政府高度重视运河漕运,设置"漕运总督"和"河道总督",分别掌管运河漕运和运河水利。运河沿线的城市也因漕运而繁荣,北方的天津、德州、沧州、临清等城市迅速发展起来;东南地区的淮安、扬州、苏州、杭州也成为繁华的都市,并称运河沿线"四大都市""东南四都"。

明清两朝对大运河的治理,主要是围绕解决水源、保护河堤、疏浚河道、治黄保运、利用河闸围堰以控制调节水量等问题展开。其中"治黄保运"为运河治理的主要目标。因徐州至淮安清口一段运河需借助黄河河道作为运道,黄河经常决溢、迁徙,一方面要防止"以河害运",即黄河北决,冲断北段运河,淤塞运道;另一方面又须"以河利运",即防止黄河脱离运道,不至于水源枯竭。

会通河是大运河北段治理的主要河段。元朝中后期,由于黄河经常泛滥,加上水源缺乏等,会通河段非淤即决,以至元末不得不以海运为主。为解决水源不足和河道淤塞问题,明代首先重浚了会通河。

淮扬运河是大运河南段治理的重要河段。明永乐十三年(1415),陈瑄接受山阴故老的意见,疏浚宋代所开沙河故道,由管家湖引水入河,并更名为清江浦。

清末京口港

清口枢纽工程是淮扬运河治理的重点工程。洪泽湖出口处的清口为黄、淮、运三河交汇处。为防止黄河淤塞清口运道或倒灌洪泽湖,保持清口运道畅通,清代实施了三大工程:一为逼黄引淮工程;二为南运口改建工程;三为灌塘济运工程。为调节水位、保障运道畅通,明清两朝在运河上广筑堤坝、堰闸。主要有淮安运河段的仁、义、礼、智、信五坝,淮安运河长堤,淮扬运河西岸的高邮、宝应、氾光、白马诸湖长堤,瓜洲通江口15座过船闸坝等。这些工程都有效地保障了运河功能的发挥。

5. 近代:大运河衰弱时期

清咸丰五年(1855),黄河在铜瓦厢决口,夺大清河从利津入海,结束了它长达700余年的夺淮入海的局面,京杭运河被拦腰截断,黄淮分离,安山至临清间运道涸竭,而淮河下游河道淤塞,淮南运道受到较大影响。

同治十三年(1874),漕船由海轮代替。光绪二十六年(1900),漕运全罢,漕粮改折现金,海运、河运全部废止,大运河作为国家漕粮物资运输大通道的历史使命也就到此终结。

至此,传统运河体系解体,运河及其漕运完成了它的历史使命,多数运河城市因丧失对外联系的主要通道而衰落下去,规模变小,百业萧条,人口锐减。如淮安因"漕运改途,昔之巨商去而他适",临清"停运以后河身日益浅涸,……商业大受影响",徐州"军民二运俱不复经,商贾离散,井邑萧条,全不似一都会矣"。其他城市如扬州、济宁、德州等也都失去了往日的繁荣,演变成相对偏僻的城镇。

运河功能废止,并不等于运河的消亡。也有部分运河城市如江南的苏州、杭州、常州、无锡、镇江等因江南运河航运继续发挥作用及近代铁路继续沿运河一线修建而获得新的发展,位于渤海湾岸边的天津也凭着海运码头和京师门户的地位,一跃而成为北方最重要的工商业都会之一。

民国初年,政府曾对江北运河进行了一定程度的治理,但后因军阀割据、财政匮乏、技术缺失等因素而陷入停顿。抗战时期,运河区域位于沦陷区,更无法进行管理与治理,很多河段甚至已淤塞不通。

1949年新中国成立后,人民政府对于航运水利事业的发展非常重视,不但提高了航道标准,修建了大量的现代化闸坝桥梁,且每年都对运河进行疏浚与维护,从而使其运输能力大为提高。但是,必须看到,一直到20世纪结束,人们对大运河的价值认知,还是停留在运输、水利等原始功能上。

这种状况一直到21世纪头十年才得以改变。随着中国大运河申遗的成功，加上南水北调工程的进行，中国大运河迎来了新的春天，无论是其历史文化的研究，还是物质与非物质文化遗产的保护、经济与生态效益的结合等，都引起国家与社会对大运河的再次瞩目，古老的大运河又将对中华民族产生深远的影响。

（二）意义

1. 大运河是中国的政治河、经济河、文化河

关于"政治河"。大运河的第一功能是服务于国家政治，包括军事力量调度功能、供应首都中央相关机构物资的漕运功能等，是为了国家统一、国家稳定、国家治理，为了不同区域的相互整合、沟通和互动，为了不同民族的交往与凝聚，为了国土安全，等等。唐朝中期之后，大运河就成为支撑首都和中央运转的生命线。为此，历代大运河的开凿、修理、管理等大都是国家最高领导人主持，如夫差、曹操、杨坚、杨广、忽必烈、朱棣、康熙、乾隆等。

关于"经济河"。大运河涉及的经济范围包括国家经济和民间经济，如大运河及其联通的自然河道沿线和沿海区域资源的开发与流通，盐、渔、粮、丝、棉、茶、瓷器、木材、药材、砖瓦，各地土特产，餐饮业、娱乐业、服务业等都在运河沿线进行交流贸易，多种新的经济业态得以成长，大批的城镇得以产生和发展，农业、渔业、手工业、商业、娱乐业等得到开发。可以认为，大运河是推动我国国土"胡焕庸线"现象形成的重要力量。

洪泽湖大堤　　　　　　　　　　刘堡减水闸

柳林闸　　　　　　　　　　　邵伯码头

"文化河",是指大运河沿线的各种文化成就的诞生和文化遗产的富集,如城市文化与集镇文化、建筑、手工艺、教育(如书院)、雕版印刷、藏书、书画、学派、医派、科学技术、文学、园林、饮食、戏曲、音乐、故事、民俗、宗教、文化人才等大量涌现。

大运河沿线交通的便利、信息的交流、经济的繁荣、人才的来往、物资的流动、文化的碰撞,都带动了大运河沿线文化趋向发达,使之形成中国文化的创新区与富集区。

2. 大运河使得中国的政治中心与经济重心、海上丝路和陆上丝路、天然运道和人工运道、经济基础和文化创造相互沟通、融合,创造了一个又一个文明奇迹

至少从隋唐开始,中国的首都如长安、洛阳、开封、杭州、北京、南京等都不可能离开大运河,不同时代及不同地点的国家政治中心必须与大运河相连接,才能获得首都的生存保障和国家政治中枢正常运转的条件。

海上丝路文化交流中的遣唐使,元代马可·波罗,明代利玛窦、苏禄国王,清代马戛尔尼等海外使者无不与大运河发生关联。中国外销的瓷器等商品也多由大运河集散外运,中外沉船考古可以证实("黑石号"沉船、新安沉船、中国海洋区域一系列沉船考古发现等)。

大运河把唐代的青龙镇(在今上海)、黄泗浦(在今江苏张家港)、掘港(在今

江苏如东)、扬州、涟水、楚州(今江苏淮安)、海州(今江苏连云港)、登州(今山东蓬莱)、宁波,宋代的杭州、温州,元明清的上海、南京、天津(海运、河运结合)等港口城市组织在一起,形成海上丝路的大通道,与陆上丝路(在长安、洛阳、开封、北京、南京等不同时代的都城)相互连接,使中国与世界的汇聚通过大运河得以顺利实现。当然这种沟通也有长江、淮河、海洋的广泛参与。

唐代青龙镇位置示意图

张家港黄泗浦遗址(南京博物院考古研究所供图)

3. 大运河得以兴盛,是中国先民充分利用了天然运道,把人工运河与天然运道相结合,体现了"天人合一"的智慧和特征

一是中国河流多为东西流向,如长江、淮河、黄河、海河、钱塘江等,人工开挖的南北走向的大运河正好可以把它们打通连接起来,形成东西、南北天然运道和人工运道相互交织的最便捷的运输体系,首都—运河—天然运道—地方性政治经济中心城市—每一个集镇和乡村,这是一种贴近实际、高效低价的运输工程创造。

不同运道的连接，涉及许多水利水运工程技术问题，在每一个连接点上、不同流域的分水岭处，都有诸多的智慧性工程杰作，如淮安、扬州、镇江、仪征、汶上等地保存的相关水运工程遗产特别丰富。

大运河南旺分水枢纽考古发掘现场　　镇江市京口闸遗址区平面导览图

二是湖泊与大运河的紧密关系。数千里的大运河在不同的地段要保持水流畅通，离不开特定区域可以提供补水、调水的"水柜"，包括自然的湖泊或者是人工的湖泊，在早期阶段，有的运河河段就在湖中通行，人称"湖漕"。

大运河沿线从最北端的北京颐和园昆明湖，到最东南端的浙江省宁波市东钱湖，沿线湖泊有70个左右，比如洪泽湖、太湖、南四湖（微山湖等）、鉴湖，还有山东东平湖、宿迁骆马湖、苏北高邮宝应白马湖、扬州瘦西湖、丹阳练湖、杭州西湖、萧山湘湖、绍兴东湖，等等。有的是人工湖，有的是天然湖，有的是半人工半天然湖，有的干脆就是借湖行运的"湖漕"之湖。这些湖泊与运河相生相伴，一般都有为运河供水或为运河滞纳洪水的作用。

三是大运河与海运的结合。如宁波港口、太仓港口、上海港口、天津港口、扬州港口等都离不开与大运河的联通。

为此，大运河作为人工河流，之所以有那么大的作用，是因为它借助于数以千万计的自然河流、湖泊、海上运道的优势，构成了四通八达的水上运输系统，支撑着一个大国的物流体系。

中运河与骆马湖

同时,沿着水运道路,还有陆上驿道的修建,形成水、陆相辅相成的行水供水系统与交通系统,使中国这样一个国土大国拥有了无与伦比的水陆皆备的交通命脉,使大运河沿线区域在隋唐至明清长达1000多年时间里成为中华文化最发达的区域。

当然,此前的夏商、西周、春秋战国、两汉、三国至南北朝等时代积淀形成的各区域文化及局域性运河恰恰为大运河时代的到来、为不同区域文化的交流和人才的流动创造了坚实的基础。

4. 大运河是改变中国经济文化结构的重大力量

中国5000多年文明进程中,早期的经济文化中心还是在中原至关中的区域。但到了唐代,出现"扬一益二",江南税贡占主体;宋代"苏湖熟,天下足","上有天堂,下有苏杭";元明清时代,江南区域成为国家经济文化中心。民国时期,胡焕庸先生提出我国人口地理分界线("胡焕庸线"),在这条线以东区域,大运河正居其中。这种现象一直影响到今天的长三角、京津冀、长江经济带、沿海区域及东部发达地区等区域的国家经济文化格局的出现。

大运河城市带即从北京到杭州、宁波一线的由若干城市所组成的城市廊道系统，仍然是当代中国最重要的经济重心所在，创造这种现象的早期核心力量即来自千年流通的大运河。今天的南水北调东线、贯通中国南北的运河生态大走廊仍然在大运河一线。这也正是我们在"大运河文化带"建设中所能找到的历史创造与现代文明的高度关联、古今一体特征，大运河文化带建设将推动实现历史文化遗产的创造性转化、创新性发展及让文化遗产参与现代化建设的重要目标。

5. 大运河与中华民族的命运有内在的关联性

古代大运河代表着农业文明的辉煌，大运河是水运时代、农业文明时代的生命线和能量来源；工业文明时代，大运河走向衰弱，1905年停止河运，现代铁路、公路等运输方式代替了河运，直至20世纪末。今天我们又迎来了大运河文化的复兴时代。

近年来，党中央提出大运河文化带建设方略，这是在生态文明建设时代，是在全面、协调、可持续的科学发展时代，是在坚持"五位一体"现代化建设战略同步实施的时代，是在保护中发展、在发展中保护的时代，是在实施"一带一路"倡议、创造人类命运共同体的时代，大运河沿线巨大的生态价值、文化价值、线状文化空间的联动分享价值、新型服务业的协同创造价值等都将得到充分发挥的重大举措。大运河线状文化生命体的深厚博大得以彰显，其文化资源蕴含的巨大文化能量适应时代之需得以释放，大运河文化的复兴与中华民族复兴形成内洽、共生、互动的关系，其中隐藏着深刻的文化运动机理和文明运动规律。

6. 习近平总书记讲的大运河文化要统筹保护好、传承好、利用好

我们理解，"保护""传承""利用"都有特指领域和目标任务。大运河文化带建设涉及面宽广，但是首先与大运河作为世界文化遗产及国家级重点文物保护单位有关。保护主要是指包括大运河河体在内的物质文化遗产、生态空

间、文化空间的保护;传承主要是以大运河非物质文化遗产为主,还有文化精神、民族智慧等,要活态传承,包括城、镇、村的文化、风貌等;利用,即要让文化遗产创造性转化、活化,不仅要激活发掘利用好大运河沿线各种文化资源,还包括生态资源、水资源、线状空间资源、景观资源等,把文化做强,把生态做美,把民生做好,助力京津冀协同发展、雄安新区建设、长江经济带及长三角一体化建设、"一带一路"交汇地发展、乡村振兴、中华优秀传统文化传承发展、红色文化发展、讲好中国故事以及各种文化资源的开发利用等相关的国家与地方建设任务的完成。

二、大运河文化带建设方略的提出及其作用

2017年6月4日以来,在党中央的指示批示下,大运河文化带建设逐渐成为大运河沿线8省市的统一行动。2017年6月28日,国家文物局在济南召开大运河文化带建设工作座谈会,提出贯彻习近平总书记重要指示批示精神,从国家战略高度审视大运河功能,以大运河为核心打造"大运河文化带",使之成为中华民族伟大复兴的文化标志性品牌。

大运河文化带建设即以保护好、传承好、利用好大运河文化为建设指导,以运河水工遗存、附属设施和相关遗存为基础,以运河物质文化遗产和非物质文化遗产以及名城、名镇、名村等为主要对象,以运河文化产业、文化事业、文化生态等为主要建设载体。

首先,大运河文化带建设战略是提升大运河作为世界文化遗产和国家级重点文物保护单位的保护与利用水平的重要机遇。

我们在实地调研中发现,大运河沿线遗产保护工作存在不少问题,有的地方遗产保护意识淡薄,有些重要遗产点环境差,存在重申报轻保护的现象。部分运河河段堤内密集分布着小码头、堆栈、货场、酒店、饭馆等,河床漫滩上有大量坟地,不仅影响泄洪和河道安全,而且也是对运河遗产、环境与景观的破坏,部分城市运河堤内甚至分布成片房屋以及不同部门建造的各种构筑物等,使得文化蒙

羞,失去尊严,生态受损,带来隐患。

这些问题牵涉到大运河管理部门众多的问题。由于长期存在"九龙治水"的现象,加之运河属于活态遗产,大运河文化带建设涉及的直接管理部门除了水利、航运、文化文物等部门外,还有环保、国土、渔政、农业、建设、规划、城管、园林、旅游等多个部门。一些具体的运河遗产点也是分属不同部门管理,管理头绪较为复杂。借助国家大运河文化带建设契机,可以完善大运河遗产保护利用长效机制,解决过去长期存在的问题,大力提升大运河沿线文化遗产保护利用水平。

今天的杭州运河

其次,大运河文化带建设是大运河线性遗产廊道建设的内在需要。

中国大运河尤其是济宁以南的运河都是连贯的线性和带状区域,适合于运用遗产廊道对运河文化资源进行整体利用,形成"珍珠链"效应。如淮扬运河扬州段遗产区共有 6 段河道和 10 个遗产点分布于运河沿线,覆盖了运河遗产的主要类型,需要根据线性活态遗产廊道建设的内在需要,实现运河文化点线面的全面对接,以进一步提升文化运河的品位和效益。对于北方运河而言,其大多以遗址的形态出现,同样需要以廊道的形式,将运河物质和非物质文化遗产组织起来,以释放功能,发挥效益。因此,建设大运河文化带,既契合运河线性遗产特征,也便于整合运河遗产建设要素,形成整体发展和联动态势,以发挥运河遗产的先发优势和集成优势,发展壮大运河文化生产力。

再次,大运河文化带是运河特色城镇体系建设的重要载体。因漕运而生的千年运河曾催生了一大批运河城市、集镇,运河和相关城镇自古构成了"命运共同体"。当今大运河文化带建设作为我国文化建设的重要方略,必将和运河城镇发展及其地域文化建设紧密结合,为运河城镇建设带来一次历史性的机遇,各具特色的运河城镇体系将会得到进一步的优化和提升。如淮扬运河淮安段从春秋时期的邗沟,演变到1949年后所开的最后一条运河——"里运河"淮安绕城段,共14条人工运河见证了大运河各个历史时期的变迁过程,山阳(淮安)、淮阴、清河、清江浦等城镇因运河而兴起,如交通要津清江浦"南船北马"在此交换,繁荣了600多年。

里运河(淮安河下段)

大运河文化带建设、"江淮生态经济区"建设（江苏省发展战略）和国家推出的"淮河生态经济带"发展战略将助推淮安成为江苏北部腹地中心城市。再如扬州宝应因河而盛、界首因驿成镇、邵伯因埭成镇、湾头因港成镇、瓜洲因渡口成镇，形成了独特的运河格局和运河文化特质。

运河河道的变迁直接影响了沿河城镇形态的变迁，并创造出运河沿线聚落独特的生活方式。像扬州邵伯沿河发展的鱼骨状街巷格局及其与运河码头的对应关系，界首的湖泊苇荡景观及沿湖渔业村落与运河边农业村镇间的依存关系，这种文化与生活方式至今仍在运河沿线的城镇聚落中清晰可见，成为一种活的传统和大运河文化带建设宝贵的资源。

最后，大运河文化带是区域文化经济发展的重要纽带。我国地形西高东低，河流大多东流，南北交流受限。长期以来，大运河成为我国东中部经济文化发展的"脊梁骨"，在我国经济文化生产力布局中占有极其重要的地位。而承载着丰富文化资源和产品的大运河文化带必然强化这一传导和辐射功能，显著改善地缘文化经济。2016年，大运河沿线8省市经济总量328469.77亿元，占全国比例为44.14%；人均GDP为65252元，高于全国平均水平11436元；其中江苏、山东、浙江、河南四省的GDP居全国前五名，是国家经济发展的中流砥柱。

三、对大运河文化带建设的一些建议

（一）大运河文化带建设是一项带有战略意义的文化复兴及生态文明建设工程

大运河文化带建设对推动中国东部和中部区域的大运河文化带沿线的物质文化遗产保护、非物质文化遗产传承、大运河本体及相关的历史文化名城、名镇、名村与各类文化遗产的利用，特别是对沿线的生态文明建设将会产生深远的意义。

扬州运河东关古渡　　　　　　明代《扬州府图说》中的宝应城

(二) 大运河文化带长期建设目标最好是恢复通航；中期是通水；近期是局部通航(如江苏、浙江全线及山东济宁以南河段；也应鼓励其他有条件的河段推动局部通航)

大运河断航的河段有的是因为人们放弃了它的功能保持，如历史"水柜"功能的消失；水源的人工水库切断；一味强调防洪、排水而忽视保水、蓄水。有的面积很大的滞洪区完全可以改造成为大运河调蓄水的"水柜"等。济宁以北至北京的大运河河段的保护、利用问题需要国家层面的协调，仅靠各省市自我协商，恐无法解决问题。要认真研究中国古代大运河开凿、运行、管理的科学经验，以启迪现代大运河文化带建设，总体上看，古代大运河绝对不是一个线性工程，而是与自然水体、运河供水调蓄系统相互配合的大生态系统。

(三) 目前大运河文化带建设存在各省、市不平衡问题

有的省市措施得力，成效显著，有的省市动作迟缓。北京虽然开始比较早，但是市委书记和市长并没有亲自挂帅。山东的运河文化研究工作开展得比较早，像济宁、德州、枣庄这些地级市都很积极，但是在省级层面始终对大运河文化带建设缺乏足够力度的统筹和支持。浙江方面，也主要是由杭州市，还有杭州市的辖区，像余杭区在组织活动。所以，大运河文化带的定位与发展理念要清晰，

要坚持重点突破与整体推进相结合;同时,促进顶层设计与局地试点有机互动,大运河沿线城市政府要实现靶向施策。

《自江苏至北京运河全图》(济宁段)

(四)大运河文化带建设中存在重物质、轻非物质文化现象

在规划建设项目中,物质性建设项目多而实,非物质文化建设少而虚,许多非物质文化遗产未能获得应有的发掘、传承、发展的项目设计。

一些运河相关的非物质文化遗产如洪泽湖渔鼓、南闸民歌、淮海戏、淮剧等对年轻人吸引力不足,群众关注度、参与度不高。还有因时代变迁、环境变化,许多以农耕文明为基础的传统技艺,陷入日渐萎缩甚至消失的境地。运河文化传承形式单一,社会力量和民间资本参与积极性不高,没有形成立体式、综合式传承的良好趋势。此外,运河文化宣传阵地也不足,虽然运河沿线城市纷纷建立了运河专题展示馆,但缺乏综合性博物馆,运河文化阐释解说不科学、不系统、不规范的现象制约着运河文化传播的效果。在建设大运河文化带的过程中,始终要坚持物质文化与非物质文化两手抓,两手都要硬!

(五)大运河文化带建设中要重视基础性调查、研究

目前存在部分重要河段未纳入建设对象范围的问题。如江苏的扬州至淮安

之间的古邗沟,是大运河的起源河段,目前有部分河段保存在宝应县射阳湖镇区域,但未被纳入保护建设项目;扬州至仪征段运河、淮安到盱眙的龟山运河也是唐、宋时期重要的大运河河段,希望得到一定的重视,被纳入保护对象。淮安到连云港的古运盐河也是重要的相关河道等。

宝应汉代射阳城遗址

(六) 全国性的大运河文化带建设立法工作应尽早提上议事日程,以协调存在的多方面利益纠葛的问题

不同管理部门诉求不同,依照的法律也不同,文物部门依据《世界文化遗产保护管理办法》《大运河遗产保护管理办法》《中华人民共和国文物保护法》等法律法规文件,同时大运河又受到《中华人民共和国水法》《中华人民共和国航道法》《国内水路运输管理条例》等多种法律法规的交叉管理。在具体的管理过程中,法律依据较为混乱。目前国家级法律法规尚未出台,从地方层面看,仅少数

省市出台了地方保护条例。因此更显国家立法的重要性与紧迫性！

（七）"大运河国家文化公园"建设与大运河文化带建设

中宣部在《长城、大运河、长征国家文化公园建设试点方案（征求意见稿）》中，明确大运河江苏段作为大运河国家文化公园试点先行区，要求率先启动试点、率先完成省级规划，为全国实施试点建设提供技术标准和操作规范参考。因此，江苏正在积极作为，为两个国家战略的充分衔接开展前期工作，努力使两者有机结合，相互促进。

（八）对大运河文化带建设中存在的过度建设现象应予以提醒和纠正

申遗成功后，保护与开发博弈下过度开发问题显现，制约了大运河文化带的永续开发。由于历史上对大运河文化内涵和历史风貌的忽视，一方面部分文化遗产被忽视、难逃破败厄运，另一方面又存在过度开发、盲目开发的问题。保护范围不明确，缓冲区预留空间不足、不合理等，改变着大运河文化遗产的整体性环境，并造成持久负面影响。

（本文根据2019年1月15日应江苏省政协邀请为全省市县政协主席讲课内容整理而成，发表于《瓷粹》2019年总第42期，由作者与南京大学文化与自然遗产研究所基础研究部干有成联合署名。感谢程敏同志为文稿整理所做的工作。注释和部分插图省略）

大运河国家文化公园建设与民生发展要有机融合

大运河国家文化公园建设如何与民生发展相结合,这在中共中央办公厅、国务院办公厅出台的《长城、大运河、长征国家文化公园建设方案》中并没有具体安排,但是这项工作确实十分重要。根据我们的调查,由于大运河是活着的文物,功能复杂,体量巨大,文化内涵丰富多样,涉及部门众多,与民生关系极其密切。具体而言,大运河国家文化公园建设中涉及的民生发展问题大体可以分为日常民生发展、文化民生发展、经济民生发展、生态民生发展四个方面。

第一,大运河及其两岸千百年来就是江苏城乡人民生活和生产的地方,"运河人家"成为江苏的一道美丽的风景线,今天还是这样,为此,大运河国家文化公园建设首先要协调好公园建设空间和日常民生发展空间即民众生活空间的关系,如公园建设管控保护区、主题展示区、文旅融合区应尽量避开民众生活和生产区,那种为了公园建设而大量拆迁或迁走原居民的做法不值得提倡。对运河两岸的空间保护也应该实事求是,不能让太多的地方变成空旷区,而应充分考虑到民众生活和生产的亲水和用水需求。第二,文化民生发展是指国家文化公园作为公共文化场所如何为文化民生服务,如有关文化场馆、有关文化服务设施如何与当地民众文化生活相结合。第三,经济民生发展主要是指国家文化公园与地方旅游经济及服务业、与当地运河运输经济等如何结合,文化公园投资者的利益如何得到保障,旅游经济效益如何让民众分享,大运河特色旅游产品如何开发等。第四,生态民生发展指如何利用大运河水生态服务于美丽城乡、宜居环境、生态城市建设,如何防治水污染等。

宿迁运河湾公园效果图

  大运河国家文化公园建设与民生发展的有机融合,主要是在公园建设之前应通过现场调研、召开群众座谈会来广泛听取人民群众意见,在公园规划中要充分考虑和安排民生发展内容,只有处理和协调好各种错综复杂的利益关系,处理好公园建设与地方城乡经济社会发展的关系,处理好公园管理运营和作为公共文化开放空间的关系,处理好公园建设区和人民生活及生产区的关系等,才能够实现国家文化公园建设与民生发展双赢的目标。

大运河与长江国家文化公园协同建设的意义

中华优秀传统文化是发展中国特色社会主义文化产业及文旅融合的基础和宝贵资源。党的二十大报告指出,"加大文物和文化遗产保护力度,加强城乡建设中历史文化保护传承,建好用好国家文化公园"。

江苏是大运河和长江两大国家文化公园建设的重点省,建好用好两大国家文化公园,对江苏具有多方面意义。

一是建设贯彻落实习近平总书记重要指示的标志性文化工程。大运河、长江都是中华民族标志性文化符号。江苏是长江与大运河交汇的水运网络中心区域,大运河沟通南北,水运体系遍及全省,顺长江、淮河及海洋通往全国各地乃至世界,也在江苏境内孕育了一批重要港口城市如南京、镇江、扬州、苏州、常州、南通等,它们同时还是长江下游经济文化中心城市。可见,江苏在历史上是大运河文化和长江文化的重要交汇区和文化创造区,理应在当代大运河和长江两大国家文化公园建设方面率先承担使命、作出贡献,深入贯彻落实国家战略,把握正确方向,结合区域实际,拓展建设思路,书写时代新篇。这不仅是国家赋予江苏优秀传统文化创造性转化、创新性发展的重大历史使命,也是贯彻落实习近平总书记的重要指示,高水平、高质量建设长江经济带及长三角一体化的重要战略性、标志性文化工程。

二是为国家文化公园提供江苏样本和建设示范。大运河和长江在历史上是互相支撑的,它们两线交织,畅通东西,贯穿南北,构成江苏发展的十字坐标轴,这在全国乃至世界上都是极为鲜明的地域文化特色和协同发展优势。推进江苏大运河与长江国家文化公园融合建设,系统且全面把握大运河和长江文化的当代价值及文化基因,强化重点文物和文化遗产以及景观文化等的保护、传承、弘扬,通过开展凸显"江河交汇"特殊区位功能价值的工程展示江苏作为,进而能够为省内乃至其他省份提供国家文化公园建设的江苏样本和示范。

三是服务国家重大战略、促进城乡区域协调发展战略之需。大运河干流流经江苏,从苏州到徐州一线,支流涉及更多城市,尤与长江江苏段沿线的南京、扬州、泰州、南通、镇江、常州等城市紧密相关。它们还处于长江经济带、长三角一体化等国家发展战略叠加的特殊区位。融合建设大运河与长江国家文化公园,发挥大运河与长江沿线地域相连、城市密集、经济发达、文化丰厚的综合优势,统筹各级各类资源有序合理开发,加强与沿线其他省市交流合作,落实区域协调发展战略,不仅有助于江苏深入参与国家重大战略,也有利于从更高层次为促进江苏城乡区域协调发展开辟新空间、新路径,注入新动力。

四是江苏建设"社会主义文化强国先行区"的重要抓手。建设江苏社会主义文化强国先行区,是习近平总书记为江苏擘画的"强富美高"宏伟蓝图的重要内容。江苏是大运河文化和长江文化富集区,江苏人民在历史上创造过大运河和长江沿线均蕴含的地域文化如江南文化、江淮文化、江海文化等,体现了大运河和长江沿线深厚的文化底蕴,值得去深入挖掘、传承创新。2022年3月23日,省委书记吴政隆在南京调研长江国家文化公园建设时强调要高质量推进长江国家文化公园江苏段建设,集全省之力统筹推进大运河和长江两大国家文化公园江苏段建设,形成集中展示江苏大运河、长江历史文化的核心空间场景,推动大运河文化、长江文化创造性转化、创新性发展,加强沿线生态环境保护修复,适度发展文旅融合、生态等产业,以文化引领,为统筹沿线经济、城乡、文旅、生态等高质量发展赋能增势,为深入推进江苏建设"社会主义文化强国先行区"注入新动能、新活力。

五是建设展示江苏文明、彰显文化自信的重要载体。大运河、长江孕育了江苏早期地域文明。江苏早期的文化类型如青莲岗文化、北阴阳营文化、龙虬文化、马家浜文化、骆驼墩文化、薛城文化、崧泽文化、良渚文化、湖熟文化、马桥文化、吴文化、越文化等均具长江文化特质,并塑造了江苏鱼米之乡、吴韵汉风、水色书香、开放包容、精致秀美等人文特色,积淀了深厚悠久的文化底蕴,传承着中华民族的灿烂文明。对此,基于大运河和长江深厚文化底蕴,建设大运河和长江国家文化公园,打造呈现大运河和长江江苏段尤其是江河交汇区的文化风貌、演进过程、空间结构和时代风采的保护传承弘扬体系,创造、传播更多承载江苏文化、江苏精神的价值符号和文化产品,不仅有利于发挥江苏优秀传统文化持续影响力,也为不断增强江苏文化自觉、文化自信、文化创新开辟新空间。

(本文为作者与干有成合作完成的课题研究报告,主要内容发表于《新华日报》2022年11月11日"文化产业周刊"版)

历史巨作　当代"画卷"
——《大运河画传》读后

中国大运河是中华民族 2500 多年的历史巨作，也是当代中国式现代化进程中 3000 多公里的美丽画卷。

今天，她被呈现在这部《大运河画传》中。

《大运河画传》是由全国政协文化文史和学习委员会主编，中国文化遗产研究院承编，于 2022 年出版的鸿篇巨制。该书编委会主任为全国政协原副主席刘奇葆、刘新成两位先生。全书以 60 万字的篇幅分为 6 章，分别是："运河国家"，讲述从 2500 多年前大运河的诞生到新中国大运河的重生，揭示了大运河与中华文明持续发展的深刻关联；"运河工程"，阐明从大运河的规划到大运河的开凿、运营、治理等各种工程，评说了民族智慧及其工程成就；"运河城乡"，梳理了从大运河之都到大运河乡镇的空间布局与各自特色，展现了大运河城市带形成的运动机理；

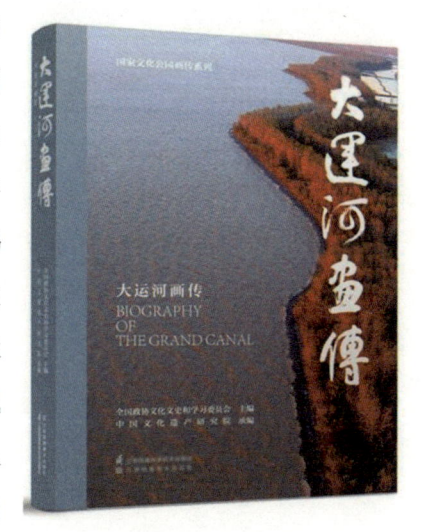

《大运河画传》

"运河文脉",描绘了从唐宋文学中的大运河到明清小说和历代艺术家笔下的大运河,陈述了大运河丰厚的精神文化创造;"运河人物",总结了从主持大运河开挖的政治人物和掌握运河工程技术的专业人士到名不见经传的纤夫与河工的杰出成就,讴歌了中国人民在不同时代为大运河所作出的贡献;"运河未来",描绘了从当代生态文明到国家文化公园建设、从城市复兴到人民美好生活的创造与创新,展现了大运河美好的未来。全书一气呵成,古今一体,既有史料的铺陈,又有思想的提炼,特别是全书收录 250 多幅大运河资料图片,包括考古出土的文物,传世的绘画、书法、地图,以及运河沿线的地面文物、文化景观和非物质文化遗产,还有部分当代艺术家的创作作品等,它们大都来自故宫博物院、国家博物馆等文博考古机构的收藏,具有十分重要的历史、科学与艺术价值,如此珍贵的图片和朴茂潇洒的文字珠联璧合,生动诠释了"大运河画传"这一书名和编著者的立意。

我们知道,中国大运河诞生于公元前 486 年春秋时代的江淮之间,从此江南与中原便连为一体。此后她又贯通东西走向的钱塘江、长江、淮河、黄河、海河五大自然水系,以"天人合一"的智慧建构了广布中华大地的水上通道,对中华文明的统一和持续发展发挥了难以想象的作用。2500 多年来,无论岁月沧桑、风云变幻,大运河作为中华民族的血脉都从未被割断。近代史上,她走向了衰弱;新中国成立后,她强健的生命青春再现;进入 21 世纪后,随着中华民族的伟大复兴,大运河又以新的姿态登上中国现代化进程的舞台——2014 年 6 月进入《世界遗产名录》;2017 年,在习近平总书记指示下,大运河文化带建设全面推进;2019 年,中央决定建设"大运河国家文化公园"。由此,传统与现代、人文与自然、协同与多样、物质文明与精神文明和谐共生、中华创造与世界各国运河城市和平交往文明互鉴的巨幅画卷,在中国的广袤大地上徐徐展开,成为中国式现代化建设的重要参与力量。

在中国大运河申遗、大运河文化带及大运河国家文化公园建设过程中,全国政协及全国政协委员始终高度关注并在其中发挥重要作用。在全国政协原副主席刘奇葆的主持下,在国家文物局的支持下,在全国政协文化文史和学习委员会的组织下,在一批全国政协委员的积极参与下,从对大运河文化带及国家文化公园建设的全面考察,到多次座谈研讨、做出提案,再到启动《大运河画传》的编写工作等,委员们不断深化对大运河历史文化及其现代意义的认识,也不断增强对大运河文化保护、传承、弘扬的自觉性和使命感,为大运河文化创造性转化、创新性发展作出了突出贡献。

据了解,参与《大运河画传》成书工作的数十位编委和专家们认识到,要建设好大运河文化带和大运河国家文化公园,首先必须要让社会各界对大运河文化的发生、发展及其丰富内涵有深刻的了解。《大运河画传》的篇章安排及具体内容正是为了达到这一目的而展开。阅读该书,我们确实能够深刻把握:大运河在历史上对中国国家治理的重大作用;大运河涉及的复杂水工工程技术与交通设施及其中包含的独特民族智慧;大运河沿线城乡社会建设的历史性成就;大运河催生的文学和艺术等丰富多彩的文化;与大运河有关的重要历史人物及历代民众的不朽业绩;大运河作为珍贵文化遗产的当代地位和未来价值等。纵览全书,我们自然会更好地理解编著者提出的《大运河画传》的成书目标:"力求以生动的笔法、优美的图画为基本,以文字为线,以图画为珠,以线串画,以画映线,图文并茂,相得益彰,用一个个生动细致的故事串起这些历史遗迹全部的生命历程,将其涉及的中华文脉和生态文明,还有事件、人物、技术、精神一一呈现。"全书高屋建瓴,脉络清晰,融汇众说,诗情画意,可谓一书在手,2500多年运河历史、3000多公里运河风情尽收眼底,这对大运河文化的保护、传承、弘扬定会发挥推动作用。

此外,在笔者看来,此书还富有收藏价值,这不仅因为它体系博大、认知深刻、材料丰实、文物精美,还因为它是今后会一一面世的五大国家文化公园"画传"中的第一种,将来《大运河画传》与黄河、长城、长征、长江等画传会成为一个时代的系统历史记录,成为我们领略中华文化精华的最佳连续读本。

总之,中国大运河及大运河文化涉及古今政治、经济、文化、社会、科技、生态、中外文化交流等多个领域,其博无限,其专弥深,无论是学术研究还是保护利用都是方兴未艾。《大运河画传》提纲挈领,开卷有益,我们更希望它启人心慧,激扬友声,开拓新知,促进建设,助力大运河在新时代绽放活力,强国利民,推动大运河文化发扬光大,再创辉煌!

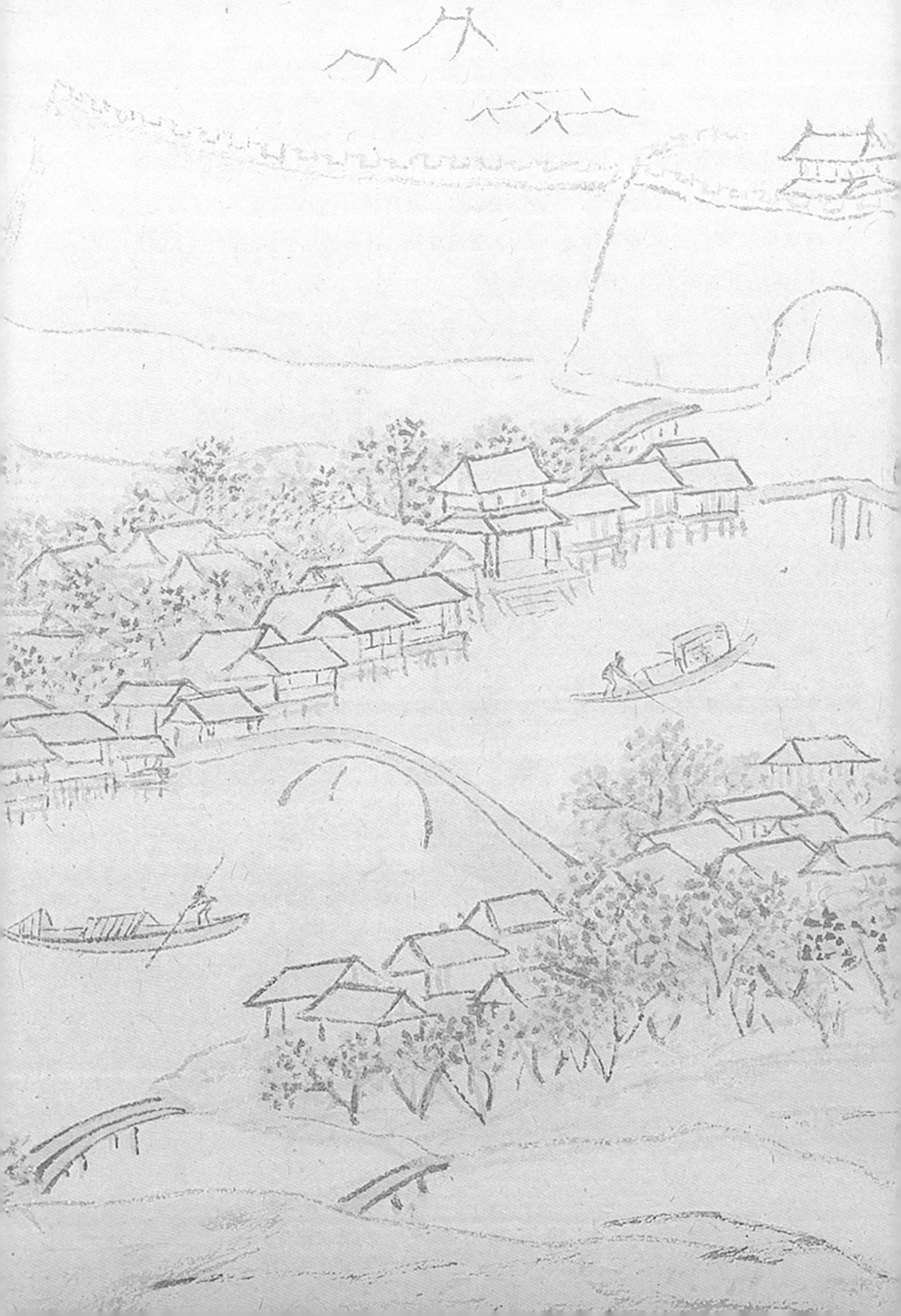

中/篇

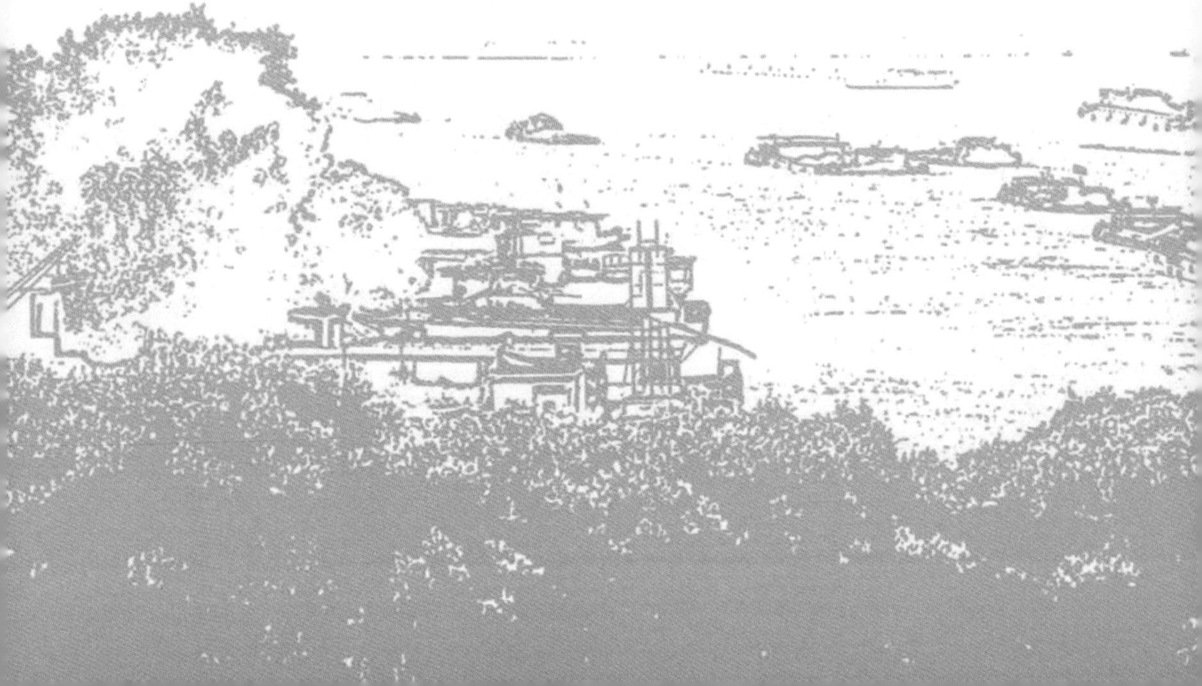

中国大运河江苏段的千年华章

中国大运河作为世界上开凿时间最早的巨型人工运河,它源于春秋时代(前770—前476)。公元前486年,吴王夫差筑邗城(今江苏扬州),城下凿河,引长江水北行至山阳湾末口(今江苏淮安)入淮河,将江、淮两大水系连接起来,成为后世中国大运河的滥觞,江苏也因此成为中国大运河的起源地。

秦汉统一王朝建立后,重视经营水运系统,决通川防,疏浚鸿沟,沟通济、汝、淮、泗等水道。其中,"治陵水道到钱塘越地,通浙江"(《越绝书·吴地传》),疏通由姑苏(今江苏苏州)至钱塘(今浙江杭州)的水运通道。西汉初年,吴王刘濞开挖茱萸沟,西接邗沟,东达滨海地带,以收鱼盐之利,有人称之为"东邗沟""运盐河",是后来"通扬运河"的前身。这一时期,沟通全国的运河体系已初步形成,由漕渠、黄河、鸿沟、汴渠、邗沟等构成的东西水运通道成为交通大动脉,形成了保障首都长安生活及战略物资需求的全国性水路物流网。东汉末年,广陵(今江苏扬州)太守陈登在江苏境内开"邗沟"新道,使运道更为畅通。东吴政权为方便都城建业(今江苏南京)和三吴地区(今太湖流域、钱塘江流域、宁绍平原一带)的水运联系而开凿破冈渎,连接古江南运河和秦淮河,缩短了绕道长江的航程。

隋唐时期大运河江苏段得到了进一步完善和发展。隋唐时期,中国的经济重心、手工业中心等逐渐向南转移,为确保政治中心和经济重心的一体化,巩固中央集权国家的统一,必须大规模开挖、整治联系南北方的大运河,推动全国性大运河运输网络的形成及航运繁荣,当然其基础是历代开凿形成的局域运河。隋唐时期的中国运河网络由广通渠、永济渠、通济渠、山阳渎、江南河五段组成。今天在宿迁境内还保存有通济渠的部分遗迹。

隋朝开凿的南北大运河,西抵长安,北通涿郡(今北京),南达杭州,全长2700多公里,沟通了海、河、淮、江、钱塘五大水系,流经今天8个省市,连接了华北、黄淮和长江下游三大平原,形成以长安、洛阳为轴心,以黄河为基干,以洛阳为起点,向东北(永济渠)、东南(通济渠)辐射的Y形的庞大水运河网。发达而完善的运河系统为唐代的经济文化繁荣奠定了基础,其中在今江苏境内就形成了以苏州、常州、润州(今江苏镇江)、扬州、楚州(今江苏淮安)、泗州(在今江苏盱眙)、徐州等为代表的运河城市带,尤其是扬州,成为全国一流的商业城市,与益州并称"扬一益二"。

宋元时期,江苏大运河的地位愈发重要。北宋建都开封,称东京,当时中国的经济重心已经完全转移到南方,大运河成为首都的生命线。为保障江淮地区的运道畅通,北宋重点整治了邗沟故道(宋代又称楚扬运河),并在其两端开凿避江、避淮的延伸线,淮河南岸由淮安至泗州的沙河、龟山运河等即为避淮河风涛而开凿的辅助运河。

元朝定都大都(今北京),经济上要依赖南方,明清时代依然如此。为解决南粮北运问题,元政府对隋唐大运河进行了一次大规模的整治与开发,重新开通了大运河河道,自南而北先后开凿了三条新河。元至元二十年(1283),开济州河,自济州(今山东济宁)至东平之安山。至元二十六年(1289),开会通河,从山东梁山县安山西南至临清。后又将临清与徐州之间的运河,包括安山以北至临清的原会通河、安山与微山县西北鲁桥之间的原济州河,以及鲁桥至徐州间的泗水,统称为会通河。重新开通的南北大运河以大都为中心,从大都出发,经通惠河至通州,由通州沿御河至临清,入会通河,南下入济州河至徐州,由泗水和黄河故道至淮安入淮扬运河,由瓜洲入长江,再由丹徒入江南运河,直抵杭州,沟通海、河、淮、江、钱塘五大水系,全长1700余公里。至此,完全意义上的京杭大运河最终形成。

明清时期大运河江苏段是关系国家命运的大动脉,也是河道治理的重点地区。明清两朝相继建都北京,统治者在元代"京杭大运河"的基础上不断改造、完善和疏浚,继续沿用元代大运河作为连接北方政治中心与江南经济重心、北方陆上丝绸之路和南方海上丝绸之路的水运通道。明万历三十二年(1604)开通泇河,自夏镇南李家口至邳州直河口,黄河运道湮没后,泇河成为沟通南北的唯一通道;清康熙十九年(1680)靳辅开皂河,自窑湾接泇河再至皂河口接黄河;清康熙四十二年(1703)于成龙、张鹏翮先后开中河,自宿迁张庄至淮阴杨庄接淮扬运河。

为确保这一关系到国家命运的交通大动脉的畅通,明清两朝都不遗余力地经营运河,使运河的功能和作用得以充分发挥,进而将古代运河的发展推向最后的高峰。明代后期开清江浦河,即今淮安淮阴区杨庄至淮安市淮安区运河。自此,南起扬州、北至淮阴(今江苏淮安码头镇),连接江淮的运河新河段形成。清代改称淮阴到扬州间的运河为"里运河",目前功能仍以航运、灌溉和区域排涝为主。

明清两朝高度重视运河漕运,设置"漕运总督"和"河道总督",分别掌管运河漕粮运输和运河水利。运河沿线的许多城市也因漕运而发达,东南地区的淮安、扬州、苏州、杭州成为繁华的城市,并称运河沿线"四大都市""东南四都"。明清两朝对大运河的治理,主要是围绕解决水源、保护河堤、疏浚河道、治黄保运、利用河闸围堰以控制调节水量等问题展开。明清两朝在运河上广筑堤坝、堰闸,有效地保障了运河功能的有效发挥。

近现代以来,大运河江苏段进入延续与复兴期。清咸丰五年(1855),黄河在铜瓦厢决口,夺大清河从利津入海,结束了它长达700余年的夺泗夺淮入海的局面,京杭运河被拦腰截断,黄淮分离,安山至临清间运道涸竭,淮河下游河道淤塞,淮南运道受到较大影响。清同治十三年(1874),漕船由海轮代替。清光绪二十六年(1900),漕运全罢,漕粮改折现金,海运、河运全部废止,大运河作为国家漕粮物资运输大通道的历史使命就此终结。当然,运河功能废止,并不等于运河的消亡。也有部分运河城市如江南的苏州、常州、无锡、镇江等因江南运河航运继续发挥作用及近代铁路继续沿运河一线修建而获得新的发展。

新中国成立以来,江苏对于航运水利事业的发展非常重视,不但提高了航道标准,修建了大量的现代化闸坝桥梁,且每年都对运河进行疏浚与维护,从而使其运输能力大为提高。进入21世纪以来,随着中国大运河申报世界遗产的成功,加上南水北调工程的进行,特别是2017年以来党中央、国务院有关大运河文化带建设的指示和要求,使中国大运河江苏段迎来了新的春天,无论是其历史文化的研究和复兴,还是物质与非物质文化遗产的保护利用以及经济与生态效益的结合等,都引起国家与社会对大运河的再次瞩目,古老的大运河又将对中华民族产生深远的影响。

江苏古运河示意图

(本文为作者与千有成合撰,发表于《新华日报》2020年3月17日)

大运河对江苏历史文化的深远影响

一、江苏是中国大运河的起源地

公元前486年,吴王夫差筑邗城(今江苏扬州),城下凿河,引江水北行至山阳湾末口(今江苏淮安)入淮河,将江、淮两大水系连接起来,成为后世中国大运河的滥觞。而江南运河开凿的历史则更早,始于公元前495年吴王夫差开凿的沟通太湖和长江的古吴水。隋大业元年(605),隋炀帝拓宽开深江苏省内联系江淮的山阳渎(今里运河),又开通济渠连接洛、黄、汴、泗诸水汇至江苏境内的淮河。大业六年(610),隋炀帝拓宽浚深江苏和浙江省内的江南运河以达杭州。同时由洛阳附近凿永济渠通卫河,经临清转今天津,形成全长2700多公里的隋唐大运河,其中江苏省段达690余公里。

二、大运河在江苏的发育和发展过程中,并非一条南北单线,而是形成了以大运河为主轴、支河为分支的网状分布

江苏是大运河河道路线最长、流经城市最多的省份。大运河江苏段北起徐州市沛县龙固镇,南至苏州市吴江区桃源镇,依次流经徐州、宿迁、淮安、扬州、镇江、常州、无锡、苏州8个地级市的37个县(市、区),纵贯南北690余公里,沟通

长江、淮河、故黄河,串联太湖、高邮湖、洪泽湖、骆马湖等湖泊,是连接南北水系的重要通道。

大运河江苏段在历史发展过程中,曾通过人工开凿的分支运河及长江、淮河等河道与江苏其他城市相连通,江苏没有一座有地位的城市能够离开运河讲自己的文化。如大运河通过盐河、淮河与连云港、阜宁相联系;通过老通扬运河、串场河与泰州、南通、盐城相联系;通过仪扬运河、长江与仪征及南京相连;通过胥河、胭脂河与高淳、溧水及南京主城相连;通过浏河、盐铁塘与太仓、常熟、昆山等地相连等。江苏境内以大运河为主干形成了运河网络,这些支线运河也是大运河文化带建设的重要组成部分。

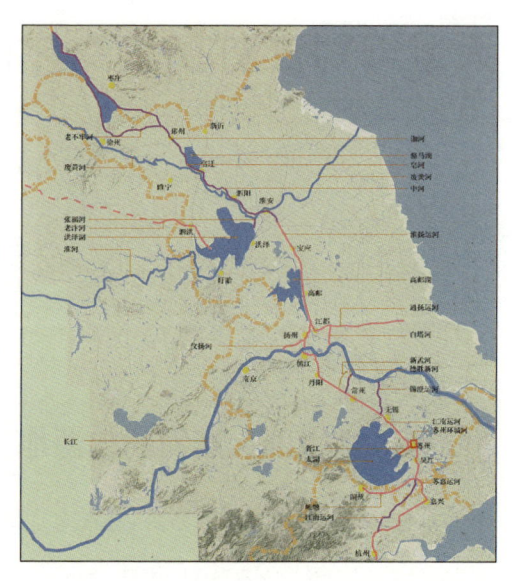

江苏大运河沿线湖泊与河流示意图
[《中国大运河(江苏段)遗产保护规划(2011—2030)》]

三、大运河江苏段沿线兴起了众多城镇,深刻影响了江苏城镇分布格局

如"汴泗交汇"处的徐州、"南船北马"的淮安、因运河而起的扬州、"江南运河第一城"镇江、"太湖明珠"无锡、"人家尽枕河"并有"人间天堂"之誉的苏州、"十朝都会"南京等,它们的发展进程中都离不开大运河发挥的作用。

大运河不仅流经江苏徐州、宿迁、淮安、扬州、镇江、常州、无锡、苏州8市,大运河重要支线又连接了南京、泰州、南通3市,还流经包括邳州、泗阳、睢宁、宝应、高邮、江都、吴江等在内的运河古城。沿线城市在提升城市品质、塑造城市特色、展现城市魅力等方面,都可以发挥大运河文化带建设的作用。此外,运河沿线还兴起过龟山镇、古邳镇、皂河镇、码头镇、邵伯镇、浒墅关镇、同里镇、惠山镇等运河古镇,产生了直接以"运河"命名的多个"运河村"(扬州市邗江区槐泗镇运河村、宿迁市泗阳县李口镇南运河村、苏州市浒墅关镇运河村、镇江市丹阳市吕城镇运河村、淮安市淮安区上河镇运河村等),建起了河下、东关街、南河下、南门大街、西津渡、新河街、清名桥、青果巷等历史文化街区。在运河沿线的大走廊空间内,每一个特色文化空间都是运河多元文化的重要载体,都是需要关注和建设的对象。

四、大运河对江苏海洋文化及海洋区域开发的意义

以盐业为例,从唐至清1000多年间,国家财政有30%～50%的盐税征自泰州运盐河,所谓"天下盐赋,两淮居半"。宋元以来泰州所辖盐场又居两淮盐场首位,因此有"两淮盐税,泰州居半"之说。这条运河不但繁荣了一座城市,而且对国家财政甚至国家稳定举足轻重。南通盐业从西汉发轫,历代延续不绝。海盐通过运河运送,《嘉靖惟扬志》载:"吴王濞开邗沟,自扬州茱萸湾通海陵仓及如皋蟠溪,此运盐河之始。"运盐河的开通,促进了南通的繁荣,一座新型的城市在长江、黄海和运河的交汇处萌芽生长。

清《盐河图》

五、大运河对江苏地域的经济、文化发展有重要作用

江苏大运河的工程实施、治水管水、水上交通、水运经济、涉水城乡建设、水文化资源开发等实践成就突出。通过对各支流的开挖、疏通,江苏运河网络逐渐形成,大运河的线状功能扩大为网络状动能,促进了城乡之间深切互动,形成合

力,协同发展,确保沿海食盐、海产等向全省及全国的辐射;农业和手工业精致化程度不断加深,促进了江苏的发展水平和能力的持续提高。

大运河起源自江苏,在国家力量的介入下,通过不同方向与全国运河水道连通,把江苏运河放大为中国大运河,使得北方政治中心与南方经济重心相联通,北方文化与南方文化相联通,放大了江苏特色和江苏效应,拓展了江苏文化创新的来源,丰富了江苏的文化成就,提升了江苏农业、手工业、商业的发展水平和发展质量,形成了开放包容的江苏文化特色。

《自江苏至北京运河全图》(镇江至高邮段)

在发达的运河交通条件下,沿运城镇商业繁荣,多元文化融入,在相对富裕的经济生活带动下,江苏人高度重视办学和教育,重视书籍刻印流通,重视文化艺术创造,使江苏成为全国人文发达之地,尤其沿运河城市更是如此,这一优良传统一直传承到近现代。

六、大运河对江苏水运、水利、水生态系统的塑造产生了深远的影响

大运河江苏段沿线有微山湖、骆马湖、洪泽湖、高邮湖、太湖等众多湖泊,泇河、皂河、张福河、仪扬河、白塔河、新孟河、德胜新河等众多河流,它们要么因运河而生,要么与运河有密切的历史和现实关联,都通过运河网络在水体系统、生

态系统以及文化系统等方面相互影响。同时，大运河串起和打通了江苏大地上所有的大型水系，包括长江、淮河、太湖、黄海、东海以及秦淮河、泗水等，同时把江苏的大小水体以及城乡聚落编织成网络体系。

七、大运河让江苏成为古代海上丝路和陆上丝路交汇地

大运河不仅将江苏的楚汉文化、淮扬文化、吴文化、园林文化、红色文化等地域文化有机串联起来，也将陆上丝绸之路和海上丝绸之路联系在一起，江苏几乎所有的古代沿海港口城市都离不开大运河的陆海沟通、联动作用，如扬州、如东、南通、太仓、连云港、南京等。公元838年，一支来自日本的船队在海上遭遇风暴，偏离航线，最终在今天南通市如东县掘港镇搁浅。这是东瀛派出的第18次遣唐使团，使团成员在掘港国清寺住了15天，之后再次登舟，由"掘沟"、运盐河转入大运河，最终到达大唐的首都长安。1180年后的2018年7月20日，如东掘港镇国清寺遗址考古发掘成果公布。经过南京大学文化与自然遗产研究所一年多的发掘，国清寺遗迹呈现在世人面前。大殿基址、水井、灶房、柱础、佛像残

如东国清寺遗址考古现场航拍

件……沧桑文物无言诉说着国清寺曾有的辉煌。国清寺是中日通过海上丝绸之路建立友好关系的重要历史见证，是海上丝绸之路东海航线的重要见证地，也是联系日本、东海、掘港运河及运盐河、大运河及扬州、长安等文化交流线路的重要节点。

八、千年流淌的大运河为江苏留下了众多璀璨古今的文化瑰宝；在现代交通方式诞生之前，大运河是江苏几乎所有主体城市的主要物流通道

大运河形成了兼收并蓄、包容多样、独具魅力的江苏运河文化系统，是富含江苏文化特质的传统文化大宝库、爱国主义教育的大走廊、文化创新转化发展的大空间。无论是江苏的历史文化名城名镇建设发展以及区域生态文明建设、文化旅游发展、文化品牌建设等，还是正在申报世界文化遗产的海上丝绸之路、江南水乡古镇等，都离不开大运河的独特作用。

江苏大运河沿线分布有 13 座国家历史文化名城、29 座中国历史文化名镇和 12 座中国历史文化名村，有 149 处全国重点文物保护单位、101 项国家级非物质文化遗产，占全省总数均超过一半，演绎出漕运文化、盐业文化、水工文化、工商文化、园林文化、水乡人居文化等各具特色的文化形态，人文荟萃、高峰迭代，形成了兼收并蓄、包容多样、独具魅力的江苏大运河文化遗产资源带和文化发展带。

江苏大运河沿线文化遗产积淀深厚，是列入大运河世界文化遗产点段最多的省份。整个大运河江苏段的遗产包括隋唐大运河遗迹通济渠江苏段（主要由苏皖省界经泗洪县流入洪泽湖）、元明时期从徐州市区至淮安杨庄的古黄河段运道，以及明清大运河遗迹（包括中运河、淮扬运河和江南运河江苏段）。江苏大运河沿线的 7 个遗产区面积 95.7 平方公里、占全线的 1/2，遗产河段长度 325 公里、占全线的 1/3，遗产点段 28 项、占全线的 1/3。各类文化遗产丰富，品位价值最高，运河淮安段水工遗迹（清口水利枢纽）、苏州宝带桥柔性墩工艺等均代表着当时行业建设的先进水平。

（本文为作者与干有成合作撰写，发表于《江苏地方志》2020 年第 6 期）

江苏大运河历史文化精神的当代认知

江苏的文化特质就是"水文化",这是一个从"天道"到"人道"的万年养育结果。江苏大地上有太多的水,它有大江、大河、大湖、大运河,有数以万计的河流、湖泊连缀着城镇乡村和家家户户,创造了太多的水文化事象,"水乡江苏"就是对江苏文化景观特色的最好总结。

"水"在中国人的心目中有着经典文化象征,古人云,"上善若水","智者乐水"。在江苏的"水文化"中,大运河则显得特别奇妙。

第一,江苏是中国大运河的起源地。大运河是人力工程,但它也包含着人对自然河湖的巧妙利用和人地共生的智慧。无论是春秋时代的江南运河、邗沟,还是后来的隋唐宋大运河或元明清的京杭大运河,无不如此。再如"汴泗交汇"处的徐州、"南船北马"的淮安、因运河而起的扬州、"江南运河第一城"镇江、江南运河重镇常州以及"太湖明珠"无锡、"人家尽枕河"并有"人间天堂"之誉的苏州、因运盐河而发达的泰州、"十朝都会"南京,等等,它们的发展进程中都离不开大运河发挥的作用。

第二,它串起和打通了江苏大地上所有的大型水系,包括长江、淮河、太湖、黄海、东海以及秦淮河、泗水等,同时把江苏的大小水体以及城乡聚落编织成网络体系。

第三，现代交通方式诞生之前，它是江苏几乎所有主体城市的主要物流通道。除了沿运河分布的苏州、无锡、常州、镇江、扬州、淮安、宿迁、徐州之外，大运河还通过长江、淮河、通扬运河(运盐河)、盐河、浏河、胥河、破冈渎及秦淮河等串联起南京、泰州、南通、盐城、连云港、张家港、太仓等沿海与沿江城市，说大运河滋养了江苏毫不为过。

第四，它把江苏组织在一个全国乃至世界的更大的社会运河体系中。作为生产中心与消费中心，古代大运河串联了中国的南方文化与北方文化、政治中心与经济重心、陆上丝路和海上丝路。江苏作为大运河的最重要河段所在，既展现了江苏的区域能力和地位，也拓展了江苏的文化时空和内涵。

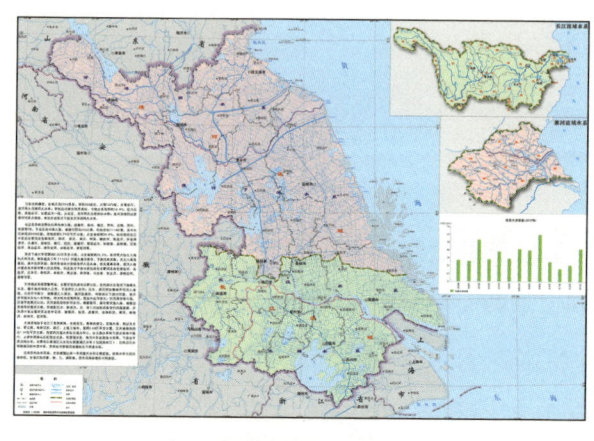

江苏省水系图

第五，今天，它本身是饮誉全球的世界文化遗产，无论是江苏的历史文化名城名镇建设发展，如"世界运河名城"扬州、"中国运河之都"淮安的建设，或者是当前的国家级文化工程大运河文化带建设、区域生态文明建设、文化旅游发展、文化品牌建设等，还是正在申报世界文化遗产的海上丝绸之路、江南水乡古镇等，都离不开它在其中的独特作用。从笔者所从事的专业——考古学而言，近年来引起海内外关注的与海上丝绸之路密切相关的苏州张家港黄泗浦遗址考古发现、苏州太仓樊村泾元代瓷器考古发现、南通如东唐宋国清寺遗址考古发现等都是大运河体系造就的文化奇迹。从历史角度而言，大运河是一条"大恩不用谢"的江苏母亲河，是持续推动江苏发展的生命河，是创造过无数奇迹的文化河。

大运河是人工水运水利工程，是人的外在性创造，不是具有主体性思考能力和自主性精神活动的生命体，为此，我们讲"大运河历史文化精神"，指的是对大

太仓樊村泾元代遗址航拍图　　太仓樊村泾西发掘区河道内瓷片堆积剖面
（南京博物院考古研究所供图）　　　（南京博物院考古研究所供图）

运河在形成过程、本体结构、功能展现、历史地位等方面所塑造的精神层面文化现象的归纳，其本质即是江苏先民在创造"大运河"及其文化的历程中所逐渐形成、积淀的独特行为智慧。中国的《易经》说，"形而上者谓之道，形而下者谓之器"；法国人丹纳在《艺术哲学》中也说，文化是"自然界的结构留在民族精神上的印记"。"大运河历史文化精神"就是从"大运河"这一巨大的"人工之器"中可以寻求的"文化之道"。

一、人地结合与人地和谐

大运河形成过程中充分利用了沿途的自然水体，并与人工工程相结合；运河沿线城市空间与运河有机结合；正确处理运河水体与各自然水体交汇的关系；先民在运河治水过程中敬重自然，不畏艰险，不断提升人地和谐的广度和深度，以促进地域文明持续发展等。这种精神对现代建设生态文明尤有价值。

二、创造自我与开放包容

大运河起源自江苏，包括江南运河和江淮运河，此后在国家力量的介入下，通过不同方向与全国运河水道连通，把江苏运河放大为中国大运河，使得江苏融入全国与世界，放大了江苏特色和江苏效应，拓展了江苏文化创新的来源，丰富了江苏的文化成就，提升了江苏农业、手工业、商业的发展水平和发展质量，形成了开放包容的江苏文化特色。

三、主体建构和网络布局

主体是大运河河体，但通过各支流的开挖、疏通，逐渐形成江苏运河网络，将大运河的线状功能扩大为网络状动能，促进了人水之间、城乡之间深切互动，形成合力，协同发展；确保沿海食盐、海产等向全省及全国的辐射；工商业渐次发达；农业精致化程度不断加深，促进了江苏发展水平和能力的持续提高。

四、重视实践和理论提升

江苏大运河的工程实施、治水管水、水上交通、水运经济、涉水城乡建设、水文化资源开发等实践成就突出；同时，江苏先贤也十分重视运河治理和管理的理论研究与科学总结，有多部论著、地图等传世，体现了知行合一、经世致用的宝贵地域精神。

五、农工并重和商读相辅

在运河推动区域发展的历史背景下，以及高品质生活和市场需求的推动下，江苏尤其是苏南、苏中一带高产农田和手工业都有显著发展，许多手工业成就饮誉海内外并且一直流传到今天，成为当代珍贵的非物质文化遗产。在发达的运河交通条件下，沿运城镇商业繁荣，多元文化融入，思想开放包容。在相对富裕的经济和生活带动下，江苏人高度重视办学和教育，重视书籍刻印流通，重视文化艺术创造，重视园林景观建设，使江苏成为全国人文发达之地，尤其沿运城市更是如此，这一优良传统一直传承到近现代。

当然，我们可以从更多方面总结大运河的历史文化精神。从历史文化保护、传承、发展、创新方面而言，大运河文化是千年不衰的活态文化，是千里流淌的造福文化;它既是先民的生存文化,又是今人的发展文化;它促进了历史上江苏"农业文明"时代的城乡体系形成,也能够参与当代江苏的高水平生态文明体系建设。同时,当代的大运河文化带联通京津冀协同发展区域、淮河生态经济带区域、长三角一体化区域及长江经济带区域、"一带一路"交汇地带区域,具有强大的文化统筹、协调、整合、推动、共建功能,是中华文化复兴与生态文明建设的重要抓手。江苏在大运河文化带建设中,既能充分展现特色、发挥作用,也能够分享价值,使大运河历史文化精神在当代发扬光大,创新发展。

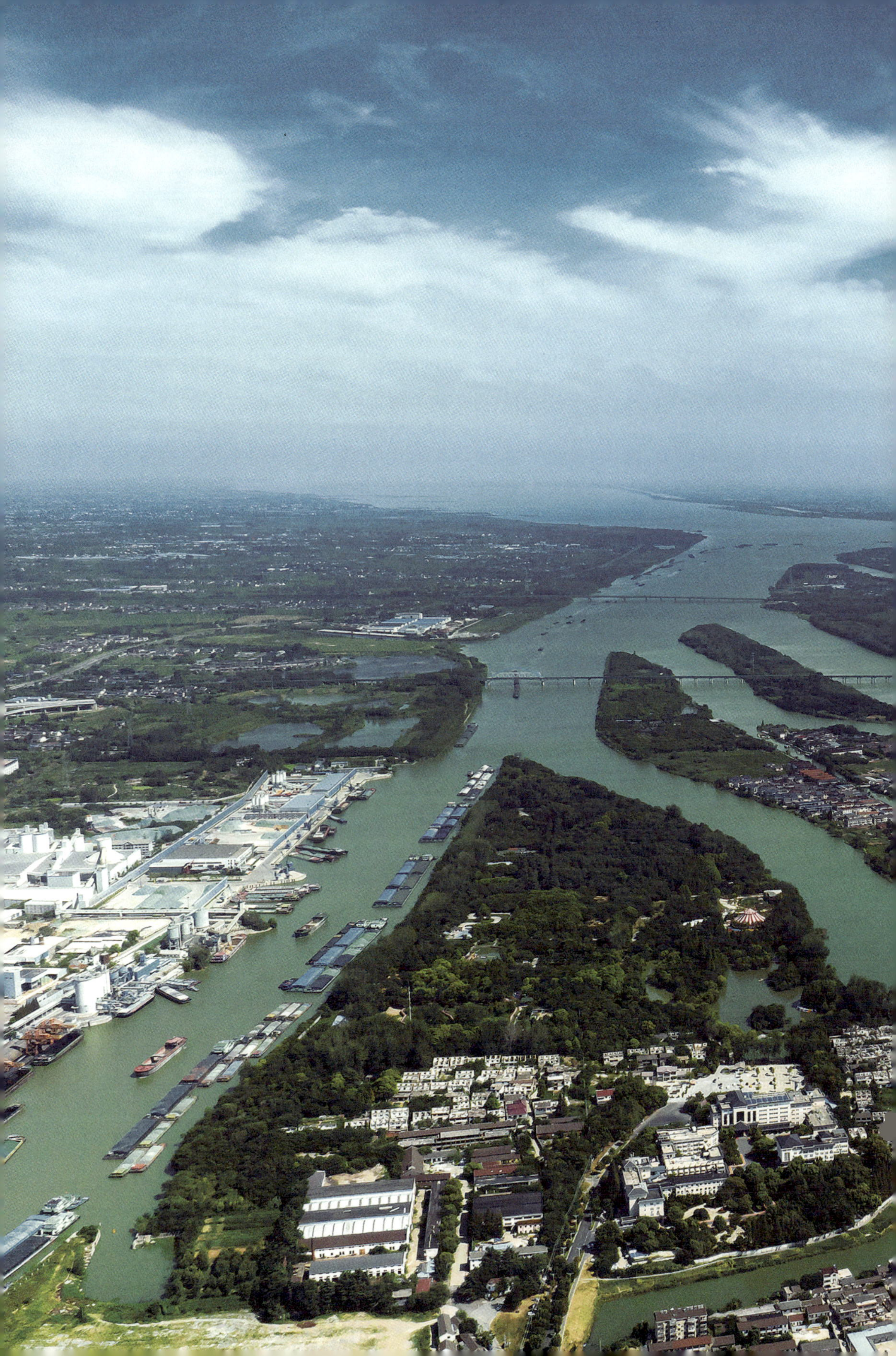

扬州茱萸湾公园

以大运河文化带建设引领文化一体化发展

江苏地区的历史文化图景复杂多样,寻求能将多元区域文化进行有效整合,在"和而不同"的基础上倡导共同的"江苏精神""江苏符号"和文化协同引领,成为当前时代对江苏文化整体繁荣发展提出的新要求。

"大运河文化带"及"大运河国家文化公园"建设是党中央、国务院主导的第一个以文化为核心内容的区域高质量发展的战略性工程。江苏正在抓住机遇,借助大运河文化带和大运河国家文化公园建设的引领作用,全面提升江苏文化一体化发展水平。

一、大运河文化在江苏文化一体化建设中的重要价值

大运河江苏段是多元一体江苏文化的经典符号。大运河将江苏境内散布的大小城乡聚落编织成网络体系。主干道由北向南依次将徐州、宿迁、淮安、扬州、镇江、常州、无锡、苏州8个设区市的37个县(市、区)相连。大运河水运网络在江苏境内贯通大江南北、淮河上下、江海之间,将境内的吴越文化、楚汉文化、金陵文化、淮扬文化、江海文化、海洋文化等不同的地域文化有机串联起来,把江南的经济重心与北方的政治中心,把地处东南的海上丝绸之路与中原腹地的陆上丝绸之路,把两淮盐业生产之地与淮盐的广大行销之地相互连通,形成了兼收并

蓄、包容多样、独具魅力的江苏运河文化系统。得益于频繁丰富的经济政治活动，大运河沿线地区文化昌盛，名人辈出。可以说，大运河文化代表了交流互通、兼容并包的精神气质，是能够聚合江苏多元文化的核心力量，也是多元一体江苏文化的经典符号。

大运河江苏段是构建江苏文化发展共同体的重要廊道。大运河在江苏境内留下独特而丰厚的文化遗产资源。江苏境内列入世界文化遗产的河段长 325 公里，占运河全线的 1/3。沿线拥有人类非物质文化遗产 14 项、国家级非物质文化遗产 101 项、省级非物质文化遗产 345 项。

当前大运河江苏段完成了全面的文物保护利用规划并付诸实施，沿运河各市数以百计的重点文化项目在开工建设。可以说，大运河是构建江苏文化发展共同体的重要廊道。

大运河文化带是江苏文化持续发展的核心轴。江苏是大运河文化带的起源地、核心带。全省 13 个市协同推进，大运河文化带及国家文化公园建设成为江苏省规模最大的文化建设工程。

二、全面提升大运河文化建设质量、助力江苏文化一体化发展的建议

针对当前全省 13 个设区市均已纳入大运河文化带建设的新格局，发挥大运河文化带的引领作用恰逢其时。

做好顶层设计，将大运河文化带建设作为重点工程纳入江苏文化一体化发展及实现全省平衡充分发展和共同富裕社会建设的相关规划。依托吴越文化、楚汉文化、淮扬文化、金陵文化等大运河沿岸的区域文化高地，深入挖掘和彰显它们共同的文化基因和文化关联，建设大运河江苏段高品位的文化长廊、高颜值的生态长廊、高水平的旅游长廊，让大运河文化价值在"十四五"时期实现创造性转化和创新性发展。

强化调查研究，大力推进大运河文化和江苏文化一体化内涵研究阐释。组

织专家学者深入系统调查研究大运河与江苏各文化之间的密切关系。通过开展重大课题的研究,探究大运河对江苏文化一体化的影响。建立大运河文化与江苏文化一体化研究机构、智库、文献资料与信息中心,举办交流论坛等。

加强大运河文化遗产资源的数字化工作,为江苏文化一体化研究提供智库支撑。积极采用云计算、大数据、"互联网+"等新信息技术手段,加强对大运河文化遗产保护传承和利用的动态管理,提高文化遗产评估的效率和质量。

借助大运河干支流轴线,加快地域特色文化整合,整体打造江苏文化发展"高原"。以大运河水运网络体系为依托,推动江苏沿大运河干线和支线上的吴越文化、淮扬文化、楚汉文化、金陵文化、江海文化成为各显特色又互为支撑的"文化高原",使之成为江苏文化一体化建设的重要抓手。

推进沿线地区高质量发展,促进文化与城乡融合,助力江苏文化均衡发展和服务全体人民。目前大运河文化的有关项目主要集中在运河干线城市地区,而许多具有大量运河文化资源的乡镇、村落尚未得到充分重视,运河支线相关文化建设项目较为滞后。建议做好沿线名城、名镇、名村保护修复工作,全面提升建设品质。

建立多层次多领域协作机制,实现文化事业与文化产业一体化繁荣发展。建立江苏大运河文化建设与江苏文化一体化协作机制,推动江苏地区间常态化协作。将各地区文化资源优势转化为文化产业优势,转变成推动江苏文化一体化的动力源。打造规模化、集约化、高品位的文旅及文化产业集群,推出江苏运河文旅精品线路和文化产业品牌。

(本文发表于《新华日报》2022年5月24日"思想周刊"版)

江苏省大运河文物保护传承工作的思考

大运河开凿至今已有2500多年，是中华民族最具代表性的文化标识之一，沿线集聚的大量文物资源，通过大运河串联在一起，成为一条流动的文化带，且文物数量之多、等级之高、类型之丰富远超一般性文化遗产。2006年，京杭大运河经国务院公布为全国重点文物保护单位。2013年，京杭大运河、隋唐大运河和浙东运河合并为大运河，并经国务院重新公布为全国重点文物保护单位。2014年6月，大运河成功进入《世界遗产名录》。

2017年6月4日，习近平总书记专门就大运河文化带建设作出重要指示，指出大运河是"流动的文化"，要"统筹保护好、传承好、利用好"大运河这一祖先留给我们的宝贵遗产。2019年2月，中共中央办公厅、国务院办公厅印发了《大运河文化保护传承利用规划纲要》，系统阐述了大运河文物工作的主体、内涵和方向。2019年7月24日，党中央把大运河与长城、长征一起纳入国家文化公园建设，进一步提升了大运河文化带建设的战略地位。

江苏省大运河文化底蕴深厚，文物资源富集，记录了中华民族的灿烂文明。做好大运河文物保护工作，推动大运河文化振兴，有利于把江苏省大运河建设成为主题鲜明、内涵明确、文化标识性强的文物保护样板，有利于凸显文物在江苏省大运河文化带和国家文化公园建设中的支撑引领作用，有利于推动江苏省大运河文化带建设成为走在全国前列的先导段、示范段和样板段。

一、基本情况

江苏是大运河沿线文物资源最多的省份,列入世界文化遗产名录的遗产河段6个,长达325公里,占运河全线的1/3,相关遗产点22处,约占遗产总数的40%。沿线拥有国家历史文化名城13处、江苏省历史文化名城3处,中国历史文化名镇29处、江苏省历史文化名镇7处,中国历史文化名村12处;国家考古遗址公园1处,国家考古遗址公园立项3处;国家工业遗产7处,全球农业文化遗产1处、江苏农业文化遗产5处,

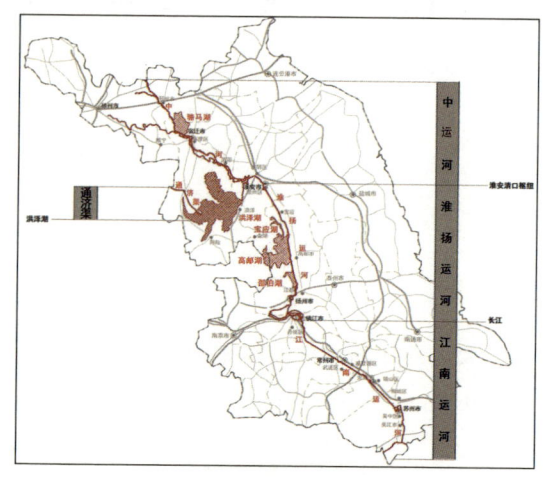

江苏大运河河道示意图
[《中国大运河(江苏段)遗产保护规划(2011—2030)》]

革命文物59处等。其他诸如省市县级文物则不胜枚举。

从形式上看,江苏大运河文物主要包括不可移动文物和可移动文物,其中,结合大运河文化带建设实际需要,不可移动文物又可划分为大运河核心文物、大运河关联文物。

(一)大运河核心文物

大运河核心文物是指各个历史时期的运河河道遗产、水工遗存、制度遗产,以及其他相关遗产,集中体现了水利工程技术方面的最高成就以及国家对河道经济动脉管理的智慧。

河道是最重要的纽带,沿河道两侧一定范围是运河遗产最为密集和丰富的分布区域,主要包括京杭大运河江苏段和通济渠(汴河)江苏段主河道及其

周边相互串通连接的区域性运河。其中京杭大运河江苏段包括中运河、淮扬运河和江南运河三个河段,是世界文化遗产的核心构成,沿途流经徐州、宿迁、淮安、扬州、镇江、常州、无锡、苏州8个设区市;通济渠江苏段由苏皖省界经宿迁市泗洪县流入洪泽湖;胥河—秦淮河、老通扬运河—串场河、盐河等区域性运河串联南京、泰州、南通、盐城和连云港5个设区市。这些河道形成南北与东西贯通的格局,与更为广阔的河湖水系联通,构成了江苏省大运河文物的水网基底。

江苏省大运河主要河道遗产一览表

	河道名称	开凿年代	长度(公里)	流经城市	运行
京杭大运河江苏段	中运河江苏段	明	156	徐州、宿迁	是
	会通河(泗水故道)江苏段遗迹	元	—	徐州	否
	废黄河(徐州至盐城)	—	484	徐州、宿迁、淮安	否
	淮扬运河	春秋	183	淮安、扬州	是
	江南运河江苏段	春秋	218	镇江、常州、无锡、苏州	是
通济渠江苏段		隋	33	宿迁(泗洪)、淮安(盱眙)	否
胥河—秦淮河	胥河	春秋	105.2	无锡(宜兴)、常州(溧阳)、南京(高淳)	是
	官溪河	明	8.5	南京(高淳)	是
	秦淮河	—	87.1	南京	是
老通扬运河—串场河	老通扬运河	西汉	191	扬州(江都)、泰州、南通、盐城	是
	串场河	唐	174.9	南通(海安)、泰州(兴化)、盐城	是
盐河		唐	155	淮安、连云港	是

注:数据来源于《江苏省骨干河道名录》(2018年修订)。

大运河水工遗存是指分布在河道及其沿线的各历史时期的水工和航运设施遗存,主要包括堤、闸、坝、码头、桥、水门、纤道等。大运河制度遗产是与大运河的建设、管理等直接相关的附属设施,主要包括行宫、衙署、驿站、仓储、钞关等物质遗存,最有代表性的有总督漕运公署遗址、河道总督署遗址、乾隆行宫等。大运河相关遗产是与大运河直接相关的其他附属设施,主要包括漕运遗存、盐业遗存、工商遗存、祭祀建筑、寺庙道观等物质遗存,其中以漕运和盐业遗存最具特色。

黄泗浦遗址唐代河道(13号沟)　　　　　镇江京口闸闸体遗迹

(二) 大运河关联文物

大运河沿线伴生发展形成了吴文化、淮扬文化、楚汉文化、金陵文化等地域文化,保留了大量与大运河历史年代同期或与大运河文物保护存在重要关联的聚落遗产、工业遗产、农业文化遗产、革命文化遗产和其他重要文物保护单位等代表性遗产资源。其中,最为突出的聚落遗产,主要分布在苏锡常、宁镇、扬泰三大区域;以棉纺织、面粉、缫丝为主要类型的工业遗产,主要分布在无锡、南通、常州一线;革命文化遗产以抗战时期苏南抗日根据地、苏北抗日根据地和解放战争时期淮海战役、渡江战役为重点,主要集中在淮安、宿迁、镇江、常州、扬州和徐州等地。

常州南市河纤道　　　　　　　　淮安板闸遗址考古出土器物

江苏省大运河文物保护分级一览表

大类	种类	世界级	国家级	省级	市县级	其他	数量（项）
大运河核心文物	运河河道遗产	21	24	1	8	16	70
	运河水工遗存	10	48	23	28	24	133
	运河制度遗产	4	7	6	10	3	30
	其他相关遗产	11	53	15	42	12	133
	合计	46	132	45	88	55	366
大运河关联文物	聚落遗产	—	72	141	—	31	244
	工业遗产	—	11	23	13	22	69
	农业文化遗产	1	6	—	—	1	8
	革命文化遗产	—	25	77	14	—	116
	其他重要文物保护单位	9	168	502	1	—	680
	合计	10	282	743	28	54	1117
总计		56	414	788	116	109	1483

注：可移动文物数据来源于第一次全国可移动文物普查（截至2016年12月）。

二、存在问题

(一) 文物家底不清,考古工作不够

资源调查、认定、研究有待加强,数据资源分散,标准化水平低,尚未建立统一的大运河文物清单和数据库,文物资源管理标准化、数字化尚未起步。据一些基层干部和专家学者反映,当前江苏大部分运河流经区域未进行过系统考古发掘,地下文物遗存分布情况不清;同时,地上文物遗存情况底数也不清楚,大量低级别和近现代文物遗存在很多地区未纳入保护范围。

(二) 文物研究不足,文保人才短缺

重要运河文物研究的深度、广度存在局限性,迫切需要制订大运河文物研究和考古工作计划,落实建设项目考古前置制度,妥善保护大运河相关历史信息。此外,基层单位文物保护专业力量普遍缺乏。

(三) 活化利用质量不高,系统性不足

江苏大运河沿线虽然文物资源丰富,但普遍存在文物动态展示层次较低、传承形式和利用方式单一等问题,文物的真实性、科学性阐释与世界文化遗产要求仍有一定差距,难以充分展现大运河世界遗产的魅力和影响力。各地在大运河文物展示方面也缺乏系统性,大运河社会历史文化见证物收藏投入不足,数量偏少,多媒体、数字化等科技手段运用不足,不能围绕运河主题彰显地域个性特征。有些规划设计重"物"轻"人",如一些古镇古村和历史街区的近期及远期保护利用方案,大多关注广场建设、道路绿化等一般硬件设施的改造修缮,有的仿古建筑与当地运河古镇风貌不协调等。

(四) 统筹协调机制不够健全,法规制度有待完善

大运河沿线各级政府部门对大运河文物重视程度不足,文物保护专业机构

队伍不健全,与江苏社会经济发展水平不符。经费投入、管理能力等方面存在较大地区差异,多部门、跨区域管理的程序、制度和机制亟待完善,使江苏各地在大运河的文物保护与传承利用方面各自为政,缺乏必要的沟通与交流,难以从宏观上系统且全面地把握和开展相关工作。遗产监测和数字平台的建设水平、运行水平参差不齐,尚未建立全省统一的大运河文物监测管理平台。江苏省大运河文物保护的专项法规和规范性文件、文物保护传承技术指导性文件未成体系,还需要开展精细化的管理工作。

三、对策建议

大运河是流淌的、活态的遗产,大运河文物的分布也不是一个点、面,而是呈现由点、线、面共同构成的巨型带状分布,大运河作为世界遗产,今天大部分河道仍在使用,并不断被注入新的内涵。这种独特性,决定了大运河江苏段文物保护工作的开展,不应是守成的静态保护,而是积极的活态保护。活态保护,既包含科学保护,也包含有效功能延续和合理利用,是对文物保护提出的更高要求。通过活态保护,一方面能够维护文物的价值内涵和真实性、完整性与延续性;另一方面能够按照适度、合理、可持续等要求,充分发挥其文化传播、水利航运、旅游休憩等功能。

(一)加强运河文物调查认定,建立文物动态名录

持续开展江苏省大运河文物家底的调查研究,通过对各类文物资源的梳理,明晰其与大运河的关系及价值。对考古新发现的大运河遗迹以及调查新发现的相关文物等及时组织开展价值分析,依法认定、公布为不可移动文物和文物保护单位。完善不可移动文物、文物保护单位、历史建筑等记录档案和馆藏文物藏品档案,建立江苏大运河文物名录管理机制,完成全省的大运河文物档案信息化建设,为大运河文物的保护奠定清晰、明确的工作基础。建立大运河文物名录分类分级认定标准,及时更新大运河文物名录。支持将符合条件的大运河遗产申报

为国家和省级文物保护单位,支持符合条件的大运河遗产点段纳入世界文化遗产中国大运河拟扩展名单。

(二)加强大运河文物保护顶层设计,制定出台相关文件和规划

落实《江苏省人民代表大会常务委员会关于促进大运河文化带建设的决定》,依据省级国土空间规划和市县级国土空间总体规划,适时修编江苏省与大运河沿线8市的大运河遗产保护规划。依据实际情况,分批次编制、修编全国重点文物保护单位、省级文物保护单位保护规划。按照国家对历史文化名城、名镇、名村、历史文化街区、文物保护单位的保护规划编制要求及相关政策文件,依据大运河沿线城市市县国土空间总体规划,完善各类保护规划的评估、修编和编制工作。补充完善各类保护规划文物构成清单和保护内容,落实保护责任,提出传承利用措施,确保各类文物资源保护有据可依。

(三)强化大运河文物考古研究,实施大运河重要点段考古工作

定期编制大运河文物考古研究工作计划,及时进行评估及调整细化,有计划地持续、系统开展大运河文物的考古研究工作。开展多学科、跨学科合作,提升考古研究工作的质量和科研水平,做好考古调查、发掘资料的整理和成果刊布工作。加强考古机构建设,支持考古发掘资质评定申报工作;通过人才引进与加强培训、交流等,加强各市考古单位人才队伍建设;支持考古机构文物库房的标准化建设。推进淮扬运河沿线水工遗迹考古调查与研究,重点开展黄、淮、运交汇的淮安清口枢纽遗址(含洪泽湖大堤、板闸遗址)的考古研究。推进淮扬运河、江南运河、通济渠江苏段、胥河等运河沿线的考古调查和研究,以及开展丹阳练湖水工遗址、破冈渎堰埭遗址群等高岗运河水工遗存考古调查和研究。推进中运河、废黄河、会通河(泗水故道)沿线水工设施和行宫、聚落等相关遗存的考古调查和研究,重点开展韩信城遗址、甘罗城遗址、宿预故城遗址等考古研究。推进长江运口考古调查与研究,重点开展扬州瓜洲运口、仪征运口、镇江京口、甘露

口、丹徒口相关遗存的考古研究。开展老通扬运河、串场河、盐河等沿线盐运线路、盐业生产遗迹的考古调查研究。

1992年下坝胥河南岸出土的元代青釉高足瓷碗

胥河东坝段航拍图

胥河南岸出土的"出门税"银铤

胥河南岸出土的金铤

（四）加强大运河文物资源数字化工作，建设统一管理监测预警平台

推进大运河文物资源的数字化工作，鼓励发展互联网和移动新媒体，推进大运河智慧遗产建设。建设江苏省大运河文物数字化管理平台，推进相关数据纳入同级国土空间基础信息平台，与相关行业、领域信息共建共享，并加强平台文物数字资源的应用与转化，服务运河沿线的考古研究、遗产保护、城市更新、展览展示、智慧导览、创意设计、教育宣传、文化传播等相关领域。在此基础上完善大运河文物风险监测评估工作，同时建立江苏省大运河文物监测管理平台，制定体现江苏特色的监测预警标准和规范，利用现代监测检测技术，实施大运河文物预

防性保护工程,并加强与相关部门的协调合作,推动监测数据和预警信息的跨平台、跨区域互联互通和共建共享。

(五) 加强大运河文物保护成果惠民,开展考古遗址公园建设

根据江苏大运河水工遗产特征,实施一批以坝、闸、堤等水工遗存为元素的水工类考古遗址公园建设。统筹推进考古研究、遗址保护、环境整治、展陈设施建设等工作,优化公共文化服务设施配置,使保护成果惠及民众。重点推进淮安清口枢纽遗址、板闸遗址等考古遗址公园建设。同时,结合江苏大运河沿线聚落、陵墓等重要遗址分布特点,实施一批运河聚落类、陵园类考古遗址公园建设。持续推进扬州城考古遗址公园(含隋炀帝墓)、阖闾城考古遗址公园、龙虬庄考古遗址公园建设,积极推

京口闸遗址出土的孔雀蓝釉香炉

进徐州狮子山楚王陵、盱眙泗州城遗址申报国家考古遗址公园,推进南京固城遗址、徐州下邳故城遗址等古代城址的保护利用工作。

(六) 加强大运河可移动文物保护,推动特色文博场馆建设

梳理江苏各地馆藏可移动文物名录,筛选一批与大运河有关的可移动文物藏品目录。重点实施一批代表江苏省大运河文化特色的书画、青铜器、石刻、漆木器、丝织品、陶瓷等文物的抢救性保护修复。加强大运河沿线具有重要价值的漕运、水利、船舶、盐业等大运河相关的可移动文物征集抢救力度,在规划与建设

博物馆的同时,同步征集能够反映江苏省大运河历史城镇经济社会发展变迁的实物,为展览、研究和宣传夯实基础。

在文物展示方面,可根据江苏省大运河文物的空间分布、价值特征和区域特色,加强文化创意和科技创新两大支撑,在大运河沿线构建"大运河专题馆＋大运河专题展厅＋大运河专题流动展"的大运河特色文博场馆展陈体系。适当新建、改扩建大运河专题博物馆,对现有展示空间进行功能提升和展陈优化,鼓励行业博物馆、非国有博物馆、社区博物馆和数字博物馆的建设。统筹用好大运河沿线古镇古村、工业遗存、名人故居等各类文物古迹展示空间,建设一批体现江苏运河文化特色的展馆展厅。

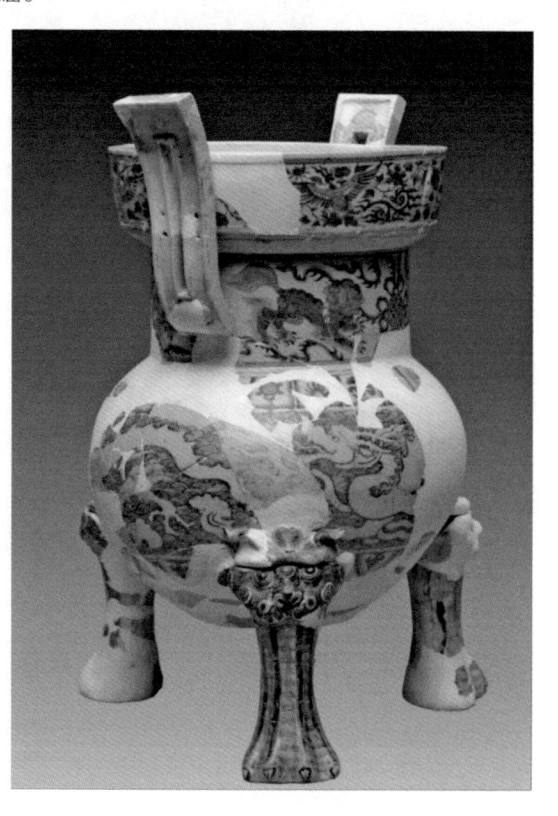

京口闸遗址出土的元青花海龙纹香炉

(七)加强领导和统筹协调,形成齐抓共管的工作格局

大运河文物的保护利用工作综合性强,涉及部门较多,资金和力量的投入存在多头投入和投入缺位的情况,加大工作统筹和整合力度十分迫切。建议加强省市县(区)三级政府对大运河文物保护工作的组织领导,成立工作(领导)协调小组,制定工作目标,明确各成员单位工作分工,整合资金和人力,形成分工明确、统筹有力、齐抓共管的工作格局。

大运河起源段古邗沟中部　　　　　隋唐大运河工程的开创者
汉代射阳城遗址考古勘探　　　　　　——隋炀帝的陵墓

（八）加强人才与基地建设，提升运河沿线区域的业务水平

一是建立全省文博人才专家库，加强对运河核心区文博人员的培养和支持；二是提升业务能力，加强业务培训，针对业务需求每年分别在苏南、苏中、苏北举办一次业务培训，制订、实施人才交流计划；三是加大紧缺人才、高端人才和行业领军人才引进力度。支持世界文化遗产保护和研究组织在我省设立分支机构。吸引海内外各类组织、个人设立第三方机构，参与大运河文物研究和保护工作。

大运河是江苏生态文明及美丽江苏建设的好抓手

　　大约从 2006 年开始,我先后参与了大运河申报世界遗产、大运河文化带及大运河国家文化公园建设,走遍了全国大运河沿线,看到过数以百计的大小城市与大运河形成唇齿相依的关系,可以说,"运河生态与城市建设"是个既很古老又很现代的话题。尤其是在我们江苏,2500 多年来,大运河就如一个非凡的动力体系深深嵌入江苏地域文明的时间、空间、城乡结构、经济与民生、物质文化与精神文化的运动进程。至于城市,无论你说到江苏的哪座城市,你都不可能完全离开大运河而把问题说清楚。

　　我们知道,人与自然的关系构成了人类 300 多万年来的四个阶段的文明形态:

　　(1) 狩猎采集文明。这个文明阶段延续了 300 万年左右,它主要的工具是旧石器,即打制石器。这是人类完全依赖自然的历史阶段,发展极其缓慢。

　　(2) 农业文明。这个文明阶段延续了 1 万年左右,迄今尚未结束,它主要走过新石器时代、青铜时代、铁器时代三个生产力阶段。这是人类依赖对自然土地的开发和对水资源的充分利用而创造的文明。中国大运河就是这个时代后期的产物。

蒋庄遗址 M110 出土的玉器组合 　　蒋庄遗址良渚文化墓地局部（西—东）

东山村遗址 93 号墓葬全景 　　东山村遗址 M93 出土的玉饰

（3）工业文明。这个文明阶段已经延续了 200 多年，走过机械化、电气化、自动化、智能化等不同生产力阶段，目前仍在延续。这是人类依赖对自然不可再生资源的全面开发而创造的文明。工业文明给人类带来了伟大进步，也带来了生态危机、资源危机、不可持续等问题。当然，科学革命为解决这些危机也不断提供着理论、技术、工具、工艺等新的方式和途径。

（4）生态文明。起源于 20 世纪 60 年代，它是人类在对工业文明反思的基础上而探索的新的文明形态。它追求的是人与自然的和谐共生以及人类文明的可持续发展。生态文明得到了第四次科学革命的支撑，随着生态文明的深化，其生产力可能是高度发达的数字化技术和人造能源技术。现代生产力既然是"科学革命"的产物，而数字化技术作为支撑生态文明建设的新生产力，或许与马克思的"一种科学只有在成功运用数学时才算达到了真正完善的地步"的论断以及科学家所认为的"整个世界都是由数字组成的"等认识有关。

中国从党的十八大开始提出建设"生态文明"的现代化目标,即把"生态文明建设"作为"五位一体"现代化建设的目标之一,其实此前还有过环境保护、科学发展观等建设行动。把生态文明建设提升为现代化发展目标,体现了中国共产党人对人类先进文明的追求、探索和实践,对中国特色社会主义现代化建设目标的科学定位,对人类命运共同体高度负责的大国担当。

在生态文明建设中,城市问题无疑是重中之重,这与现代化中的城市化趋势以及城市污染,城市治理,建设宜居城市、美丽城市乃至生态城市等有直接关系。而生态城市、美丽城市建设都离不开"水生态"。这些年习近平总书记提出"两山"理念,发出长江经济带要"共抓大保护、不搞大开发"、黄河流域生态保护和高质量发展等号召,都是引导着中国向生态文明建设方向迈进,也都以水生态安全作为核心内容。江苏省委按照中央部署和习近平总书记对"强富美高"新江苏建设的要求,也提出了"美丽江苏"的发展目标。

那么,为什么说"大运河是江苏生态文明及美丽江苏建设的好抓手"?

第一,江苏在全国是以"水"而出名,"水韵江苏""水乡江苏"构成江苏最大特色。

江苏是全国唯一一个拥有大江、大河、大湖、大海、大运河的省份,水域面积(未计入海洋面积)占全省面积的17%,水网密度全国第一。为此,江苏的生态城市建设,首先就要解决好水生态问题,而在水生态系统中,与城市关系最密切的是大运河,而不是其他自然水体。

第二,江苏大运河是"天人合一"的智慧结晶,大运河把江苏主要的大型水体串联在一起。

中国大型河流基本都是东西流向,江苏境内的长江、淮河、古黄河等都是这样,而大运河则是串联江、河的南北走向。它从起源开始,就是把人工河道与自然湖泊、河流相沟通,重构了中国河流空间结构系统,形成了以人工大运河为主轴并连通其他自然大河的布局全国的水运系统,此后在2500多年的发展中一直保持着这种优势,从而支持了中华文明的持续发展。在江苏,大运河串联了太湖、长江、淮河、洪泽湖、骆马湖、微山湖、古泗水、古黄河乃至黄海和东海,没有任何一条水系能够如同大运河这样具有沟通江苏各主要水体水系的作用。历史上,江苏所有的大中城市也没有哪一个可以离开这个大运河构成的水运及水生态体系而得以持续发展。

第三,江苏的大运河不是一条干线,而是一个水运网络,它对江苏几乎所有的大中城市的产生、发展都发挥过难以想象的作用,而这种作用至今还在继续传承深化。近年,党中央提出的大运河文化带建设及国家文化公园建设都加强了这一运河网络系统对江苏生态城市和美丽城市建设的重大支撑作用。

京杭大运河苏州段　　　　　　　　京杭大运河淮阴段上的运沙船

江苏大运河除贯通全省的南北干流,连接苏州、无锡、常州、镇江、丹阳、扬州、高邮、宝应、淮安、宿迁、泗洪、徐州、邳州等多座城市之外,还有胥河及古代破冈渎连接南京及宜兴、溧阳、溧水、高淳,浏河连接太仓、昆山,通扬运河连接泰州、南通以及如皋、如东,串场河连接盐城、阜宁、东台、海安,仪扬运河连接仪征,龟山运河连接盱眙,盐河连接连云港以及涟水、灌南、灌云,汴河连接泗阳等。至于许多因大运河而独具魅力的古镇更是分布于大江南北。江苏许多城市都是因大运河而诞生,因大运河而繁荣,因大运河而创造出多彩的文化,因大运河而拥有美丽水景观,因大运河而谱写当代文旅融合、宜居宜游的生态文明新篇章。

第四,江苏的大运河是全面建设生态文明城市和美丽城市的有力支撑。

江苏的运河系统与运河城市生命相依，休戚与共。生态文明或生态城市不仅是指自然生态，还应包括文化生态，那种把生态文明只看作环保事业的观念是不全面的，有了生态文明的先进观念，有了优良的文化与生态协同系统，生态文明才落到民生、落到生活、落到心灵。大运河不仅仅是一条河流、一条运道，还是古代的国脉和文化之河。这条河流今天在江苏每年的运输量抵得上大约10条高速公路，更何况它还承担着南水北调的国家责任，其生态价值不可估量。不仅如此，大运河还是国家级重点文物保护单位，是世界文化遗产，是中国向世界展现历史文明与当代文明交相辉映、美丽生态与民生幸福相得益彰的实践区域和有力见证，是纵贯中国南北方的文化长廊、城乡一体化发展的文化纽带、五大流域诸多国家和区域发展战略整体互动和要素叠加的文化共同体。

无锡古运河城区段

综上所述，就是今天我要和各位专家交流的观点：江苏要实现生态城市、美丽城市建设的目标，大运河就是最好的推手、助手和抓手。至于如何利用大运河这个抓手实现生态城市、美丽江苏的建设目标，则要由社会各界共同努力，通过政府主导、社会参与、科学研究、规划设计、项目落地、国际合作等不同的途径逐步达到。

（本文是作者在2020年9月19日"运河生态与城市建设"会议上的发言）

大运河文化带建设的重大意义

江苏是大运河的起源地,是大运河河道路线最长、流经城市最多、运河遗产最丰富、列入大运河世界遗产点段最多的省份。千年流淌的人工大运河把江苏境内的大江、大河、大湖、大海彼此连通,构成水乡江苏、繁荣江苏、生态江苏、文化江苏、美丽江苏的骨干网络。大运河文化带建设对于江苏具有重大意义。

这是落实中央号召,建设中国大运河文化带的重要战略行动。大运河曾经是沟通我国北方政治中心与南方经济重心的通道,是连接海上丝绸之路与陆上丝绸之路的纽带,是当代传承发展中华优秀传统文化的重要切入点。尽管今天其交通地位有所下降,但是沿线长期积累的文化资源具有巨大的现代传承、串联、开发、发展意义。大运河江苏段还是我国南水北调东线水源地所在,生态文明建设的价值重大。大运河文化带与当前国家"一带一路"倡议、长江经济带战略、京津冀协同发展战略有直接联系,尤其江苏是"一带一路"的交汇点,应从国家高度认识江苏大运河文化带建设的战略性意义。

这是提升大运河作为世界遗产和全国重点文物保护单位的保护与利用水平的重要机遇。实地调研发现,大运河沿线遗产保护工作存在不少问题,有的地方遗产保护意识淡薄,有些重要遗产点环境差,存在重申报轻保护的现象。部分运河河段堤内分布有密集的小码头、堆栈、货场、酒店、饭馆等,河床漫滩上有大量坟地,不仅影响泄洪和河道安全,而且也是对运河遗产、环境与景观的破坏,部分城市运河堤内甚至分布成片房屋以及不同部门建造的各种构筑物等。这些问题牵涉到大运河江苏段管理部门众多的问题。由于长期存在"九龙治水"的现象,加之运河属于活态遗产,大运河文化带涉及的直接管理部门除了水利、航运、文化文物等部门外,还有环保、国土、渔政、农业、建设、规划、城管、园林、旅游等多个部门。一些具体的运河遗产点也是分属不同部门管理,管理头绪较为复杂。借助国家及我省大运河文化带建设契机,可以完善大运河遗产保护利用长效机制,解决过去长期存在的问题,大力提升大运河沿线文化遗产保护利用水平。

这是推进运河全线及周边地区协调联动、实现区域均衡发展的重要抓手。江苏提出的"江淮生态大走廊战略"与大运河存在空间上的重叠,两者具备协同发展条件。其中,大运河所经的苏北地区是江苏扶贫开发重点攻坚区域,也是南水北调东线工程的主要通道,应借助大运河文化带建设机遇和相关项目实施,加大基础设施以及沿线城镇的经济、社会、文化、生态的投入,推动区域产业转型升级、水环境治理和文化特色资源开发,进一步实现各大功能区均衡发展的目标。同时,利用运河干流、支流及与其互通的长江、淮河、沿海等水体和文化空间,串联扬子江城市群、沿海经济带、江淮生态经济区及淮海经济区,助力实现江苏省委提出的"1+3"功能区战略构想。

对发挥运河遗产的多重价值,推进江苏文化强省建设有重大战略意义。大运河文化带不仅将江苏的楚汉文化、淮扬文化、吴文化等传统地域文化有机串联起来,也将陆上丝绸之路和海上丝绸之路联系在一起,形成了兼收并蓄、包容多样、独具魅力的江苏运河文化系统,是富含江苏文化特质的传统文化大宝库、爱国主义教育的大走廊、文化创新转化发展的大空间。大运河是活态的,不仅是历史的也是当代的,除了丰厚的运河历史文化保护利用外,在文化带建设中,还应加大现代公共文化、生态文化、文化产业、文化旅游业等领域的投入,提升运河沿线城市、集镇、乡村文化建设水平和能力,为实现文化强省目标提供新途径、新动力。

对"精彩江苏"文化旅游品牌战略的实施具有支撑作用。江苏大运河沿线8市在运河文化旅游业方面展现出较大的热情,基本树立了各自的运河文化旅游形象,分别开发出较为成熟的运河文化旅游集聚区以及洪泽湖古堤悬湖景观带、宿迁中运河景观带等。当然还有一些重要文化资源有待发掘利用。通过当前大运河文化带建设,既有利于改进目前存在的苏南区域运河旅游的组织和效益明显好于苏中和苏北的现状,打造我省运河文化名城旅游带,也有利于进一步发掘资源,规划项目,整合力量,吸引投资,提高档次,弥补空缺,让江苏特色的、多样的、丰厚的地域文化能够成为整个中国大运河文化带上区域文化的绚丽部分。

镇江谏壁运口

(本文刊于《新华日报》2017年8月30日)

建设大运河文化带江苏段样板

2017年6月4日,习近平总书记专门就大运河文化带建设作出重要指示,要求统筹保护好、传承好、利用好大运河这一祖先留给我们的宝贵遗产。2017年9月15日,时任江苏省委书记李强就大运河文化带江苏段建设在淮安调研并召开座谈会。他强调,要切实把习近平总书记关于大运河文化带建设的重要指示精神贯彻好落实好,以高度的政治责任感和历史使命感,扎实推进大运河文化带建设,努力把江苏段建设成为高颜值的生态长廊、高品位的文化长廊、高效益的经济长廊,使之成为大运河文化带上的样板区和示范段。

一、充分认识推进大运河文化带江苏段建设的重要意义

江苏是中国大运河的起源地,河道路线最长、线路最复杂、流经城市最多、相关遗产最丰富、列入大运河世界遗产点段最多。

中国大运河文化带战略行动的重要组成。从隋唐到明清1000多年间,大运河曾经是沟通我国北方政治中心与南方经济重心的通道,是连接海上丝绸之路与陆上丝绸之路的纽带,形成了内涵独特的大运河交通带、城市带、经济带、文化带。通过水路纵贯南北、沟通东西的大运河还把当代中国京津冀协同发展战略、长江经济带发展战略、"一带一路"倡议串联在一起,江苏作为长江经济带重点区

域和"一带一路"交汇区域,大运河文化带建设的深远意义于此可见一斑。

提升文化遗产的保护与利用水平的重要机遇。2006年,京杭大运河成为全国重点文物保护单位。2014年6月,中国大运河58处遗产成功列入《世界遗产名录》。如何做好这一超大型线性活态遗产的保护利用,成为摆在江苏各级党委政府和文化文物部门面前的重大课题。江苏大运河沿线物质和非物质文化遗产资源丰硕,有22处世界遗产点段、13座国家历史文化名城、19座中国历史文化名镇、7座中国历史文化名村、149处全国重点文物保护单位、101项国家级非物质文化遗产以及大量的省市县级文化遗产,沿线水利工程科学遗产也极其丰富。借助建设大运河文化带契机,可以完善大运河遗产保护利用长效机制,更好地发挥大运河遗产的作用。

淮安市清晏园旅游景区

提高苏南、苏中、苏北区域均衡发展水平的重要抓手。大运河江苏段纵贯江苏南北,全长约690公里,流经江苏徐州、宿迁、淮安、扬州、镇江、常州、无锡、苏州8个设区市,连通长江、淮河两大东西向河流及太湖等五大湖泊,通过相关河流及运河支线,还涉及南京、泰州、南通、盐城等城市,构成江苏最重要的生态空间和文化空间。借助大运河文化带建设的机遇和抓手,推动区域城市带及特色乡镇建设、文化项目联动、产业转型升级和生态文明建设。

对发挥运河遗产的多重价值,推进江苏文化强省建设和生态文明建设具有战略意义。大运河将江苏的楚汉文化、淮扬文化、吴文化、江海文化等传统地域文化连为一体,形成了兼收并蓄、包容多样、独具魅力的江苏运河文化长廊,是建设江苏文化强省的独特优势。大运河也是我国南水北调东线及江苏主要湖区所在,其生态文明建设、水安全的价值重大。大运河文化带建设可以与江淮生态大走廊建设有机结合,使之产生更加强大的社会、经济和生态效益。

二、大运河文化带江苏段建设中的问题和思考

当前,大运河保护与利用还存在着一些具体问题,主要包括缺少统一规划和引领、多头管理现象依然存在、局部存在环境脏乱问题,对大运河文化遗产的内涵挖掘、研究、标示不够,传承利用方面力度不足等。正视建设中存在的问题,应对一系列挑战,大运河文化带江苏段的建设,应当以率先完成大运河文化带建设示范工程,助力全国大运河文化带建设为主要目标。

在全线专题调研的基础上,在总体建设规划的指导下,以系列大运河文化带建设工程项目的实施作为切入点和突破口,建议实施以下建设工程。

运河文化遗产保护工程。严格执行相关国际公约和国内法律法规,保护好世界遗产及各级文物保护单位,建设大运河遗产安全监测预警平台;落实缓冲区建设控制要求;继续做好大运河相关遗产的田野调查、考古、学术研究与认定工作,确保运河沿线文化资源得到全面把握、有效保护、科学揭示、合理利用,为大运河文化带建设提供坚实基础。

运河环境景观整治工程。加大运河环境景观控制力度,建立环境整治及建设项目的全程管理,加强大运河文化遗产本体及周边环境整治,持续开展针对违章建设、违规排放等行为和小码头、小砂场、小企业、堆场等场地环境的综合整治

工程,分段明确整治目标和责任,并形成长效管理和监督机制。加快大运河江苏段历史河道修复,实现江苏段不同时期大运河故道通水通航。尽快实施大运河两岸陆路交通的贯通工程,打通断头路,让大运河江苏段全线可以实现两侧或单侧堤岸沿线车道贯通,为大运河文化带全域自助旅游创造条件。

南通如东唐宋国清寺遗址考古现场　　　　如皋徐家桥遗址航拍

运河文化示范段创建工程。选择基础较好的城市作为示范城市,引领带动运河沿线的建设行动,尤其是要选择典型性、示范性运河文化建设项目或运河河段作为全省运河文化带建设示范段。但是也要防止建设的同质化和只重城区不及乡镇地域河段的做法,同时注意向大运河沿线兄弟省市学习先进经验。

运河旅游产业提升工程。建议在《江苏省古运河旅游发展规划(2010—2025)》的基础上,重新编制《大运河江苏段旅游发展规划(2017—2030)》,重点建设以运河城市、乡镇为中心,突出吴越、淮扬、楚汉、江海文化的旅游区段,加强整体设计、联动和差异化发展。建议设立江苏省大运河文化旅游节,在取得成功经验后,建议上升到国家层面的行动。

运河文化创意产业拓展工程。制订《大运河江苏段文化产业带建设五年行动计划》,明确大运河文化产业的发展空间和方向,以大运河为主轴,以旅游业、生态业、文创业、演出业、动漫业、文博业、体育业、影视业等为业态载体,以运河城市历史街区、特色运河城镇、运河美丽乡村、水利风景区、大运河遗址公园、工业遗产地、运河文化博物馆、运河文化艺术产业园、沿运重点文物景观等为依托,充分调动沿运各相关机构的联动积极性,发挥各类市场主体作用,加强运河特色文化产品及品牌建设和推广，促进跨界、跨省、跨市融合，建设国内领先、国际知名的大运河文化旅游、文化创意产业带。

运河文化与民生优化工程。动员运河沿线民众及机构理解、参与大运河文化带建设。对影响运河文化遗产安全和环境安全的沿岸住宅、机构等进行就地整治或逐步搬迁；对重要历史文化景观进行科学修复；全面提升运河沿线文化景观建设标准、道路标准和绿化、美化标准，创造宜人的滨河环境，让民众能亲近运河、游览运河、品味运河。

运河文化内涵研究与展示工程。加强对大运河历史文化，包括河道工程文化、水运文化、城镇文化、工商文化、名人文化、宗教文化、艺术文化、民俗文化、饮食文化等内涵的挖掘、整理和研究，实施"大运河遗产整理工程"。举办大运河文化研讨会。加强运河沿线城市专题性博物馆、遗址公园建设等，形成大运河博物馆群（带）。利用信息化条件建设"虚拟大运河文化带"工程。

大运河文化带传播弘扬工程。从中华优秀文化传承发展的高度，推动运河文化走向全国、走向世界。建议拍摄大运河文化带相关纪录片、电视宣传片等；利用互联网平台，打造大运河文化带App、微信公众号、专题网站等，建立日常性运河文化宣传推介体系；在世界水日、中国水周、中国文化和自然遗产日、"6·22"大运河申遗成功纪念日、全国海洋日、国际志愿者日等重大时间节点，策划推出富有特色的运河文化带项目，让运河文化发扬光大。

(本文发表于《群众》2017年第19期)

江苏大运河文化带建设中的若干问题与对策研究

2017年2月,习近平总书记考察北京大运河森林公园时强调,"保护大运河是运河沿线所有地区的共同责任","要古为今用,深入挖掘以大运河为核心的历史文化资源"。2017年6月4日,习近平总书记专门就大运河文化带建设作出重要指示,"大运河是流动的文化",要"保护好、传承好、利用好"大运河这一祖先留给我们的宝贵遗产。时任中央领导张高丽、刘延东、刘奇葆等同志也就大运河文化带建设作出批示,体现了党中央、国务院对大运河文化带建设工作高度重视,大运河文化带建设已经成为展示中华文明的"金名片"、彰显文化自信的地标性工程、传承中华文脉的重要标志的系统工程。时任江苏省委书记李强、省委宣传部部长王燕文也就江苏运河文化带建设作了专门批示。李强书记明确提出,要通过江淮生态大走廊规划建设,加强环境治理保护,着力推进绿色发展,让生态优势成为发展优势,为子孙后代留下重要的生态资源。

江苏是大运河的起源地,是大运河河道路线最长、流经城市最多、运河遗产最丰富、列入大运河世界遗产点段最多的省份。千年流淌的人工大运河把江苏境内的大江、大河、大湖、大海彼此连通,构成水乡江苏、繁荣江苏、生态江苏、文化江苏、美丽江苏的骨干网络。在国家推进大运河文化带建设工作中,江苏有充分条件发挥示范带头作用,以大运河为核心,以运河遗产资源为支撑,以运河沿线城镇、湖泊、重要支河为节点,打造纵贯江苏南北的文化带、生态带、城镇带、经济带、发展带,在运河全线率先建成具有江苏特色的大运河文化带。

一、对江苏境内大运河基本情况的认知

大运河起源于春秋时期的江苏境内,2500多年来,它是在中华土地上生长出来的巨型的文化共同体,人工开挖、传承至今、孕育大量经典文化,这在世界上也是绝无仅有。

(1) 大运河江苏段并非一条南北向单线,而是呈带状分布的复线,主要包括隋唐大运河遗迹通济渠江苏段,元明时期古黄河段运道,以及明清时期的中运河、里运河和江南运河江苏段。1949年后,一些沿运河城市开展运河河段治理工程,在主城区外围开挖新河道,如淮安城区、高邮段、扬州城区都有新运河线路,镇江、常州、无锡、苏州在城区均存在古运河和新京杭大运河分离的情况,大运河在这些城市从穿城而过到环城而过,再演变为绕城而过。

(2) 大运河江苏境内有世界遗产河段325公里、遗产区7个、遗产点22处。作为国保单位、世界遗产段的运河河道核心区和缓冲区,有相关文物保护标准和要求,在传承利用过程中,需遵守相关法律法规。大运河江苏段经过的城镇很多都是因运河而兴,城区段大运河是城市文化展廊、城市精神的纽带,也是培育城市文化旅游和文化产业的载体。一些城市的护城河在历史上都是大运河的一部分,需要通过学术研究、媒体宣传,让民众认识大运河,提升认知度。

(3) 江苏以大运河为主干形成了涵括全部13个设区市在内的运河网络,如通过盐河、淮河与连云港、阜宁相联系,通过老通扬运河、串场河与泰州、南通、盐城相联系,通过仪扬运河、长江与仪征及南京相连,通过胥河、胭脂河与高淳、溧水及南京主城相连,通过浏河、盐铁塘与太仓、常熟、昆山等地相连。这些支线运河也是大运河文化带建设的重要组成部分。

（4）大运河江苏段沿线有微山湖、骆马湖、洪泽湖、高邮湖、太湖等众多湖泊，它们要么因运河而生，要么与运河有密切的历史和现实关联，都通过运河组织起水体系统、生态系统以及文化系统，这些湖泊和环湖地区，理应纳入大运河文化带建设的体系中。

（5）大运河江苏段在历史发展过程中，沿线兴起了众多城镇。据统计，沿线共有13座国家历史文化名城和3座省级历史文化名城，有29个中国历史文化名镇和7个省级历史文化名镇，此外还有中国历史文化街区5个、江苏省历史文化街区56个。在提升沿线城镇城市品质、塑造城市特色、展现城市魅力方面，都可以发挥大运河文化带建设的作用。

综上可知，大运河与江苏历史文化发展密不可分，每一段大运河遗迹都应是保护和利用的对象，尤其是苏北许多城市就是因运河而兴起的城镇，推动大运河文化带建设，是实现区域文化复兴的重要途径。

二、充分认知大运河文化带建设的重要战略意义

（一）是落实中央号召，建设从浙江宁波到首都北京的中国大运河文化带的重要战略行动

大运河曾经是历史上沟通我国北方政治中心与南方经济重心的通道，是连接海上丝绸之路与陆上丝绸之路的纽带，在中华文明的统一、持续发展中，占据着难以想象的地位，是当代传承发展中华优秀传统文化的重要切入点。在历史发展进程中，大运河形成了内涵独特的交通带、城市带、经济带、供水带、文化带，尽管今天其交通地位有所下降，但是沿线长期积累的文化资源具有巨大的现代传承、串联、开发、发展意义。大运河江苏段还是我国南水北调东线水源地所在，生态文明建设的价值重大。大运河文化带与当前国家"一带一路"倡议、长江经济带战略、京津冀协同发展战略有直接联系，尤其江苏是"一带一路"的交汇点，应从国家高度认识江苏大运河文化带建设的战略性意义。

（二）是提升大运河作为世界遗产和全国重点文物保护单位的保护与利用水平的重要机遇

2006年,京杭大运河列入全国重点文物保护单位;2014年6月,中国大运河成功列入《世界遗产名录》。如何做好这一超大型线性活态遗产的保护利用,成为摆在江苏各级党委政府和文化文物部门面前的重大课题。实地调研发现,大运河沿线遗产保护工作还存在不少问题,有的地方遗产保护意识淡薄,有些重要遗产点环境差,存在重申报轻保护的现象。部分运河河段堤内分布有密集的小码头、堆栈、货场、酒店、饭馆等,河床漫滩上有大量坟地,不仅影响泄洪和河道安全,而且也是对运河遗产、环境与景观的破坏,部分城市运河堤内甚至分布有成片房屋以及不同部门建造的各种构筑物等。这些问题牵涉到大运河江苏段管理部门众多的问题,由于长期存在"九龙治水"的现象,加之运河属于活态遗产,大运河文化带涉及的直接管理部门除了水利、航运、文化文物等部门外,还有环保、国土、渔政、农业、建设、规划、城管、园林、旅游等多个部门。一些具体的运河遗产点也是分属不同部门管理,有的是文物部门直管,有的是建设、园林、宗教部门管理,还有的甚至是企业在管理,管理头绪较为复杂。借助国家及我省大运河文化带建设契机,可以完善大运河遗产保护利用长效机制,解决过去长期存在的问题,大力提升大运河沿线文化遗产保护利用水平。

（三）是推进运河全线及周边地区协调联动、提高苏南苏中苏北区域均衡发展水平的重要抓手

大运河江苏段纵贯江苏全境,全长约690公里,连通长江、淮河两大河流及湖泊等。沿线拥有全省60%的人口、66.3%的经济总量。江苏提出的"江淮生态大走廊战略"与大运河存在空间上的重叠,两者具备协同发展条件。其中,大运河所经的苏北地区是江苏扶贫开发重点攻坚区域,也是南水北调东部工程的主要通道,应借助大运河文化带建设机遇和相关项目实施,加大基础设施以及沿

线城镇的经济、社会、文化、生态的投入，推动区域产业转型升级、水环境治理和文化特色资源开发，进一步实现各大功能区均衡发展的目标，同时利用运河干流、支流及与其互通的长江、淮河、沿海等水体和文化空间，串联扬子江城市群、沿海经济带、江淮生态经济区及淮海经济区，助力实现江苏省委提出的"1＋3"功能区战略构想。

（四）对发挥运河遗产的多重价值、推进江苏文化强省建设有重大战略意义

大运河文化带不仅将江苏的楚汉文化、淮扬文化、吴文化、江海文化等传统地域文化有机串联起来，也将陆上丝绸之路和海上丝绸之路联系在一起，形成了兼收并蓄、包容多样、独具魅力的江苏运河文化系统，是富含江苏文化特质的传统文化大宝库、爱国主义教育的大走廊、文化创新转化发展的大空间。大运河是活态的，不仅是历史的，也是当代的，除了丰厚的运河历史文化保护利用外，在文化带建设中，还应加大现代公共文化、生态文化、文化产业、文化旅游业等领域的投入，提升运河沿线城市、集镇、乡村文化建设水平和能力，为实现文化强省目标提供新途径、新动力。

（五）对"精彩江苏"文化旅游品牌战略的实施具有支撑作用

江苏大运河沿线8市在运河文化旅游业方面展现出较大的热情，基本树立了各自的运河文化旅游形象，如苏州有"东方威尼斯"之称，无锡为"民族工业起航地"，常州为"东坡遗韵、名士青果"，镇江为"江河交汇，城市山林"，淮安称"运河之都"，宿迁为"生态运河、湿地交响"，徐州有"汉韵辉映，清明上河"之称等，已经分别开发出苏州古城、无锡清名桥、镇江西津渡、扬州双东历史街区、淮安古城及清江浦、泗阳妈祖文化园、宿迁项王故里、新沂窑湾、徐州户部山等较为成熟的运河文化旅游集聚区以及洪泽湖古堤悬湖景观带、宿迁中运河景观带等。当然还有一些重要文化资源有待发掘利用。当前大运河文化带建设，既有利于改进

目前存在的苏南区域运河旅游的组织和效益明显好于苏中和苏北的现状,打造我省运河文化名城旅游带,也有利于进一步发掘资源,规划项目,整合力量,吸引投资,提高档次,弥补空缺,让江苏特色的、多样的、丰厚的地域文化能够成为整个中国大运河文化带上区域文化的绚丽部分。

三、江苏利用大运河遗产建设文化带的现状

2014年,大运河申报世界文化遗产成功后,开启了大运河保护管理的新阶段。2015年7月,江苏省政府在淮安召开大运河文化带建设座谈会,明确提出以展现文明、优化生态、繁荣经济、造福人民为目标,以运河遗产资源为支撑,以运河沿线城市为节点,努力发挥地域特色和资源优势,加强运河文化遗产保护利用、运河沿线生态景观建设、沿线文化创意产业培育和发展等工作,在运河全线率先建成具有江苏特色的大运河文化带的工作目标。

(1) 随着大运河申遗成功,大运河世界遗产段的保护得到重视,沿线的生态环境、人文景观、专业博物馆建设等方面得到改善。淮安、扬州、镇江、常州、苏州在运河沿线设立运河文化展示馆,集中介绍本区域的运河沿革和文化脉络,尤其是展现大运河与城市文脉、经济、民生之间的关系。扬州、淮安、无锡、苏州等城市在主城区一带的大运河生态景观带打造方面,已经较为成熟。作为南水北调东部工程的主要通道,大运河沿线还在生态保护、水环境治理等方面投入大量精力,沿线生态环境、人文景观得到了有效改善。运河沿线城市积极动员社会力量参与和支持大运河遗产保护利用,如常州每年在文化遗产日期间举行"走大运"群众性毅行活动等,已经成为当地标志性的文化遗产保护群众活动。

(2) 江苏大运河沿线8市在运河文化旅游业展现出较大的热情,取得了显著成果,如形成以扬州瘦西湖为代表的5A级景区16处、国家旅游度假区4处,4A级景区、省级旅游度假区占全省的70%以上等,这些为下一步从省级层面整体设计和串联奠定了基础。

(3) 江苏大运河沿线各城市借助运河文化资源,致力于打造经济和现代服

务业发展新的增长点,积极发展运河文化创意产业,较为成功的还有常州运河五号创意街区、无锡清名桥历史文化街区、苏州古运河沿线文化产业空间等,苏南运河沿线有较多工业遗产,是将来发展文化产业基地的重要载体。但与苏南形成鲜明对比的是,苏北运河堤防较高,与城区形成背离态势,文化产业项目与运河文化结合并不紧密,需要通过创新和持续投入来解决这一问题。

四、江苏大运河保护与利用存在的几个问题

(一)运河遗产保护意识还不强

大运河在一座城市涉及的管理部门众多,很多遗产的识别和保护的基础工作相对薄弱,尚未能就运河遗产的重要价值和保护需求达成社会各界的普遍共识。部分地方政府和公众对世界遗产的保护意识虽初成轮廓,但对具体的保护措施却知之甚少,自发自觉的遗产保护意识尚没有形成,参与运河遗产保护管理的意识依然淡薄。

(二)对大运河及遗产的内涵研究不够

大运河虽然已经列入《世界遗产名录》,但是整体研究还远远不足,对于大运河历史文献、考古文献、遗产调查文献的搜集整理,还处于起步阶段。大运河的遗产研究因申遗工作得到初步开展,但多条线路的大运河考古与文化遗产调查研究工作还不彻底,尤其是各个历史时期重要的运道、运口及周围地带,遗存现状还不清楚,价值难以依据实物遗存进行证实,保护等级无法确定,管理规定无法落实,使其得不到切实有效的保护和展示利用。

(三)对大运河的传承利用问题突出

目前,江苏大运河及附属遗产大多数已是文物保护单位,或凭借名胜古迹或著名的风景旅游景点等得到充分的展示利用,但展示的真实性、科学性距离世界

遗产的要求仍有一定的差距,且目前各遗产点处于各自独立的状况,未形成系统的、串联式的以运河文化为主题的展示,也缺乏多种形式的展示,多媒体、数字化等手段未能充分用在运河遗产展示上等。同时,有些城市在大运河成功列入《世界遗产名录》后,纷纷成立古运河旅游公司,打造运河旅游品牌,然而唯商业化导向明显,重利用轻保护的苗头已经显现。

(四)沿河道路体系尚不健全

在调研中,苏北运河沿线的中心城市、县城或乡镇相关人员反映,大运河如同天堑阻隔两岸,不利于运河两岸的协同发展,增加跨河大桥的密度,引导城镇跨河发展、拥河发展势在必行。此外,大运河江苏段沿河陆上交通体系不健全,尤其是缺乏慢行道路系统,沿河断头路、卡点较多,只能绕行,影响大运河沿线的美化、景观化、园林化的实现。

五、关于江苏大运河文化带建设的若干建议

(一)总体构想

1. 功能定位

江苏省在大运河文化带建设过程中,应充分认识到中央提出这一战略任务的重大现实和长远意义,积极落实习近平总书记及国务院有关领导指示批示精神,以若干重大建设项目和工程为支撑,将大运河江苏段文化带率先建设成为全国运河文化带示范段,成为彰显江苏地域特色和人文底蕴的标志性工程,使大运河遗产在江苏经济社会发展中的作用得到进一步发挥。

2. 主要思路

在时间轴上,全面展示"千年运河"的历史文化传承;在空间轴上,全景式展

现沿运各地的城市和区域文化精华;在结构轴上,把大运河文化带与"一带一路"、江淮生态大走廊、沿海大开发战略、长江经济带战略相衔接,与南水北调、生态文明建设、"强富美高"新江苏目标相衔接,率先完成大运河文化带建设示范工程,助力全国大运河文化带建设。

3. 建设范围

以大运河为坐标轴,把河道本体和紧邻河道的大运河遗产核心区作为建设重点,展示运河文化遗产、文物古迹和非物质文化遗产;把大运河沿线的遗产缓冲区作为文化带建设的中心地带,展示沿线8市各具特色的文化形态和文化成果;把运河穿过的8座地级市作为文化带辐射地带,展示这些城市有代表性的地域文化。此外,江苏省在大运河文化带建设中,除了运河本体及周边地区外,还应重视胥河、老通扬运河、浏河、六塘河、太浦河、盐河等运河支流的整治和文化景观打造,借此契机将微山湖、洪泽湖、骆马湖、高邮湖、太湖等与运河紧密相关的湖泊及环湖地区与大运河文化带进行贯连打造,提升江苏整体文化建设和生态文明建设的水平。

4. 建设对象

大运河文化带建设主要包括沿河的文化遗产带、文化景观带、公共文化带、生态文化带和文化旅游及创意产业带,其中最为基础的是沿河环境整治工程的实施,实现大运河沿线的净化、美化,为文化建设奠定基础。就大运河文化带建设的内涵而言,包括城市文化、名人文化、建筑文化、宗教文化(寺庙、道观,基督教、伊斯兰教)、艺术、非物质文化遗产(历史地名、民风民俗、民间工艺、中医药)、教育文化(儒学)、中外文化、工商文化(古代、近现代工商文化,转型过程中形成的文化)、文学等。沿线的新农村建设、特色小镇、历史文化名城的规划与建设也应纳入大运河文化带的建设范围内统一规划。

(二) 工作步骤

1. 建立江苏大运河文化带建设协调管理机制

以原有的运河保护协调机制为基础,结合后申遗时代运河文化带建设的新思路,建议将江苏省大运河保护和管理办公室调整为"江苏大运河文化带建设领导小组",由省发改委或省委宣传部主要负责人协调管理工作与对上联络工作,定期召开运河文化带建设工作会议,加大运河管理部门之间的沟通力度,统筹协调运河文化带建设相关工作。沿线城市须在地方党委政府的主导下,组织发改、国土、宗教、水利、教育、文化、航运、旅游、园林等部门开展运河文化带建设工程。强调江苏与周边省份的协调、联动,发挥带状文化的优势,更好完成国家赋予江苏的使命。目前来看,亟须建立大运河沿线巡查报告制度,由省级政府与中心城市联合形成大运河综合管理整治方案,尽快推动小码头、堆沙货场、污染企业搬迁。

2. 编制《大运河(江苏段)文化带建设规划》

大运河文化带建设是系统的社会工程,需要集中社会各方面力量、从不同文化视角切入,必须在统一规划和协调机制下,共同完成这一传承文化、造福当代、面向未来,彰显江苏特色、客观反映江苏文化地位的工程。根据此次中央关于大运河文化带建设的总体目标与江苏的实际需要,推动编制整体性的《大运河(江苏段)文化带建设规划》,时限为2017至2030年。编制《大运河江苏段旅游发展规划(2017—2030)》及若干子规划,形成江苏大运河文化带建设的整体思路和科学引领。在本次规划编制中,建议运用文化线路、景观绿道、廊道等形式把大运河沿线及各个中心城市的文化板块、节点、特色地区等整体组织串联,构建以大运河为轴线的空间结构体系,通过"整体保护,积极创造",实现大运河的系统整体保护与合理传承利用,让大运河文化空间更好融入现代生活,推动形成具有世界广泛影响力的运河文化带,彰显中华文化的魅力。

3. 制定《大运河(江苏段)文化带建设规范》

按照江苏大运河的优势和特色，在调研基础上，以世界遗产管理标准为基础，参考水利、交通、文保、环保、景观等运河相关法律法规，制定《大运河(江苏段)文化带建设规范》，一方面在宏观层面提出倡导性建议，鼓励各地发挥主动性创造性，推动文化带建设呈现多姿多彩的局面；另一方面列出负面清单，树立底线思维，防止变味走调、景观臆造甚至搞破坏性开发。其中，树立"不建什么"的逆规划思维，显得尤为重要。

4. 实施大运河文化带建设重点工程

在全线专题调研的基础上，在总体建设规划的指导下，以系列大运河文化带建设工程的实施作为切入点和突破口，扎实推进大运河文化带建设，全面提升大运河文化遗产保护、管理、展示、利用整体水平，把大运河文化保护好、传承好、利用好。

(三) 重点工程建议

1. 运河文化遗产保护工程

严格执行相关国际公约和国内法律法规，保护好世界遗产，做好大运河监测预警平台的数据填报和维护工作；做好缓冲区建设控制要求落实；继续做好大运河相关文物的考古、研究与认定工作，把现存历史文化遗存无一例外地保护下来，对近年来新发现的遗址、遗迹，依据价值评估和保护需求尽快公布为文物保护单位，确保运河沿线文化遗产得到有效保护。

2. 运河环境景观整治工程

以大运河文化遗产保护为基础，划定生态红线，加大运河环境景观控制力度,建立环境整治及建设项目的事前、事中、事后管理,加强大运河文化遗产本体及周边环境整治,持续开展针对违章建设、违规排放和小码头、小砂场、小企业等综合环境整治工程,分段明确整治目标和责任,并形成长效管理和监督机制。加快大运河江苏段河道、故道尤其是古黄河徐州至淮安段的修复,实现江苏段大运河全线通航。尽快实施大运河两岸陆路交通的贯通工程,打通断头路,让大运河江苏段全线可以实现两侧或单侧堤岸沿线车道贯通。

3. 运河文化示范段创建工程

大运河文化带建设的落脚点主要在沿线各市,要在调查研究、专项立法、规划编制、总体纲要、行动方案等方面主动作为、积极探索,为国家大运河文化带建设提供借鉴、积累经验。选择基础较好的城市作为示范城市,引领带动运河沿线掀起文化建设浪潮,尤其是选择典型性、示范性运河文化建设项目或运河河段作为全省运河文化带建设示范段。其中,县级城市泗阳县在河堤园林化与河中潜洲的利用经验、淮安市区清江浦段景观廊道、扬州市区大运河段整治工程、苏州七里山塘街区原始风貌保存、无锡清名桥滨水与水上两线旅游打造等方面,都具有示范意义。

4. 运河旅游产业提升工程

江苏大运河沿线旅游资源丰富,包括运河河段、水利工程、古桥、古城(镇、村)、古建筑、古遗址等。建议在《江苏省古运河旅游发展规划(2010—2025)》的基础上,重新编制《大运河江苏段旅游发展规划(2017—2030)》,重点建设吴越、淮扬、楚汉文化旅游区段,加强整体设计,大手笔规划、高标准建设。设立江苏省运河文化旅游节,在运河沿线城市轮流举办,在取得成功经验后,建议上升到国家层面,由文化部、国家旅游局、国家文物局和江苏省人民政府联合主办"中国大运河文化旅游节"。沿运河两岸规划建设运河文化生态旅游区,组织运河旅游,可成立运河旅游公司,企业化运作,实现运河旅游资源整合,把运河文化旅游业做大。

5. 运河文化创意产业拓展工程

制订《大运河江苏段文化产业带建设三年行动计划》,明确大运河文化产业的发展空间,以大运河为主轴,以演出业、动漫创意业等为业态载体,以文化产业园和重点文化景观为依托,充分调动文化文物单位积极性,发挥各类市场主体作用,加强文化创意品牌建设和保护,促进文化创意产品开发的跨界融合,打造一个具有国内领先地位的文化创意产业带。

6. 运河生态与民生优化工程

把"还河于民、为民解难、造福于民"作为运河综合保护的根本出发点和落脚点。通过对威胁运河遗产安全和环境的沿岸住宅、单位进行就地整治或整体搬迁,恢复运河的生态功能,创造宜人的滨河环境,让市民群众能亲近运河、游览运河、品味运河。全面提升运河沿线文化景观建设标准,建设运河文化景观长廊。在研究基础上,把部分损毁的重要文化景观修旧如旧地修复起来。提升现有运河沿线有关道路标准,建设运河高标准景观步道。

7. 运河文化内涵研究与展示工程

加强对大运河江苏段沿线历史文化内涵的挖掘、整理和研究。实施"大运河文脉整理工程",全面梳理大运河相关古籍、地方志、考古报告、遗产调查成果、经典历史文化研究成果等相关文献,形成文献集。组织专家开展大运河文化内涵挖掘系列课题研究,系统、科学地认知大运河江苏段的内涵、特色,为更好地保护利用和展示传承奠定基础。通过运河沿线城市以及专题性博物馆建设,全面展示运河相关的水文化、非遗、园林文化、工商文化、漕运文化、盐运文化等,到"十三五"末,基本形成大运河博物馆群(带)。利用运河沿线绿地、广场、岸线、码头等公共空间,结合运河文化内涵,有机建设运河文化景观长廊、景观小品、景观广场等。利用互联网和手机、桌面终端,并延伸到电视机顶盒终端,建设"虚拟无界大运河"工程,将古运河沉淀的历史资源与当今社会发展的信息结合起来。

8. 大运河文化带传承弘扬工程

大运河是流动的文化,是探求中华文明生命轨迹的一条重要主线,传承大运河文化遗产,弘扬大运河文化,将极大增强文化自觉和文化自信,推动中华文明走向世界。建议拍摄大运河文化带相关纪录片、电视宣传片等;利用互联网平台,打造大运河文化带 App、微信公众号、专题网站等;推动建立日常性运河宣传推介体系,以重大节日为主要时间节点,进行长期、高效的宣传运作;在世界水日、中国水周、中国文化和自然遗产日、"6·22"大运河申遗成功纪念日、国际志愿者日等重大时间节点,策划推出富有特色的运河文化项目。

(本文为江苏省决策咨询研究基地课题成果,课题编号:17SSL027;参与人员:干有成、姚文中、李志平、同银星)

江苏大运河文化带建设规划研究

江苏是孕育大运河的摇篮,是大运河的起源地,也是大运河河道路线最长、流经城市最多、运河遗产最丰富、列入大运河世界遗产点段最多的省份,境内大运河全长690公里,依次流经徐州、宿迁、淮安、扬州、镇江、常州、无锡、苏州8个地级市。千年流淌的人工大运河把江苏境内的大江、大河、大湖、大海彼此连通,构成水乡江苏、繁荣江苏、生态江苏、文化江苏、美丽江苏的骨干网络。大运河江苏段是整个大运河中通航条件最好、船舶通过量最大、经济社会效益发挥最为显著的区段,不仅是国家南水北调工程东线的水源地和输水干线,也是江苏省"两纵四横"干线航道网最重要的组成部分和江苏节约运输成本、节能减排的"功臣",常年担负着我国长三角地区重要物资及时中转集散及北煤南运战略任务,在长三角地区经济社会发展中处于无可替代的重要地位。

2006年5月,京杭大运河被国务院公布为第六批全国重点文物保护单位,12月被国家文物局列入《中国世界遗产预备名单》,大运河申报世界文化遗产工作正式启动。2014年6月,第38届世界遗产委员会正式将中国大运河列入《世界遗产名录》。江苏是申遗成功后全国首个提出将文化遗产、文化产业和文化旅游等相结合,涵盖大运河江苏段沿线城市范围,全面建设大运河文化带的省份。江苏省政府于2015年7月专门就大运河文化带建设在淮安召开座谈会,研究部署大运河文化带建设相关工作。2016年8月,江苏省发展和改革委员会、江苏省文物局联合公布实施的《江苏省"十三五"文物事业发展规划》中明确将"全面推进大运河文化带建设"列入"十三五"重点项目。2017年9月,时任省委书记李强就大运河文化带江苏段建设在淮安调研并召开专题座谈会,强调要切实把习近平总书记关于大运河文化带建设的重要指示精神贯彻好落实好,以高度的政治责任感和历史使命感,扎实推进江苏大运河文化带建设,努力把大运河江苏段建设成为高颜值的生态长廊、高品位的文化长廊、高效益的经济长廊,使之成为大运河文化带上的样板区和示范段。同年11月14—16日,省文化厅党组成员、副厅长,省文物局局长吴晓林带调研组赴徐州、淮安调研,实地考察了大运河徐州段和淮安段的文化遗产点,并召开了大运河文化带建设工作座谈会。同年12月21日,全省大运河文化带建设工作联席会议第一次全体(扩大)会议在南京召开,会议交流前期工作进展情况,审议省联席会议及其办公室工作规则,讨论近期工作要点,部署推进江苏省大运河文化带建设;省委常委、宣传部部长王燕文出席会议并讲话,指出要提高思想认识,把大运河文化带建设摆在重要位置;强调要坚持系统思维,科学推进大运河文化带建设。

一、江苏大运河文化带建设规划编制背景与意义

(一)贯彻落实习近平总书记对大运河文化带建设的重要指示批示精神

2017年2月24日,习近平总书记考察北京大运河森林公园时强调,"保护大运河是运河沿线所有地区的共同责任","要古为今用,深入挖掘以大运河为核心的历史文化资源"。2017年6月4日,习近平总书记专门就大运河文化带建设作出重要指示,明确指出"大运河是流动的文化",要"统筹保护好、传承好、利用好"大运河这一祖先留给我们的宝贵遗产。时任中央领导张高丽、刘延东、刘

奇葆等同志也就大运河文化带建设作出批示，体现了党中央和国务院对大运河文化带建设工作的高度重视。编制大运河文化带建设规划，是贯彻落实习近平总书记重要指示精神的有力举措，通过深入挖掘大运河文化带的丰富内涵，推进大运河文化资源保护利用，有助于进一步擦亮世界认可的国家文化符号，为长三角协同发展搭建深度交融的文化桥梁，为江苏发展注入独具魅力的文化内涵，助力将江苏大运河文化带建设成为展示江苏文明的"金名片"、彰显文化自信的地标性工程和传承江苏文脉的重要系统工程。

（二）为国家大运河文化带建设规划提供重要借鉴

大运河曾是沟通我国北方政治中心与南方经济重心的通道，是连接海上丝绸之路与陆上丝绸之路的纽带，是综合地形、水利、漕运、灌溉、排洪，以及社会经济、政治、文化等要素的集成性工程。当今的大运河文化带是中华优秀传统文化的富集带和发展带、新型文化产业的创新带和兴盛带、特色城镇和美丽乡村景观带、生态文明的网络带与展示带，沿线长期积累的文化遗产资源仍然具有巨大的现代传承、串联、开发、发展意义。同时，江苏大运河是贯穿江苏南北的绿色大走廊和我国南水北调工程东线水源地所在，生态文明和精神文明建设的价值重大。大运河文化带建设又与当前国家"一带一路"倡议、长江经济带发展战略、长三角区域一体化发展战略有直接联系，尤其江苏还是"一带一路"的交汇点，规划编制的战略意义不言而喻。鉴于国家将要制定大运河文化带建设规划，江苏省深入调研、超前思考地编制建设规划，将为国家出台最终的全线建设规划探索先行路径和提供经验借鉴。

（三）推动江苏大运河全线及周边地区协调联动和区域均衡发展

江苏提出的"江淮生态大走廊战略"与大运河存在空间上的重叠，两者具备协同发展条件。其中，大运河流经的苏北地区是江苏扶贫开发的重点攻坚区域，也是南水北调东部工程的主要通道，可借助大运河文化带建设规划及相关项目实施,加大基础设施投入以及沿线城镇的经济、社会、文化、生态的投入,推动区域产业转型升级、沿运河环境治理和文化特色资源开发,进一步实现各大功能区均衡发展的目标。同时,规划的编制实施可以充分发挥运河干流、支流及与其互通的长江、淮河、湖泊、沿海等水体以及山、林、城、乡等空间内的资源优势,串联扬子江城市群和沿海经济带、"三湖"生态经济区、淮海经济区,助力实现江苏省委提出的"1+3"功能区战略构想,最终形成一个全运河沿线开放融合、协同发展的大运河文化系统。

(四)发挥运河遗产的多重价值,推进江苏文化强省建设

大运河文化带不仅将江苏的楚汉文化、淮扬文化、吴文化、园林文化、红色文化等地域文化有机串联起来,也将陆上丝绸之路和海上丝绸之路联系在一起,形成了兼收并蓄、包容多样、独具魅力的江苏运河文化系统,是富含江苏文化特质的传统文化大宝库、爱国主义教育的大走廊、文化创新转化发展的大空间。大运河是活态的,不仅是历史的,也是当代的,在文化带建设规划中,除了运河历史文化保护、传承与利用外,还涉及现代公共文化、生态文化、非物质文化、文化产业、文化旅游业等相关领域的规划内容,有助于提升大运河沿线城市、集镇、乡村的文化建设水平和发展能力,推动文化建设稳步推进,公共文化服务水平不断提升,文化事业产业快速发展,为实现江苏"三强两高"文化强省目标提供新途径和新动力。

(五)为"精彩江苏"文化旅游品牌战略的实施提供支撑

江苏大运河沿线8座城市在运河文化旅游业方面展现出较大的热情,基本树立了各自的运河文化旅游形象,分别开发出较为成熟的运河文化旅游集聚区以及洪泽湖古堤悬湖景观带、宿迁中运河景观带、淮安里运河文化长廊等。当然运河沿线还有许多重要文化资源有待发掘利用,江苏各地区旅游业发展也存在较大差异。据《2016江苏旅游业年度报告》统计,2016年度江苏省国内旅游接待

约 6.778 亿人次,旅游收入约 9952 亿元。其中,苏南地区(南京、苏州、无锡、常州、镇江)的旅游人次和旅游收入分别占比约为 62% 和 68%;苏中地区(扬州、泰州、南通)分别占比约为 17% 和 15%;苏北地区(徐州、连云港、宿迁、淮安、盐城)分别占比约为 21% 和 17%。编制大运河文化带建设规划,积极谋划运河旅游,既有利于改进目前存在的苏南区域运河旅游的组织和效益明显好于苏中和苏北的现状,打造江苏省运河文化名城旅游带,也有利于进一步发掘资源,规划项目,整合力量,吸引投资,提高档次,弥补空缺,让江苏特色的、多样的、丰厚的大运河文化成为"精彩江苏"文化旅游品牌的最佳注脚。

二、江苏大运河的特点与文化带内涵认知

(一) 江苏大运河的特点分析

1. 江苏大运河的构成与河道演变

江苏大运河并非一条南北单线,而是复线,且呈带状分布。江苏大地上,大运河形态比其他地区都要复杂,尤其是古黄河部分。整个大运河遗产包括隋唐大运河遗迹通济渠江苏段(主要由苏皖省界经泗洪县流入洪泽湖)、元明时期从徐州市区至淮安杨庄的古黄河段运道,以及明清大运河遗迹(包括中运河江苏段、淮扬运河和江南运河江苏段)。现徐州境内的京杭大运河不牢河段是清代开凿的,也是大运河重要组成部分。咸丰五年(1855)黄河北徙后运河南北阻断,但江苏省内的运河仍保持全线通航,并在民国期间得到导淮委员会及江苏省建设厅等部门的持续整治。新中国成立后,开展了大规模的运河治理与改扩建工程,在沿运河城市的主城区外围一般选择开挖新河改道,如江北淮安城区、高邮段、扬州城区有新运河线路,江南运河沿线的镇江、常州、无锡、苏州在城区均存在古运河和新京杭运河分离的现状,大运河在这些城市从穿城而过到环城而过,再演变为绕城而过,最终形成了大运河江苏段今日的面貌。

2. 江苏大运河的河段分类

大运河江苏段有通航段和非通航段、城区段和乡村段、世界遗产段与全国重点文物保护单位段、通水段和淤积段、高堤防段和低堤防段的区别。其中,非通航段主要有古黄河段、通济渠段以及高邮明清故道段。运河沿线中心城市因城区扩大后,将运河移到主城区的外面,原城市内部的古运河不再通航,成为发展运河旅游的主要载体。江苏大运河有世界遗产河段325公里,遗产区7个,遗产点22处。作为全国重点文物保护单位、世界遗产段的运河河道的核心区和缓冲区,有相关文物保护标准和要求,在传承利用过程中,需遵守相关法律法规。大运河江苏段经过的城镇很多都是因运河而兴,城区段大运河是城市文化展示长廊,城市精神的纽带,也是培育城市文化旅游和文化产业的载体。现在部分城市的护城河在历史上都是大运河的一部分,往往被误认为是护城河或是一般性河道,需要通过学术研究、媒体宣传,让民众正确认识大运河,提升认知度。

3. 大运河的网络与支线连通了江苏的城市群

大运河江苏段在历史发展过程中,曾通过人工开凿的分支运河及长江、淮河等河道与江苏其他城市相连通,江苏没有一座有地位的城市能够离开运河讲自己的文化。如通过盐河和淮河与连云港、阜宁相连系,通过老通扬运河和串场河与泰州、南通、盐城相连系,通过仪扬运河、长江与仪征及南京相连,通过胥河和胭脂河与高淳、溧水及南京主城相连,通过浏河和盐铁塘与太仓、常熟、昆山等地相连等,江苏境内以大运河为主干形成了运河网络,这些支线运河也是大运河文化带建设的重要组成部分。

4. 沿线的众多湖泊与河流是大运河的重要组成部分

大运河江苏段沿线有微山湖、骆马湖、洪泽湖、高邮湖、太湖等众多湖泊,泇河、皂河、张福河、仪扬河、白塔河、新孟河、德胜新河等众多河流,它们要么因运河而生,要么与运河有密切的历史和现实关联,都通过运河网络在水体系统、生态系统以及文化系统等方面相互影响,这些湖泊和环湖地区、河流和沿河地区,理应纳入大运河文化带建设的体系中统筹规划。

5. 沿线的古城、古镇和街区都是大运河文化的重要载体

大运河江苏段在历史发展过程中,沿线兴起了众多城镇,不仅流经江苏8个城市的市区中心,还流经包括邳州、泗阳、睢宁、宝应、高邮、江都、吴江等县级运河古城,在提升沿线城市品质、塑造城市特色、展现城市魅力方面,都可以发挥大运河文化带建设的作用。此外,运河沿线还有龟山镇、古邳镇、皂河镇、码头镇、邵伯镇、浒墅关镇、同里镇、惠山镇等运河古镇,直接以"运河"命名的多个"运河村"(扬州市邗江区槐泗镇运河村、宿迁市泗阳县李口镇南运河村、苏州市浒墅关镇运河村、镇江市丹阳市吕城镇运河村、淮安市淮安区上河镇运河村等),河下、东关街、南河下、南门大街、西津渡、新河街、清名桥、青果巷等历史文化街区。在运河沿线的大走廊空间内,每一个特色文化空间都是运河多元文化的重要载体,都是需要关注和建设的对象。

由此可见,江苏大运河直接贯穿了沿线8个城市,还通过盐河、淮河、串场河、长江、胥河、浏河等串联了其他5个城市;大运河与江苏的历史文化发展密不可分,造就了许多运河古镇、古村和历史文化街区,尤其苏北许多城镇就是因运河而兴起,所以推动大运河文化带建设,是实现区域文化复兴的重要途径。

(二)江苏大运河文化带内涵认知

1. 最富内涵特色的文化遗产带

江苏大运河沿线城市物质和非物质文化遗产资源十分丰富,有13座国家历史文化名城、29座中国历史文化名镇、12座中国历史文化名村,有149处全国重点文物保护单位、101项国家级非物质文化遗产,分别占全省总数的65.9%和

69.2%。列入世界文化遗产的河段长325公里,占运河全线的1/3;遗产区7个,占遗产区总面积的46%;遗产点22处,占总数的40%。大运河将沿线的楚汉文化、淮扬文化、吴文化,以及园林文化、江南水乡文化、水利航运文化、近代民族工商业文化、红色文化等有机串联起来,形成了兼收并蓄、包容多样、独具魅力的江苏大运河文化遗产带。

2. 最有发展潜力的文化产业带

大运河贯穿江苏南北,大运河江苏段一直是江苏省主要的内河干线航道,也是南水北调东线的主要通道。沿线城市拥有全省约60%的人口、66.3%的经济总量,形成一条人口稠密、经济繁荣、文化昌盛的城市走廊。近年来,沿线各市致力于打造经济和现代服务业发展新的增长点,对运河遗产进行合理利用,涌现出如苏州太仓LOFT工业设计园、江苏金一文化、常州创意产业基地、镇江西津渡文化创意产业园、扬州邗江文化产业园、淮安古淮河文化生态产业园区等一批具有苏南、苏中、苏北鲜明地方特色的文化产业集聚区。沿线城市拥有近180个文化产业园区,包含8个国家级以及26个省级文化产业示范基地,10个省级文化产业示范园区,4个国家级动画产业基地、影视基地,2个国家级文化和科技融合示范基地以及江苏国家数字出版基地。通过研究、挖掘深厚的文化积淀和丰富的运河遗产,培育具有运河文化特色的产品和品牌,促进文化产业特别是文化创意产业持续快速发展,形成了发展科学、特色突出、极具潜力的江苏大运河文化产业带。

3. 最具观赏价值的文化景观带

江苏大运河沿线旅游资源包含自然景观、历史遗存、现代文化、民俗风情等多种类型,是中国大运河旅游资源最为集中、品位最高的河段。从旅游资源类型数量来看,大运河沿线旅游资源拥有7个主类、23个亚类和68个基本类型。其中:主类占全国8个主类的87.5%,亚类占全国31个亚类的74.19%,基本类型占全国155种基本类型的43.87%。沿线8市均为国家园林城市和中国优秀旅游城市，拥有以扬州瘦西湖为代表的5A级景区16个；4A级景区、省级及以上旅游度假区均占全省的70%以上。各地在运河申遗期间，组织实施了一批遗产保护和展示工程，改善了城市人居环境和投资环境，有效提升了城市形象，并积极推进运河旅游建设，如淮安编制里运河文化长廊概念性规划，扬州、无锡、常州等地均编制古运河休闲旅游区概念性规划，几年来开发出苏州古城、无锡清名桥、常州运河五号、镇江西津渡、扬州双东历史街区、淮安古城、宿迁项王故里、徐州户部山等较为成熟的旅游集聚区，形成了总量丰富、异质性高、极具吸引力的江苏大运河文化景观带。

三、江苏大运河文化带建设现状与规划编制面临的问题

（一）江苏大运河文化带建设现状

2014年，大运河申报世界文化遗产成功后，开启了大运河保护管理的新阶段。近年来，江苏运河沿线各市正确处理活态文化遗产保护与发展的关系、当前利益与长远利益的关系、局部利益与整体利益的关系，努力发挥地域特色和资源优势，稳步推进大运河文化带建设。江苏省委省政府于2015年部署建设沿运河文化创意设计特色产业带；同年3月，省政府将江苏大运河"入遗"后续保护利用管理列为与文化部重要合作事项，并于7月专门召开大运河文化带建设座谈会，研究部署大运河文化带建设。2017年9月，时任省委书记李强就大运河文化带江苏段建设在淮安调研，强调要以高度政治责任感和历史使命感，扎实有力推进大运河文化带建设。

1. 大运河遗产资源的保护与利用

江苏大运河物质和非物质文化遗产资源十分丰富，全省3000余处文物保护单位中有70%以上分布在大运河沿线。沿线各市牢牢把握"保护为主、抢救第

一、合理利用、加强管理"的方针,根据世界文化遗产的保护标准,在大运河沿线历史文化名城名镇名村、历史文化街区、文物保护单位保护工作中,既注重对运河遗产本体的保护,又注重对其依存的生态环境的治理,丰富了城市发展内涵,提升了城市建设品位。近几年来,重点组织实施了扬州盐业遗迹、无锡清名桥历史文化街区、常州运河城区段、苏州宝带桥、淮安清口水利枢纽遗址、宿迁龙王庙行宫等一批有代表性的保护和展示工程。同时,积极发掘运河遗产作为文化产业和旅游产业的重要资源,形成了一批合理利用运河遗产,促进经济转型和现代服务业发展的成功案例。随着大运河申遗成功,运河遗产得到空前的重视和保护,沿线的生态环境、人文景观、专业博物馆建设等方面得到改善,大运河遗产作为可持续发展的历史文化资源,其重要价值越来越为社会所认知。大运河江苏段已成为整条大运河中最富文化内涵、最具地方特色、最具观赏价值的遗产廊道。

2. 大运河旅游品牌的建设与创新

江苏大运河沿线8市在运河文化旅游业展现出较大的热情,基本树立了各自的运河文化旅游形象,如:苏州有"东方威尼斯"之称;扬州打出"上北京登古长城、下扬州游大运河"的宣传语,积极打造"运河第一城";无锡素有"江南水弄堂、运河绝版地"之美誉;常州推广"运河休闲之都"的旅游品牌;镇江有"江河交汇,城市山林"之称,深度融合"城"与"河"、"文"与"景";淮安有"运河之都"之称,突出"游运河、品遗产、赏风光"主题;宿迁为"生态运河、湿地交响",全面打响"大运宿迁"旅游品牌;徐州的"大汉雄风、豪情运河",引来游人如织等。2015年,为让更多的海内外游客领略江苏大运河文化遗产之美,江苏更是充分利用大运河成功申遗的文化价值及辐射影响,推选出了最具影响力的若干条江苏大运河精品旅游线路。此外,还开发出运河旅游集聚区以及洪泽湖古堤悬湖景观带、宿迁中运河景观带、淮安里运河文化长廊等,成为"畅游江苏"体系的重要组成部分。

3. 大运河文创产业的培育与发展

通过深度挖掘开发利用运河遗产资源,加快发展文化创意、娱乐休闲、健身服务等相关产业,鼓励具有市场前景的遗产资源与产业和市场相结合,开发文创产品和文化产业,让运河文化遗产融入日常生活、真正"活"起来。省政府出台《关于加快提升文化创意和设计服务产业发展水平的意见》以及《江苏省提升文化创意和设计服务产业发展水平行动计划(2015—2017年)》,加强运河沿线整体规划建设,发挥沿线历史文化名城、名镇、名村众多的优势,鼓励差异化错位发展,建设了一批运河创意村镇、创意街区、创意城市以及区域性创意设计中心,到2017年已经初步建成了沿运河创意设计特色产业带,形成了一批具有苏南、苏中、苏北鲜明地方特色的文化产业集聚区,有力地拓展了运河沿线城市文化产业的发展空间。

4. 沿线城市文化带建设各具特色

(1) 徐州突出文化产业

徐州境内的大运河全长181公里,北起微山湖南段蔺家坝,南至新沂窑湾,流域面积2000多平方公里。近年来,徐州市高度重视运河沿线文化带的保护、开发和利用,将其作为徐州都市圈核心区,沿东陇海线、沿徐宿通道、沿徐济通道、沿京杭运河和沿黄河故道"一核五沿"生产力布局的重要组成部分,不断加强沿河产业联动、文化建设和生态再造,努力将大运河徐州段打造成为多式联运的现代物流集聚产业带和滨湖沿河历史文化产业廊道。

(2) 宿迁突出文化生态

宿迁段运河全长112公里,两岸景观生态环境优良,是苏北航运的黄金水道和南水北调的主要通道,其风光带也成为当地居民休闲最爱。宿迁建成中运河水利风景区、古黄河水利风景区、泗水河水利风景区、骆马湖风景区、洪泽湖风景区等,重点突出大运河文化与自然生态的深度契合。泗阳、刘老涧、宿迁、皂河四座船闸相继成为水利风景区。宿豫区投资1.2亿元建造宿迁水利遗址公园,以井头泵站为载体,充分运用声、光、电技术,全面展示了宿迁运河以及水利遗产的前世今生。

(3) 淮安突出文化长廊

淮安通过市场化运作,鼓励社会力量参与运河文化长廊建设,多渠道筹措保护开发资金。早在2013年,淮安就按"文史一脉相承、旅游一线贯通、产业形成链条"的理念,启动里运河文化长廊建设,通过理水、营城、聚人、兴文四大策略,系统勾画里运河文化长廊"一廊盛景",即呈现一个带状的历史文化长卷;"两心文化",即世界运河文化交流中心和淮安漕运文化博览中心;"三旅融合",即旅游与文化历史的高度融合,旅游与休闲度假的深度融合,旅游与商业时尚的有机融合。在空间结构上采用"起、承、转、合"的手法,用历史与现实的悠长会意和时光穿越,绘写淮安现代版"清明上河图"的经典文化长廊。目前,里运河文化长廊清江浦景区已基本建成开放,是国家级水利风景区、4A级景区,跻身2016江苏省十大新景区、2017最美中国景区。

(4) 扬州突出示范带动

扬州是大运河申遗的牵头城市,在文化带建设上也敢担当、善作为,致力于建设示范性大运河文化带。一是利用运河边成长起来的扬剧、木偶戏等文学艺术形式,来编演反映运河精神的文艺作品,并由扬州来牵头开展运河沿线城市的文艺交流;二是推进文化和旅游的深度融合,比如打造运河文化博览城;三是发展运河文化产业,弘扬运河文化创新、创造的精神,用这种精神来培育新时代的"扬州工",建设运河特色文化产业园区。

(5) 镇江突出文化旅游

镇江段大运河是江南运河的起点、京杭大运河的重要枢纽、中国古代运河济水工程技术的杰出范例,也是镇江城的母亲河。镇江把大运河文化带建设摆在重要位置,从运河水情水系、自然资源、历史遗存、人文景观、产业发展以及文化保护和利用等方面深入工作,同时做好运河经济带、生态带建设。深度挖掘运河文化内涵、拓展运河旅游功能、明确主导产业定位、打造独具特色的运河旅游建设,通过"城"与"河"、"文"与"景"的深度融合,促进运河与镇江相融共生。

(6) 常州突出文化融合

大运河常州段全长 45.8 公里,其中世界遗产段 23.4 公里。大运河常州段文化带的建设包含东段、中段、西段三个部分,其中,东段、西段为郊野段,中段为城区段。常州在保护的基础上,突出大运河的文化、生态和惠民三大特征,充分发掘大运河的历史文化价值和自然禀赋,将大运河文化带建设融入城市发展总体规划,力求将大运河常州段建设成品质提升的城市创意产业带、绿色环保的生态示范带、融会贯通的历史风貌带和全民共享的城市亲水文化带。

(7) 无锡突出文化创意

无锡清名桥历史文化街区,以古运河生活文化和中国民族工商业文化为魂,清名桥为龙头,弄堂为体,运河为脉,建设成集遗产旅游、休闲度假、文博艺术欣赏体验于一体的国际旅游目的地,是中国大运河申遗水道最长、面积最大、遗产最多、利用最好的大运河遗产。通过修缮、改造和利用,形成了北仓门、梁溪河口、双河尖等一批独具特色的创意工作区、文化展示区、艺术活动区和新型生活区以及工业旅游区,构建了无锡大运河文化创意产业带。

(8) 苏州突出城河融通

苏州是运河沿线唯一以"古城"概念成功申遗的城市,集千年黄金水道与古城小桥流水于一体,"天堂"之誉从古说到今。大运河苏州段全长 96 公里,在大运河文化带建设中,苏州融通古今,突出文化、旅游、生态、社会四位一体,绘一幅运河文化新的"姑苏繁华图"。在运河遗产风光带上,形成姑苏和吴江松陵两个核心,打造望亭、浒墅关、平望、盛泽四个运河小镇,推动运河沿线产业转型升级,振兴丝绸、纺织、茶叶、核雕等传统产业,培育新兴文化创意产业,策划"走运之旅"等文旅融合项目,建设文化产业带。同时,苏州注重保护珍贵的"老家底",已完成云岩寺塔、全晋会馆、吴江古纤道等遗产维修保护,并将对枫桥夜泊、横塘驿站、浒墅关等进行修复性建设,让"姑苏城外寒山寺""凌波不过横塘路"唤起人们心中的江南记忆。苏州还投资 235 亿元,建成 155 公里环古城河健身步道,使市民和游客可以零距离亲近世界文化遗产;在大运河沿河村镇设计建设一批"文化方舱",为市民提供阅读、书场、影视等公共文化服务;积极推进运河体育公园、运河亲水步道等场馆设施建设,让孕育滋养了苏州城的运河,与现代生活更和谐、更匹配。

(二) 文化带建设规划编制面临的问题

1. 受到较为薄弱的大运河遗产基础工作的制约

大运河在一座城市涉及的管理部门众多,但很多遗产的识别和保护的基础工作相对薄弱,社会各界还没有就大运河遗产的重要价值和保护需求达成普遍共识;城乡建设、生产生活活动中,大运河遗产及环境受到忽视、被局部破坏,或受到威胁的情况仍存在。部分地方政府存在重申报轻管理的现象,在申遗成功后,对大运河遗产保护工作的重要性和紧迫性认识不足,甚至有一些历史文化街区、名人故居、历史建筑等文化资源因城市改造被毁拆。公众对世界遗产的保护意识虽初成轮廓,但对具体的保护理念和保护措施却知之甚少,自发自觉的遗产保护氛围尚没有形成,参与大运河遗产保护管理的意识依然淡薄。这些都给规划编制基础工作增加了难度。

2. 江苏大运河的保护与管理水平有待提高

大运河是世界文化遗产和全国重点文物保护单位,但笔者实地调研发现,江苏大运河沿线遗产保护工作仍然存在不少问题,有的地方遗产保护意识淡薄,有些重要遗产点环境差。部分运河河段堤内分布有密集的小码头、堆栈、货场、酒店、饭馆等,河床漫滩上有大量坟地,不仅影响泄洪和河道安全,而且也是对运河遗产、环境与景观的破坏,部分城市运河堤内甚至分布成片房屋以及不同部门建造的各种构筑物等。同时,由于江苏大运河管理部门众多、长期存在"九龙治水"

的现象,加之运河属于"在用的"活态遗产,大运河遗产涉及部门众多,甚至一些具体的运河遗产点也是分属不同部门管理,管理头绪较为复杂。沿线各城市、各部门在对大运河遗产的认识水平、重视程度、遗产保存状况、保护经费投入、管理机构能力及工作进展情况等方面存在差异,跨行政区域、跨管理部门在具体保护利用工作中需要系统考虑的大型运河遗产(片区)的保护利用目标尚不明确,大运河遗产保护利用的长效机制有待完善,大运河沿线文化遗产保护、传承与利用的水平有待提高。

3. 对大运河遗产的内涵研究不够

自大运河申遗以来,各地尽管也配合国家文物局、省文物局、中国文化遗产研究院等相关部门和机构,开展了大运河遗产真实性研究、现状研究、保护利用研究等遗产保护研究工作,但是整体研究还远远不足,特别是对大运河遗产的一些段落未开展充分的研究和考古勘察工作,尤其是各个历史时期重要的运口及周围地带,如京口、瓜洲和仪征等,遗存现状还不清楚,价值难以依据实物遗存进行证实,保护等级无法确定,管理规定无法落实,使其得不到切实有效的保护和展示利用,也不利于规划编制前期工作的顺利开展。

4. 对大运河遗产展示利用不足

作为大运河遗产的核心区域,江苏对大运河遗产的展示利用仍显不足,如江苏大运河遗产大多数已是文物保护单位,或凭借名胜古迹或著名的风景旅游景点等得到充分的展示利用,但展示的真实性、科学性距离世界遗产的要求仍有一定的差距,且目前各遗产点处于各自独立的状况,没有形成系统的、串联式的大运河文化主题展示,也缺乏多种形式的展示,多媒体、数字化等手段未能充分用在运河遗产展示上等,这些因素也在一定程度上制约了建设规划的编制。

5. 不同系统法规对规划编制的影响

在多头并管的形势下,基于不同管理目标的法律法规之间有不少冲突和矛盾,而传统意义上的文物保护与河道、在用的水利设施的管理要求之间也存在保护与发展的矛盾。如《中华人民共和国文物保护法》规定对文物保护单位不得改变原状,是针对古遗址、古墓葬、古建筑、石窟寺、石刻和壁画(后来增加了近现代史迹和代表性建筑)等纪念性很强的遗产的;而大运河仍然在发挥着重要的防洪、灌溉、供水、生态和航运等功能,面临着动态的、发展的要求,部分航道需要加宽和局部截弯取直等。这无疑会使不同的部门基于不同目标对大运河的管理产生冲突与矛盾,也不利于大运河文化带建设规划的编制与实施。

四、江苏大运河文化带建设规划编制对策思路

(一) 规划定位、目标与原则

1. 规划定位

坚持"全球视野、中国高度、江苏特色",坚持文化为魂,将江苏大运河文化带建设成为高颜值的生态长廊、高品位的文化长廊、高效益的经济长廊,使江苏大运河文化带成为全国运河文化带上的样板区和示范段,以及被世界各国人民广泛认可与喜爱的江苏文化符号和江苏文化强省建设的先行地带。

2. 规划目标

通过编制规划,形成江苏大运河文化带建设的整体思路和科学引领,在推动大运河从"地理空间"迈向"文化空间"的历史进程中构筑江苏文化标识,实现江苏大运河文化的系统整体保护与合理传承发展。让大运河文化更好融入现代生活,在空间上同国家和区域发展战略互联互通,在时间上实现历史与当下的古今联通,在发展内涵和结构上实现文化与经济的融会贯通,进而推动江苏大运河沿线文化、生态、城乡建设、经济、社会全面协调可持续发展和同兴共荣。

3. 规划原则

(1) 融入大局

深入贯彻落实习近平总书记和其他中央领导同志以及省委省政府关于大运河文化带建设的重要指示、批示,主动把握新常态,将大运河文化带建设规划的编制融入"强富美高"新江苏建设和文化强省建设的社会发展大局。

(2) 区域合作

建设大运河文化带是一项跨市县、跨区域、跨流域的系统工程,沿大运河8市的各级党委、政府都应从增强文化自信、造福沿河人民、实现中华民族伟大复兴的战略高度,建立定期会商、协调、合作机制,形成党委统一领导、党政群协同推进的合作建设格局。规划的编制也要共同发力,沿线8座城市要形成区域合作、城市合作,互联互通,借鉴支撑,优势互补,资源共享。

(3) 部门联动

大运河文化带涉及的直接管理部门除了水利、航运、文化、文物等部门外,还有环保、国土、渔政、农业、建设、规划、城管、园林、旅游等多个部门。在规划之初就要形成部门联动、协同发展的态势,整合全部有效资源,提出联合推动大运河文化带建设的方案和措施,方案和措施细化后纳入各级各部门具体工作,从而构建不同功能的运河文化廊道、文化产业园区或文化旅游项目等,避免同质化竞争。

(4) 规划衔接

文化带建设规划要和专项规划、江苏大运河各段遗产保护规划、地方规划等有效衔接,在遗产保护与管理等方面遵循《大运河遗产保护与管理总体规划》和《中国大运河(江苏段)遗产保护规划》的要求,促进全省文化带建设一盘棋,在地方建设指标等具体方面则要立足实际、体现差异,给各地各部门充分施展的空间,实现整体升级和局部发展的协调统一。

(5) 古今并重

充分展现大运河江苏段"活遗产"的特点,将文化带建设规划与城市发展、经济社会建设和人文风情的展现有机结合起来。真正使大运河成为全面展现江苏历史文化与现代化建设交相辉映的活名片。

(二) 规划总体思路和主要内容

1. 规划总体思路

大运河文化带建设,既是重大的文化工程,又是生态工程、精神工程、发展工程。在规划总体思路上,应坚持以习近平新时代中国特色社会主义思想、习近平总书记系列重要讲话精神特别是习近平总书记视察江苏重要讲话精神和治国理政新理念、新思想、新战略为指导,紧紧围绕"五位一体"总体布局和"四个全面"战略布局,牢固树立和认真落实创新、协调、绿色、开放、共享的新发展理念,着眼于同有关"一带一路""长江经济带""长三角经济圈"等的国家政策和江苏省江淮生态大走廊建设相衔接,同推进江苏大运河沿线隆起、加快实现新旧动能转换、建设经济文化强省等大思路紧密结合。

2. 规划主要内容

(1) 大运河文化带的内涵及建设范围

江苏的大运河文化带是以江苏段大运河文化为内核,以保护、传承、利用为主线,以沿线地理空间为载体,以区域交通(航运、公路、铁路等)为基础,以沿线城镇为发展主体,集文化遗产与生态环境保护、爱国主义教育培养与展示、文化创意与旅游休闲、经济与社会发展等多种功能于一体的综合型带状功能区域。规划要明确大运河文化带的定义、内涵和外延,以及江苏大运河文化带建设的空间范围。

(2) 江苏大运河文化带建设现状分析

切实深入江苏境内大运河文化带区域,全面调查江苏大运河的文化资源、保护现状、存在问题、发展潜力以及文化带建设现状等;深入收集相关的规划文本、

《明钱谷张复合画水程图》（扬州）

《明钱谷张复合画水程图》（邵伯）

《明钱谷张复合画水程图》（高邮）

《明钱谷张复合画水程图》（宝应）

规划资源、文献资料、地图图纸、前期建设状况等；对文化带建设规划设计的相关部门、学科进行调研，夯实编制基础。

(3) 总体布局与功能分区

结合江苏省新型城镇化及城乡发展一体化战略、江淮生态大走廊战略、"1＋3"功能区战略，借助大运河文化带连通长江、淮河两大河流，太湖、高邮湖、洪泽湖、骆马湖、微山湖等五大湖泊的优势，实现各大功能区的有机连接，科学规划江苏大运河文化带建设的总体布局和功能分区，构建不同功能的运河文化廊道或文化产业园区，形成生态区和经济区相辅相成、文化带与生态带交相辉映的发展空间。

(4) 大运河文化产业与文创产业开发

在分析江苏大运河文化产品与文创产品研发现状及优势和劣势的基础上，确立突出大运河特色的开发与升级战略，明确开发的定位、特色和目标，确定开发的原则、主要模式和路径，让大运河文化遗产融入日常生活、真正"活"起来，实现物质文化遗产、非物质文化遗产与运河自然遗产的积极互动与完美融合。

(5) 大运河公共文化服务体系构建

规划应从大运河公共文化基础设施及配套设施建设、公共文化服务标准的制定、公共文化资源的统筹管理、公共文化服务均等化、公共文化产品和服务的丰富与提升、公共数字文化建设、公共文化运行机制的创新等方面完善江苏大运河文化带建设公共文化服务构建体系，充分发挥大运河遗产资源的教化育人功能和公共文化服务作用。

(6) 大运河环境整治与提升

大运河沿线景观提升和生态修复规划，应结合城市建设、防洪排涝、节能减排、环境提升等建设内容，打造滨水景观，提升风景名胜区品质；整合岸线资源，提升黄金水道功能；保护历史遗存，提升世界历史文化遗产风貌；保障清水通道，提升南水北调水文环境；最终为大运河全域自助旅游创造条件。

(7) 考古与研究规划

针对历史边界难以确定、保存状况不明、遗产价值尚待进一步揭示的大运河遗产,提出考古调查、勘探与发掘工作规划。如中运河段的中运河及古黄河堤防系统考古,大王庙至微山湖运河遗产考古;淮扬运河段的仪征河入江口古代闸坝考古,古邗沟扬州城段与射阳湖段考古研究,高邮明清运河故道考古,伊娄河故道入江口考古;江南运河段的大小京口、丹徒口考古,吴江古纤道考古,泰伯渎、胥河考古研究;通济渠段的泗州城遗址考古,通济渠江苏段考古研究等。深化考古研究,使大运河遗产的价值得到更准确、全面的揭示,推进大运河遗产文化价值研究的深度与广度。

(8) 大运河文化展示与弘扬

提出运河沿线城市专题博物馆、遗址公园、文化馆、展示馆等建设意向,实现以大运河为主轴,以旅游、工艺美术为基础,以展会和文化产业示范基地(园区)为依托,以图书报刊、演艺、动漫、新媒体、文化创意设计等为载体的运河文化展示新格局。从中华优秀传统文化传承发展的高度,建立日常性运河文化宣传推介体系,推动江苏大运河文化走向全国、走向世界。

(9) 江苏大运河文化带重点建设项目库

梳理运河沿线文化资源及产品,提出重点建设项目资源库,如世界文化遗产旅游项目、运河风情小镇项目、大运河文化遗产廊道项目、运河文化生态保护区项目、运河遗产信息化与数字化建设、大运河文化国内外交流等,依托运河丰富的历史文化资源和生态景观优势,发展文化创意、主题旅游、休闲度假等运河产业,构建大运河文化和经济走廊。

(10) 分市、分区建设指导

整体谋划,分级指导,结合各地实际情况,因地制宜地制定统一规划下的分市、分区域建设指导方案,既要突出区域特色,又要体现整体性、差异性、关联性与协同性。

(11) 规划期限与分期

规划时限为2018至2030年,近期为2018至2020年,中期为2021至2025年,远期为2026至2030年,远景展望至2030年以后。要明确大运河文化带的分期建设内容,内外兼容、远近结合,逐步实现江苏大运河文化带的全面建设。

（三）规划编制要点建议

1. 规划要全面梳理江苏大运河历史文化资源

大运河在江苏留下了绚丽多姿的文化遗产，如运河水工遗存，包括河道、湖泊、水库、泉流等水体遗存，水工设施遗存等；运河附属遗存，包括附属设施、管理设施等遗存；运河相关物质遗产，包括相关碑刻、古建筑、古遗址、近现代建筑与史迹等相关遗产点；相关历史文化街区，即反映运河历史文化及其沿线生活方式的历史文化街区；运河非物质文化遗产，包括戏剧、传统技艺、民间文学、音乐舞蹈、工艺美术、民俗歌谣等。运河遗产涵盖了水工设施、文物古迹、科技教育、文学艺术、诗词碑刻、风情习俗、饮食文化、名人逸事、神话传说等遗产类别，形成了兼收并蓄、包容多样、独具魅力的江苏运河文化。习近平总书记讲的坚持文化自信，就包括坚持对中华优秀传统文化的自信，规划要站在实现中华民族伟大复兴和传承中华文明的战略高度，全面梳理和解读江苏大运河历史文化资源，夯实规划编制基础。

2. 规划要科学把握江苏大运河文化的固有特质

习近平总书记用"流动的文化"来形容运河文化，既形象生动，又意涵深刻。所谓流动的文化，是指这种文化是"活态"的，是源远流长的，是生生不息、代代相传的。大运河从诞生那一天起，就与江苏发展紧密相关。大运河不仅影响了江苏的地形地貌，奠定了江苏的城镇格局，还孕育了江苏的文化特质，是富含江苏特色的文化大宝库、文化创新转化发展的大走廊。生生不息的大运河和伟大的"运河精神"，塑造了江苏"水韵""书香"的人文特色。规划要科学把握大运河文化的江苏特质，体现江苏特色。

3. 规划要全面体现大运河文化"三篇文章"

习近平总书记对大运河历史文化遗产提出"要统筹保护好、传承好、利用好",是对运河沿线地区的总要求,也是江苏大运河文化带建设的前提,规划的编制要全面体现这三点要求。"保护好"就是要在规划中以更高的标准全面深入地梳理江苏大运河的历史文脉。对大运河相关的文化遗存和历史文物列出清单,再提出科学分类、专业分级的保护要求。要坚持历史的真实性、风貌的完整性、生存的延续性,以敬畏之心、科学的态度和尊重历史、尊重自然的精神加以呵护。"传承好"就是要从流动的文化的高度、角度去看待大运河的过去、现在和未来。在规划中要体现现代科技、现代创意手段、现代传媒手段对运河文明和运河优秀传统文化的展示与弘扬,激励人们以古鉴今、观光启智、传承创新和增强民族自尊心、历史自豪感,使运河文化成为沿河地区经济社会发展的硬资源、软实力,推进大运河文化文明的发展、延续和传颂。"利用好"就是要在规划中体现大运河文化的传承与发展,着眼于加快运河沿线隆起,着眼于经济文化大发展、大繁荣,着眼于文化强省建设,坚持在保护中开发、在开发中利用,积极推进运河人文生态、水文生态、城乡生态、环境生态等修复及文化旅游资源的整合,充分发挥大运河在文物保护、文明传承、环境保护、和谐宜居、旅游休闲、协同发展等方面的作用,使古老的运河更好地为当代和后人造福。

4. 规划要解决机制协调与协同建设问题

大运河文化带建设涉及众多部门与多个学科,规划要明确大运河文化带建设的领导体制、协调机制与考评机制,解决与国家和省级相关规划的衔接问题。大运河文化带建设尚处于起步阶段,落实推进困难,在协调上文化部门弱势明显。从调研情况看,大运河文化带建设与现代治水理念下的水利建设矛盾严重。比如苏州为了将汛期洪水堵在大运河河道内,在运河两岸建设 7 米高的挡墙,如此一来,人们基本上也就看不到运河水了,所谓的大运河文化带也就失去了意义。规划要处理好文化运河与自然运河、经济运河、交通运河、水利运河的关系。同时,要明确对规划实施工作的指导和监督检查,及时协调跨地区大运河文化带建设有关问题,确保大运河文化带建设顺利推进、取得预期成效。

5. 规划要充分调动基层市县的积极性

大运河徐州段流经沛县、铜山区、贾汪区、邳州市、睢宁县、新沂市6个县(市、区);宿迁段流经泗洪县、泗阳县、宿豫区、宿城区4个县(区);淮安段流经清江浦区、淮阴区、淮安区、洪泽区4个区;扬州段流经宝应县、高邮市、江都区、广陵区、邗江区、经济开发区、仪征市7个县(市、区);镇江段流经丹徒区、京口区、丹阳市3个区(市);常州段流经钟楼区、天宁区、武进区3个区;无锡段流经主城的梁溪区;苏州段流经相城区、高新区、姑苏区、吴中区、吴江区5个区。江苏大运河文化带建设的核心和基点就在这些沿线城市的县(市、区),要靠基层去推进与落实。规划要明确提出县(市、区)参与文化带建设的具体路径,引导和调动基层参与的方向性与积极性。

6. 规划要充分体现社会各界的建设意愿

规划要全面调查听取投资方、市场、民众等对大运河文化带建设的意见和建议,充分体现各界各层次的建设意愿,更好地发挥市场作用,积极吸纳社会各方力量广泛参与规划编制,群策群力,讲好运河故事,传播运河文化,形成大运河文化带建设的强大合力。

(四)规划管理与实施机制保障

1. 建立健全规划管理体制

切实明确各级政府的规划实施职责,积极采取有效措施,把握大运河文化带建设现状及趋势,及时组织好规划实施;建立和完善科学的行政决策管理制度,实现规划保障的机构组织和职能法定化。结合国家和省、市的规划编制、管理和实施办法,推动规划编制工作的程序化、法治化,强化规划的实施保障。

2. 加强规划体系衔接

对于影响全省大运河文化带建设的关键领域和薄弱环节,编制一批专项规划,以保证总体规划的具体实施。编制专项规划必须以总体规划为指导和依据,总体规划作为专项规划的基础和支撑。做好规划的衔接工作,加强总体规划与专项规划、专项规划之间和与省、市相关规划和区域规划的衔接协调,特别要重点衔接好城市总体发展规划、文化发展规划、文物事业规划、旅游发展规划等事关全局建设的重要领域的规划。认真编制好年度计划,进一步落实好建设规划与专项规划的目标和任务。

3. 加强对规划实施的检查与评估

贯彻实施文化带建设规划是大运河沿线各级党委和人民政府的重要职责。一要加强规划实施的跟踪、监督和检查工作。政府职能部门要对规划实施期间的情况,进行定期跟踪分析,对重大项目实施进行监督、检查。对规划执行中出现的新情况、新问题要及时作出反馈。二要建立规划中期评估制度。规划执行期间,组织相关专家及部门对规划实施情况进行客观分析与评价,对规划实施中出现的问题提出整改意见,提出相应的对策措施。三要建立定期公告制度。规划编制完成后,应在各种新闻媒体公开发布,进行广泛宣传,让广大人民群众和各行各业充分了解规划的内容与目标。实行全民总动员,共同推进大运河文化带建设,有效引导企业和广大群众自觉关心和参与规划实施。对规划实施情况,开展定期公告,广泛听取各方意见,接受社会对规划实施力度和完成情况的监督和督促,保证规划的实施。

五、江苏大运河文化带建设规划重点项目建议

(一) 大运河世界文化遗产旅游项目

(1) 充分挖掘大运河世界文化遗产资源,构建运河沿线旅游城市带,将大运河江苏段打造为大运河国家旅游风景区核心精品段。

(2) 立足水城、水乡等原真性景观,加强运河遗址及生态岸线的保护,修复沿线生态环境,优化景观质量,再现并丰富大运河人文风情、自然风光。

(3) 加强大运河遗产品牌与沿线城市旅游的联动发展,重点推出度假休闲、文化体验等具有运河特色的新型旅游产品。以运河旅游的开发,促进沿线城市间的互动发展,打造跨市水上、陆上游线,努力实现江苏大运河全线旅游。

(4) 加大运河资源和旅游产品的整合力度,全面提升旅游线路的连续性、旅游交通的便捷性和旅游产品的互补性,更好地满足沿线居民和游客观光、休闲、健身、游憩等需求。

(5) 以文化生态休闲为特色,加快推动运河旅游资源向高端旅游产品转变,观光型旅游向观光休闲度假型旅游转变,常规型旅游向文化深度游转变。

(二) 大运河风情小镇建设项目

(1) 促进运河旅游资源富集的小镇,按照旅游目的地的理念做好规划设计,完善旅游配套设施,畅通对外旅游道路衔接,不断强化旅游产品特色。

(2) 积极储备打造省级大运河旅游风情小镇,形成具备一定规模的旅游风情小镇群,构筑江苏省旅游业新的竞争优势,将旅游风情小镇打造为休闲度假旅游、乡村旅游发展的核心载体。

(3) 充分把握全省推进特色小镇建设契机,推动旅游要素全面融入大运河特色小镇建设,所有特色小镇按照3A级以上景区标准建设,其中文化旅游类要按照5A级景区标准建设。

（三）大运河文化遗产廊道项目

（1）加快构建"一主、十七支、二十联"的大运河文化遗产廊道及风景带网络体系，重点加强风景带与大运河沿线城市、古镇古村、特色小镇、传统村落、景区景点等的有机联通。

（2）加强运河沿线历史文化资源的有效保护和优化提升，着力塑造良好的城乡人文景观。继续加大对运河遗产区内自然生态的修复力度，做好环境保护治理工程，塑造良好的自然景观。

（3）以大运河江苏段 7 段河段、22 处遗产点为中心，通过遗址公园、博物馆、文化馆、文化站、运河小道、展示平台等各种方式手段，有效提升和展示大运河遗产的历史风貌、科学技术与文化特色。

（4）加强大运河风景带沿线城镇、村庄环境整治工作，优化调整城镇地区用地功能和布局，加快发展休闲观光产业和特色农业、手工业，整体提升城乡空间品质和风景环境面貌。

（四）运河沿线历史文化名城名镇名村保护

（1）加强运河沿线历史文化名城名镇名村、历史文化街区、运河古镇与古村等特色运河文化资源挖掘和文化生态的整体保护，支持有条件的地区申报国家历史文化名城、中国历史文化名镇和名村。

（2）依托运河历史文化禀赋，注重文化传承，培育城市特色文化品牌。推动旧城保护与适应性再开发，实现功能提升与大运河文化保护相结合。

（3）保护与运河传统风貌有密切关系的古河道、古驳岸、古驿站、古城墙、城门、关隘、古塔、寺庙、古桥、会馆、古民居、古典园林等历史文化遗存，保持传统街巷的尺度与肌理、道路断面和绿化形式，整治和改善运河沿线环境。

（4）注重保护古镇与古村独特的民间工艺、民俗活动、民间传说、传统体育和节庆文化，振兴传统手工艺，逐步修缮具有传统建筑风貌和历史文化价值的住宅，塑造特色文化品牌。

（五）大运河非物质文化遗产保护传承项目

（1）建立一批大运河非物质文化遗产保护、展示、传承、教育基地。对于没有条件维持传承的非物质文化遗产、民间艺术等，提供必要的物质支持，建设工艺传习所和工作室，并给予一定的政策倾斜。

（2）建设大运河非物质文化遗产博物馆，集中展示大运河非物质文化遗产的全貌，同时建设各种非物质文化遗产专项博物馆，如大运河文学博物馆，收集并集中展示与江苏大运河有关的古诗词、民间文学等文学作品；大运河传统技艺博物馆，展示大运河相关传统技艺的制作工具、制作过程、工艺产品等；大运河民俗博物馆，展示大运河沿线相关民俗的起源、发展与演变；大运河饮食博物馆，介绍并吸引游客体验大运河沿线具有鲜明地域特色的运河饮食；大运河传统音乐博物馆，用现代化的技术手段，诸如录音、录像、数码化存储等方式保留运河传统音乐等。

（3）根据非物质文化遗产的具体类别、表现形式和生存环境，采取不同的旅游开发方式，如研发特色旅游纪念品、舞台艺术创作、创造游客参与的旅游活动等，把大运河非物质文化遗产贯穿于旅游的行、住、食、游、娱、购等全过程，使其获得传承和展示的空间，同时吸引、培养新一代爱好者和传承人。

（4）积极推进在中小学设立大运河非物质文化遗产保护课程，出版一批非物质文化遗产知识、研究、保护等方面图书。加强对江苏省大运河非物质文化遗产的科研课题研究。广泛开展非物质文化遗产保护的宣传教育工作，增强全民的保护传承意识。

（六）大运河文化生态保护区建设

（1）妥善处理保护区内跨行政区域的管理体制和机制问题，设立统一的管理与建设机构，统筹规划，协调各方关系，使其与江苏大运河文化生态保护区管理体制与机制相适应。

（2）明确以大运河非物质文化遗产为重点保护对象，同时确保自然环境、社会环境与文化环境的整体保护与协调，相关部门要制定合理的开发规划和计划，并负责实施、管理和监督。

（3）将大运河文化遗产的保护与利用相结合，注重在保护的前提下进行合理利用，杜绝过度开发。在利用的过程中，一定要坚持保护优先、利用与开发服从保护的原则。

（4）建立文化生态补偿机制，对文化生态保护区因保护运河文化遗产而付出或牺牲的经济利益，进行有效补偿，从而调动保护区所在政府、社会和民众的积极性与主动性，协调各方利益，保证文化生态保护区可持续发展。

（5）营造有利于文化生态可持续发展的良好社会氛围。充分利用报刊、广播电视、互联网等新闻媒体对文化生态保护区建设进行宣传报道，利用文化与自然遗产日、民族传统节日等大力开展丰富多彩的群众文化活动，鼓励开展健康有益的民俗文化活动，增强人们自觉参与文化生态保护的意识，努力营造文化生态保护的良好氛围。

（七）大运河场馆建设及文化博览项目

（1）积极推动扬州建设中国大运河博物馆等"一馆多园"。扬州是大运河遗产保护的牵头城市，在后申遗时代，要按《世界遗产公约》的要求，依据《大运河扬州段遗产保护办法》，让扬州段的保护传承与利用继续走在全省前列。

（2）做好已经建成的淮安运河博物馆、无锡运河文化艺术馆、苏州大运河遗产展示馆等大运河博物馆、文化馆、展示馆等的展陈提升规划，全面完成场馆风险等级重新评定工作，要求场馆安全防范设施基本达标，一级风险单位达标率达100%。

（3）鼓励个人、企业参与大运河场馆建设事业，促进各类运河场馆资源的社会化利用。

（4）加快大运河博物馆衍生品的市场化进程，创立具有江苏特色的大运河文化创意品牌。

（5）拓展运河场馆的对外交流渠道与合作方式，提升江苏大运河文化的国际传播力和影响力。积极组织全省运河馆藏文物巡回展览，充分发挥博物馆对中华优秀传统文化的弘扬与传播以及公共文化服务功能。

（八）大运河文化产业带建设

（1）从战略高度重视大运河文化产业发展，加强顶层设计，做好产业带统筹规划，并融入国家"十三五"文化产业发展规划和江苏省"十三五"文化发展规划，推动江苏大运河文化产业带崛起。

（2）纵向上，在国家、省、市甚至更具体的行政单元形成合力；横向上，需要运河沿线城市之间，城市文化文物、水利水务、航运旅游等各部门协同、齐抓共管；同时通过产业引领激发建设活力，使运河文化与旅游、文创、教育等产业深度融合，积极输出文化产品。三管齐下，共同推进运河文化产业带的建设。

（3）创新发展方式，充分动员和整合社会力量，为文化产业插上科技和互联网的翅膀，推动江苏大运河文化产业的转型升级。

（4）实施聚焦战略，以重点城市、重点项目、重点企业为突破口，快速拉升产业带的形象和实力，扩大在大运河全线及至全国、全世界的知名度和影响力。

（九）大运河遗产信息化与数字化建设

（1）完善第三次全国不可移动文物普查以及第一次全国可移动文物普查中涉及江苏大运河文化资源的数据库建设。

（2）列入《世界遗产名录》的大运河点、段记录档案完成率达100%，建立全省大运河遗产基本信息管理平台。

（3）对未列入名录的运河遗产，因其仍属于大运河这一全国重点文物保护单位的组成部分，同样要高度重视，按照《中华人民共和国文物保护法》和大运河各级遗产保护规划的要求,落实好保护管理各项任务,使其成为大运河世界遗产资源的有力补充。

(4) 推进大运河本体及运河遗产资源的数字化工作,鼓励利用互联网和移动新媒体,推进智慧运河建设。

(5) 建立健全"江苏大运河非物质文化遗产资源数据库"和"江苏大运河非物质文化遗产资源共享平台"。

(十) 大运河文化国内外交流

(1) 构建完善的大运河文化对外交流体系,以江苏大运河文化为根基,坚持文化自信,保持文化耐力、文化定力,通过塑造运河形象、讲好运河故事,弘扬运河精神、凝聚江苏力量,传播运河文化。

(2) 坚持"走出去"和"请进来"两种方式,以开放的胸襟积极参与运河文化对外交流与合作,如拍摄运河系列文化影视剧,举办大运河书画展、大运河美食节等,策划组织江苏大运河文化海外展演、展览等活动,在合作中发展,在发展中成长。

(3) 加强政府与民间合作,做到政府加强引导和支持,发挥民间灵活性和专业性的优势,避免官方热、民间冷;加强双边与多边交流合作,共同解决运河文化交流和运河经济贸易中产生的问题,促进持续健康发展;在互相尊重、平等互利的前提下,加强国内与国外交流合作。

(4) 加大对运河文化遗产内涵的挖掘,开发具有独立知识产权的运河品牌产品,对相关文化出口重点企业和项目给予政策支持,推动优秀运河文化产品和服务参与国内、国际竞争。

(本文为江苏省决策咨询研究基地课题成果,部分内容发表于《江苏省决策咨询研究基地成果报告提要(三十一)》2018 年第 3 期;参与人员:干有成、同银星、李志平)

江苏大运河文化带文化长廊建设研究

大运河全长近3200公里,是世界上最长、最古老的人工水道,地跨2个直辖市、6个省,沟通海河、黄河、淮河、长江、钱塘江五大水系,是在世界范围内具有广泛影响力的超大型活态文化遗产长廊。2006年,国务院将京杭大运河公布为全国重点文物保护单位;2014年6月,第38届世界遗产委员会正式将中国大运河列入《世界遗产名录》。

江苏是孕育大运河的摇篮,境内大运河全长690公里,依次流经徐州、宿迁、淮安、扬州、镇江、常州、无锡、苏州8个地级市。江苏省委省政府及沿线各市历来高度重视大运河遗产保护,以申遗为契机切实加大工作推进和政策支持力度,组建省大运河保护和申遗市厅际会商小组(申遗成功后调整为省大运河遗产保护和管理会商小组),编制了省级和各市级运河遗产保护规划,实施大运河江苏段沿线重点文物抢救保护工程,加大大运河保护专项投入,推动大运河保护利用工作等,大运河江苏段正成为整条运河中最具代表性的文化长廊。要抓住后申遗时代"保护好、传承好、利用好"大运河遗产的新机遇,继续发挥扬州大运河申遗牵头城市的作用,立足沿线8市,突出淮安里运河文化长廊示范带动,全面推进江苏大运河文化带文化长廊建设。

一、江苏大运河文化带文化长廊建设背景与意义

(一) 贯彻落实习近平总书记"文化自信"重要时代课题

党的十八大以来,习近平总书记在多个场合提到文化自信,提出"增强文化自觉和文化自信,是坚定道路自信、理论自信、制度自信的题中应有之义"。在庆祝中国共产党成立95周年大会的讲话中,习近平总书记对文化自信特别加以阐释,指出"文化自信,是更基础、更广泛、更深厚的自信"。在党的十九大报告中,习近平总书记提出要"坚定文化自信,推动社会主义文化繁荣兴盛"。生生不息的大运河和伟大的"运河精神",塑造了江苏"水韵""书香"的人文特色,大运河文化是实现文化自信的重要资源。2017年2月,习近平总书记考察北京大运河森林公园时强调,"保护大运河是运河沿线所有地区的共同责任","要古为今用,深入挖掘以大运河为核心的历史文化资源"。同年6月4日,习近平总书记再次专门作出重要指示,大运河"是流动的文化",要"统筹保护好、传承好、利用好"大运河这一祖先留给我们的宝贵遗产。建设江苏大运河文化带文化长廊,保护大运河文化遗产,发掘和展示大运河文化的丰富内涵,有助于增强民族的文化自信,使江苏大运河的文脉源远流长。

(二) 积极响应中央两办传承发展中华优秀传统文化的号召

中共中央办公厅、国务院办公厅联合印发了《关于实施中华优秀传统文化传承发展工程的意见》,指出文化是民族的血脉,是人民的精神家园;文化自信是更基本、更深层、更持久的力量。传承发展中华优秀传统文化,对于建设社会主义文化强国,增强国家文化软实力,实现中华民族伟大复兴的中国梦意义重大。大运河文化是中华优秀传统文化的重要组成部分,建设江苏大运河文化带文化长廊,有助于全面细致地展示和弘扬沿线的运河文化,推动江苏大运河文化创造性转化、创新性发展,为传承中华优秀传统文化交出江苏答卷,促进沿运河生态环

境改善和经济社会发展,有利于打造江苏大运河新的形象标识、提升国内外知名度和影响力,进一步擦亮世界认可的国家文化符号。

(三) 为江苏文化强省建设提供新动力

大运河文化带文化长廊建设除了要展示丰厚的运河历史文化外,还应该涉及公共文化建设、文化产业、文旅融合,提升运河沿线城市、集镇、乡村文化建设水平和能力,助力新时代文化遗产保护事业,为实现江苏文化强省目标提供新途径与新动力。

(四) 支撑"精彩江苏"文化旅游品牌战略的实施

江苏境内大运河主线 8 个设区市树立了各自的运河文化旅游形象,如扬州打出"上北京登古长城、下扬州游大运河"的宣传语;无锡有"江南水弄堂、运河绝版地"之美誉;镇江有"江河交汇,城市山林"之称;宿迁打响"大运宿迁"旅游品牌。通过大运河文化带文化长廊的建设,积极谋划运河文化旅游,有利于打造江苏省运河文化名城旅游带,也有利于进一步发掘运河文化资源,规划项目,整合力量,吸引投资,提高档次,弥补空缺,让江苏特色的、多样的、丰厚的大运河文化成为"精彩江苏"文化旅游品牌的最佳注脚。

(五) 推动江苏大运河文化带建设

大运河申遗成功后,江苏是全国首个提出文化遗产、文化产业和文化旅游等相结合,涵盖大运河江苏段沿线城市范围,全面建设大运河文化带的省份。2015年 7 月,省政府在淮安召开江苏大运河文化带建设座谈会,研究部署大运河文化带相关工作。《江苏省"十三五"文物事业发展规划》把全面推进大运河文化带建设列入重点项目。2017 年 9 月,时任省委书记李强就江苏大运河文化带建设在淮安调研并召开座谈会,强调要切实把习近平总书记关于大运河文化带建设的重要指示精神贯彻好落实好,以高度的政治责任感和历史使命感,扎实推进大运河文化带建设。建设大运河文化带文化长廊，有助于推进大运河"入遗"后续保护管理，促进沿线区域文化均衡发展，推动文化建设迈上新台阶，最终形成推进江苏大运河文化带建设的工作体系和整体合力，把江苏大运河建设成为高颜值的生态长廊、高效益的经济长廊和高品位的文化长廊。

二、江苏大运河文化带文化长廊的内涵

（一）最富资源特色的文化遗产长廊

江苏是大运河河道路线最长、流经城市最多、列入世界遗产点段最多的省份。大运河将江苏的楚汉文化、淮扬文化、吴文化以及园林文化、江南水乡文化、水利航运文化、近代民族工商业文化等有机串联起来，涵盖了水工设施、文物古迹、科技教育、文学艺术、诗词碑刻、风情习俗、饮食文化、名人逸事、神话传说等遗产类别，形成了兼收并蓄、包容多样、独具魅力的江苏大运河文化遗产长廊。

（二）最有发展潜力的文化产业长廊

江苏大运河沿线是一条人口稠密、经济繁荣、文化昌盛的城市走廊。近年来，沿线各设区市对运河遗产进行合理利用，致力于打造经济和现代服务业发展新的增长点，涌现出常州"运河五号"创意产业园、淮安古淮河文化生态产业园区等典型案例，拥有8个国家级文化产业示范基地、4个国家级动画产业基地和影视基地、2个国家级文化和科技融合示范基地以及江苏国家数字出版基地。

（三）最具观赏价值的文化景观长廊

江苏大运河沿线旅游资源包含自然景观、历史遗存、现代文化、民俗风情等多种类型，是中国大运河旅游资源最集中、品位最高的河段。各地组织实施了一批遗产保护和展示工程，改善了城市人居环境和投资环境，有效提升了城市形象，并积极推进运河旅游建设，如淮安编制里运河文化长廊概念规划，扬州、无

锡、常州等地均编制古运河休闲旅游区概念规划,开发出苏州古城、无锡清名桥、镇江西津渡、扬州双东历史街区、淮安古城、宿迁项王故里、徐州户部山等较为成熟的旅游集聚区,形成了总量丰富、异质性高、极具吸引力的江苏大运河文化景观长廊。

三、江苏大运河文化带文化长廊建设现状与现存问题

(一) 建设现状

　　建设高品位的文化长廊是江苏省大运河文化带建设的重点任务之一,各地正努力推动运河文化创造性转化、创新性发展,打造文化标识,构筑大运河文化空间,实现"一条河尽显江苏文化之美"。淮安市走在全省前列,通过市场化运作,鼓励社会力量参与运河文化长廊建设,多渠道筹措保护开发资金。2013年,淮安按"文史一脉相承、旅游一线贯通、产业形成链条"的理念,启动里运河文化长廊建设,通过理水、营城、聚人、兴文四大策略,系统勾画里运河文化长廊"一廊盛景",即呈现一个带状的历史文化长卷;"两心文化",即世界运河文化交流中心和淮安漕运文化博览中心;"三旅融合",即旅游与文化历史的高度融合,旅游与休闲度假的深度融合,旅游与商业时尚的有机融合。在空间结构上采用"起、承、转、合"的手法,用历史与现实的悠长会意和时光穿越,绘写淮安现代版"清明上河图"的经典文化长廊。

　　2018年2月,全省大运河文化长廊建设工作联络员会议在南京举行。会议提出,2018年全省大运河文化长廊建设将在加强遗产保护、弘扬运河文化、发展创意产业、打造旅游品牌、扩大国际交流、推动运河文脉研究等6个方面完成48项任务。会议对全省大运河文化长廊建设作出了详细安排:江苏省将深入调查运河沿线遗产资源、加强遗产保护和历史文化名城名镇名村保护,推动大运河江苏段遗产保护专项立法、打造大数据平台等。

　　江苏大运河文化带文化长廊建设工作主要体现在:①弘扬运河文化,组织开展

"精彩江苏运河行"系列活动,推出一批文艺精品,营造艺术家运河聚落,举办大运河主题的文艺活动和体育赛事;②加强运河文脉研究,筹建大运河文化带建设研究院、实施"大运河文脉整理与研究工程"、策划大运河文献典籍出版项目,并推出一批重大社科基金委托项目;③加快推动创意文化产业发展,扩大沿线对外文化贸易、编制大运河旅游规划,培育一批大运河旅游风情小镇等,发展文化旅游体育经济;④积极打造合作交流平台、创意设计平台,建设大数据平台和志愿者体系建设,并筹建发起设立江苏大运河文化带建设发展基金,投资于大运河文化带建设的基础设施建设、产业合作和金融合作,推动大运河成为世界认可的中国文化符号。

(二)现存问题

大运河申遗成功后,江苏大运河遗产保护与利用日趋成熟,也建设了具有开创示范性的淮安里运河文化长廊,但是仍然有许多问题亟须解决:

(1)当前对大运河文化的研究与宣传还达不到世界遗产的要求与标准。对大运河文化的本质与价值、文化带的内涵与意义等,研究不足、阐释不足、认识不足,导致文化长廊的旅游开发、文化产业定位同质化严重,远未呈现大运河应有的文化形象与历史厚度。

(2)申遗过程中建立的市厅际会商小组等机构,申遗成功后的功能普遍被弱化,江苏各地在大运河文化保护利用中仍旧存在条块分割、多头并管的局面,缺乏统一的管理协调机制。管理的放松使已经取得的成果受到不同程度的破坏,申遗过程中设置的部分遗产标识和遗产区界桩遭到破坏。江苏大运河沿线很多地方又出现了脏、差、乱和违建乱搭现象。

(3)缺乏全省文化长廊建设的统一规划与建设规范。虽然有国家层面和江苏省级的大运河遗产保护管理规划,但都是在申报世界遗产之前编制,缺陷较多,无法适应当前江苏大运河文化带文化长廊建设的新形势与新要求。

(4)大运河申遗成功后知名度大增,但是目前江苏大运河旅游开发呈线性分割状态,区域联动性产品开发力度不足,廊道型旅游开发尚不成熟。原因是大运河文化旅游开发存在各自为政、条块分割、同质竞争的现象，虽然政府早在2010年就编制了《江苏省古运河旅游发展规划(2010—2025)》，2016年底又评审通过了《大运河江苏段旅游发展规划(2017—2030)》，但仍然缺少将江苏大运河作为一个整体来规划打造文化旅游产品的机制，尚未形成协同发展态势。

四、关于大运河文化带文化长廊建设的对策建议

(一) 建设思路、目标与原则

1. 建设思路

深入贯彻学习习近平总书记系列重要讲话精神，特别是习近平总书记视察江苏重要讲话精神和关于建设大运河文化带的重要指示批示精神，牢牢把握"保护为主、抢救第一、合理利用、加强管理"的文物工作方针，围绕"强富美高"新江苏建设和文化强省建设战略大局，以江苏大运河文化带为依托，将大运河自然景观、人文景观、文化设施、文化产业和文化项目建设串点成线，形成"点—线—面"运河文化长廊全线发展框架。

2. 建设目标

把江苏大运河沿线珍贵的文化遗产保护好、传承好、利用好，再用大运河文化带这个"长廊"贯穿起来，以展现文明、优化生态、繁荣经济、造福人民为目标，以运河遗产资源为支撑，以运河沿线8座城市为节点，将大运河打造成一道既相互衔接又融为一体，纵贯整个江苏大运河沿线的历史文化景观带，具有江苏地域特色和国际影响力的运河文化廊道，使之成为促进沿线经济发展的新增长极，为全国大运河遗产保护与利用提供新模式、新样板，为千年运河留下时代华章和江苏烙印，不断开创江苏大运河文化发展新局面，为"迈上新台阶、建设新江苏"作出新贡献。

3. 建设原则

大运河江苏段有通航段和非通航段、城区段和乡村段、世界遗产段与全国重点文物保护单位段、通水段和淤积段、高堤防段和低堤防段的区别。要根据不同航段的特点采取不同的建设方案,其中,城区段大运河是培育城市文化旅游和文化产业的载体,也是文化长廊建设的重点。抓好试点,在基础较好的航段建设示范性的文化长廊,应与所处航段的运河文化优势相适应,着力展现本地域运河文化的独特风采,发展自己的模式,为全省提供借鉴。同时进一步探索由干线向支线,由支线向分支线纵深发展建设网状文化长廊的经验。

(二) 对策建议

1. 加强对大运河文化遗产的内涵研究与管理监测

(1) 深入挖掘大运河沿线物质和非物质文化遗产资源,做好相关遗址遗迹调查勘探与考古发掘工作,丰富和充实江苏大运河遗产的内涵与外延,让大运河文化遗产的独特价值呈现在世人面前,激发民众对大运河遗产的保护意识。

(2) 江苏省第三次全国文物普查共调查登记不可移动文物 20007 处,及时将其中价值较高、类型稀缺的大运河遗产点公布为各级文物保护单位,对一些特别重要的大运河遗产点应编制专项保护规划,进一步提升其遗产价值。在第八批全国重点文物保护单位和第八批江苏省级文物保护单位遴选申报工作中,重点加强大运河文物点保护和申报工作。

(3) 加强大运河遗产保护基础工作,完善保护区划和保护要求(保护范围和建设控制地带、核心区和缓冲区的划定与调整等)。

(4) 加强各级遗产监测工作,研究建设省级遗产监测平台的可能性,提升监测监管效能和大运河遗产档案建设管理水平。

2. 建立文化长廊建设协调管理机制

在文化长廊建设中,要借鉴申遗过程中的协调联动机制,推动江苏运河沿线8座城市建立跨地区、跨部门的文化长廊建设联动机制,负责出台相关法规政策和实施方案,形成合理的协调机制和分工体系,加强对大运河沿线涉建项目的审批监管,依法查处涉及大运河遗产的违法建设行为。在适当时机,可参照对长江、黄河、淮河等河流的管理模式,设立一体化的江苏大运河专职管理机构,做到职、权、责统一,统领文化长廊建设,并争取将其纳入国家正在实施的"中华优秀传统文化传承发展工程",统筹规划,积极推进。

3. 编制《江苏大运河文化带文化长廊建设规划》

从江苏实际出发,结合大运河文化带资源现状,高水平编制《江苏大运河文化带文化长廊建设规划》,规划时限为2018—2030年,以列入世界遗产的7段河段、22处遗产点为中心,涵盖整个大运河江苏段,通过遗址公园、博物馆、文化馆、文化站、运河小道、展示平台等各种方式手段,有效提升和展示大运河遗产的历史、科学、文化价值。规划要充分研究大运河遗产的文化内涵特点,在尊重历史、保持原貌的基础上,以创新思路进行编制,突出重点、打造亮点工程,激活运河文化遗产潜力,展示大运河文化的独特魅力。

4. 制定《江苏大运河文化带文化长廊建设规范》

按照江苏大运河文化的优势和特色,以大运河文化长廊建设目标为前提,以世界遗产管理标准为基础,参考水利、交通、文物保护、环境、景观等运河相关法律法规,制定《江苏大运河文化带文化长廊建设规范》,在宏观层面提出倡导性建议,鼓励各地发挥主动性创造性,推动文化长廊建设呈现多姿多彩的局面;同时列出负面清单,树立底线思维,以防止低标准、浅层次、无序盲目建设。各市也应突出区域特色,体现整体性、差异性、关联性、协同性要求,把目标定位、建设思路、工作重点、重大项目、推进措施等加以规范,立足当前、着眼长远,组织好分步实施。

5. 积极融入江苏大运河文化带建设

文化长廊的建设内涵包括与运河相关的城市文化、名人文化、建筑文化、宗教文化、非物质文化遗产、教育文化、中外文化、工商文化、文学艺术等。文化带建设主要包括大运河沿线的文化遗产、文化景观、公共文化、生态文化和文化旅游及文化创意产业等内容。文化长廊建设要与文化带建设相契合,同时将沿线的新农村发展、美丽乡村建设、特色小镇建设、历史文化名城保护等纳入文化长廊的建设范围内统筹思考。

(三) 建设项目建议

1. 大运河文化遗产保护与传承项目

保护与运河传统风貌有密切关系的古河道、古驳岸、古驿站、古城墙、城门、关隘、古塔、寺庙、古桥、会馆、古民居、古典园林等历史文化遗存,保持传统街巷的尺度与肌理、道路断面和绿化形式。注重传承古镇与古村独特的民间工艺、民俗活动、民间传说、传统体育和节庆文化,振兴传统手工艺,塑造特色文化品牌。

2. 大运河文化遗产解读项目

大运河在江苏留下了绚丽多姿的文化遗产,如运河水工遗存、运河附属遗存、相关物质遗产、历史文化街区、运河非物质文化遗产等,涵盖了水工设施、文物古迹、科技教育、文学艺术、诗词碑刻、风情习俗、饮食文化、名人逸事、神话传说等遗产类别。解读项目应包括以下方面:①出台江苏大运河文化遗产解读方案与解读指导性规范性文件;②先试点,打造解读示范性工程,后推广,为全省解读工程提供参考性标杆;③政府主导,充分发挥科研院校的优势,鼓励社会力量参与;④多种解读方式结合,如标志解读、平面媒体解读、互联网新媒体解读、展陈解读、引导解读等,同时要充分利用公共文化服务体系;⑤设立文化遗产解读工程专项经费等。

3. 省级大运河文化数据库项目

建设江苏省大运河文化数据库是开展大运河文化遗产保护、传承与利用的支撑性工程。数据库应包括江苏大运河文化遗产的基础资料以及与江苏运河有关的图书、期刊论文、图片、音视频等全部资料。要研究、开发和应用新技术,推进运河文化遗产资源的数字化工作;推进针对运河文化遗产资源特点的数据库和信息平台的研发工作;重视数据库标准化和规范化建设;内容设置上要体现多样性与实用性,传承文化自信、展现运河风貌。

4. 大运河文化传播平台建设

积极构建大运河文化传播平台,如恢复一年一度的"中国·扬州世界运河名城博览会",举办大运河文化带文化长廊建设论坛和文化长廊节庆活动,发挥大运河遗产保护城市联盟、大运河旅游城市联盟、运河历史城市联盟等民间组织的作用,建立大运河文化带文化长廊建设基金等,推动建立政府投入和社会力量共同协作的机制和政策措施,在大运河沿线城市共建运河文化圈,推进大运河文化传播,扩大运河文化的影响,助推文化长廊建设。

5. 运河文学影视作品创作

深度梳理与挖掘江苏大运河文化的价值与精神内涵,以大力传承、阐释大运河文化为主题,形成一批论文、丛书等研究成果,重点培育孵化一批大运河文化题材文学作品,并向影视、动漫、游戏等领域转化,积极打造大运河文化精品 IP。

6. 运河场馆建设项目

做好已经建成的大运河博物馆、文化艺术馆、遗产展示馆等场馆的展陈提升工作,并全面完成场馆风险等级重新评定工作。新建设一批具有鲜明特色的运河主题文博场馆和遗址展示区段。同时,加快大运河博物馆衍生品的市场化进程,创立具有江苏特色的大运河文化创意品牌。鼓励个人、企业参与大运河场馆建设事业,促进各类运河场馆资源的社会化利用。

7. 运河物质文化遗产与非遗融合项目

积极探索大运河物质文化遗产与非物质文化遗产深度融合的具体路径,如剪纸、扬剧、苏绣进园林;文化与旅游深度融合,如扬州评话、苏州评弹、杂技木偶上游船等。通过两者的相互呈现,讲好大运河故事,活化大运河历史文化,输出文化产品,让世人感知到江苏大运河文化的独特魅力。

8. 运河风景带建设

立足水城、水乡等原真性景观,加强大运河遗产点及生态岸线的保护,修复沿线生态环境,优化景观质量,尤其是大运河沿线城镇、村庄环境整治工作,优化调整城镇地区用地功能和布局,加快发展休闲观光产业和特色农业、手工业,整体提升城乡空间品质和风景环境面貌,再现并丰富大运河人文风情、自然风光。加快构建"一主、十七支、二十联"的大运河文化遗产廊道及风景带网络体系,重点加强风景带与大运河沿线城市、古镇古村、特色小镇、传统村落、景区景点等的有机联通。

9. 文化旅游长廊项目

充分挖掘大运河作为世界文化遗产的旅游价值,构建运河沿线旅游城市带,将大运河江苏段打造为国家精品旅游长廊。加强大运河遗产品牌与沿线城市旅游的联动发展,重点推出度假休闲、文化体验等具有运河特色的新型旅游产品和旅游线路,将文化遗产资源、研究项目、宣传推广项目、公众参与项目、教育项目、展示项目等通过大运河串联起来,形成联动效应,塑造具有江苏特色的大运河文化带文化旅游长廊。

10. 文化长廊产业项目

大运河沿线 8 座城市应深入挖掘大运河沿线的优秀文化资源和深厚的文化底蕴,在保持大运河遗产真实性、完整性的基础上,将大运河遗产和资源转化为具体的文化产品,在生产实践中既保留大运河文化的本真性,又将文化内涵和运河价值融入物质产品中,打造文化长廊产业带,构建大运河文化产业发展的新高地,把大运河文化带文化长廊打造成文化精品工程,成为构筑伟大中国梦的精神宝库,让民众既能感受到大运河厚重的历史文化和精神品质,又能将其依然存在的实用价值融入现实生活,从而满足人民群众日益增长的美好生活需要。用文化产业来带动运河城市带构建,带动运河经济带构建,要在保护、传承的基础上进行合理利用,利用大运河的交通动脉和文化廊道的功能,整合大运河资源,发展高端文化产业,拓展文化长廊的新内涵。

(本文为江苏省决策咨询研究基地课题成果,课题编号:17SSL096;部分内容发表于《江苏省决策咨询研究基地成果报告提要(三十一)》2018 年第 3 期;参与人员:千有成、同银星、李志平、万圆圆)

加快江苏大运河文化带文旅产业发展研究

一、文旅产业发展背景分析

习近平总书记在党的十九大报告中指出"中国特色社会主义进入新时代,我国社会主要矛盾已经转化为人民日益增长的美好生活需要和不平衡不充分的发展之间的矛盾",作出了现阶段我国人民生活追求已从"物质文化"需求升级到"美好生活"需求的重大论断。文化、旅游作为改善民生的"幸福产业",是持续增强人民"幸福感"与"获得感"的重要内容。文化和旅游的深度融合在当前人民对"美好生活"的向往和需求日益增长、社会主要矛盾发生历史性转变的新时代下,显得恰逢其时。

(一) 国内旅游市场持续高速增长

随着经济社会的不断发展,旅游逐渐成为生活的常态和刚需,旅游业不仅对GDP的综合贡献逐年增加,行业内的产品业态也在逐渐丰富,国内旅游市场持续高速增长。

1. 旅游业已经成为支柱产业

习近平总书记指出,旅游业是综合性产业,是拉动经济发展的重要动力。旅游是发展经济、增加就业的有效手段,也是提高人民生活水平的重要产业。2018年,国内旅游人数55.39亿人次,比上年同期增长10.8%;入出境旅游总人数2.91亿人次,同比增长7.8%;全年实现旅游总收入5.97万亿元,同比增长10.5%。初步测算,全年全国旅游业对GDP的综合贡献为9.94万亿元,占GDP总量的11.04%(2018年GDP总量为90.03万亿元)。旅游直接就业2826万人,旅游直接和间接就业7991万人,占全国就业总人口的10.29%。①

2. 旅游产品及业态更加丰富

随着"旅游+"和"+旅游"等融合发展模式的产生,旅游业态更加多元化、旅游产品供给更加丰富化,进一步促进了旅游业的全面发展,如"+交通、环保"的自驾游、邮轮游艇游、低空旅游,"+农林水利"的共享农庄、精品民宿、定制农业等,"+科教文卫体"的科技旅游、研学旅游等,"+互联网"的旅游大数据应用、智慧旅游交通等。文化和旅游部发布《文化和旅游部关于提升假日及高峰期旅游供给品质的指导意见》(文旅资源发〔2018〕100号,下文简称《意见》),着力开发11个旅游新业态,包括文化体验游、乡村民宿游、休闲度假游、生态和谐游、城市购物游、工业遗产游、研学知识游、红色教育游、康养体育游、邮轮游艇游、自驾车房车游等。《意见》还明确,要加快旅游产品升级改造,注重提升旅游产品的文化内涵、科技含量、绿色元素;采取多种融资方式,创新商业模式,制定奖励激励政策,积极引导社会资本参与旅游公共服务设施建设。

3. 旅游成为生活常态

改革开放以来,随着中国经济与国民收入的不断提升,旅游不再只是特定阶层和少数人的享受,逐渐成为国民大众的生活常态。时任中国文化和旅游部部长雒树刚在2019年两会的"部长通道"上回答记者提问时说,2018年我国人均出游4次,中国已经进入了大众旅游时代。2018年上半年国内出游花费占人均

---

① 文化和旅游部:《2018年旅游市场基本情况》。

消费支出的11%,中国护照免签国家和地区68个①,护照影响力逐渐增强,民众可选择的目的地越来越多。

(二) 文旅融合开启旅游新时代

1. 机构融合

2018年3月,中华人民共和国文化和旅游部批准设立,不再保留文化部、国家旅游局。2018年9月至11月,31个省(自治区、直辖市)先后宣布文化和旅游厅(局、委)正式挂牌。机构的融合将促进文化产业与旅游产业的融合,发挥"1+1>2"的效果,呈现几何级增长的态势,文化为旅游赋予了更加丰富的内容,为旅游的产品化升级赋予了内涵,旅游为文化的传播提供了载体,为文化的产业化提供了手段和渠道。

2. 消费升级

2018年,国内旅游收入5.13万亿元,比上年同期增长12.3%。其中,城镇居民花费4.26万亿元,增长13.1%;农村居民花费0.87万亿元,增长8.8%。国际旅游收入1271亿美元,比上年同期增长3.0%。②

3. 体验升级

数据显示,截至2018年底,全国景区景点中A级旅游景区10300多个,其中包括5A级259个、4A级3034个;红色旅游经典景区300个,国家级旅游度假区26个,旅游休闲示范城市10个,国家生态旅游示范区110个,在建自驾车房车营地900多个,全国通用航空旅游示范基地16个。优惠政策方面,截至2018年10月,各地已有981个景区实施免费开放或降价措施(免费开放74个,降价907

---

① 数据来源:国家统计局官网。
② 文化和旅游部:《2018年旅游市场基本情况》。

个),其中:5A 级景区 159 个,4A 级景区 534 个。降价的 907 个景区中,降幅超过 20%的达 491 个,降幅超过 30%的达 214 个。[①]

4. 产业升级

文旅企业向集团化、规模化发展;文化演艺等各类主题秀异彩纷呈;主题乐园数量、质量不断增长。国内主题公园自主品牌,如长隆、华侨城、方特等的规模和影响力都日益提升。无论是百度、阿里巴巴、腾讯等互联网巨头,还是携程、去哪儿等在线旅游企业,均有投资覆盖不同行业领域,助力延长文旅产业链。

(三)对外开放将持续扩大

2017 年,在四川成都举行的联合国世界旅游组织第 22 届全体大会上,中国发起成立世界旅游联盟,成为未来促进经验共享的重要平台。同时,《"一带一路"旅游合作成都倡议》发布,提出将加强"一带一路"旅游合作,加强政策沟通,提升旅游便利化水平,建立旅游合作机制,提升旅游交流品质等多项内容。旅游合作是国家关系中共识最多、分歧最少、见效最快的领域,具有互利共赢、利益交融的典型特点,是促进各国人民交往的最有效方式。

从 2010—2018 年我国入境游客和国内居民出境人数统计表中可看出,中国入境旅游市场增长缓慢,甚至有回落现象,而中国出境旅游呈现持续增长的态势,出境旅游人数已经超过入境游客人数。对外开放的不断加大,将加速旅游产业的转型升级、促进旅游服务的品质提升,因而,也有利于入境旅游的振兴与国内旅游产业的进一步发展。

2018 年 11 月 5 日至 10 日,首届中国国际进口博览会在国家会展中心(上海)举行,"文化和旅游服务"单元首次向世界亮相,中国将加大文旅产业双向开放的力度、广度和深度。根据文化和旅游部数据,我国旅游行业投资规模不断扩大,2015 年全国旅游业完成投资约 1 万亿元,2016 年实际完成投资约 1.3 万亿

---

① 数据来源:文化和旅游部官网。

元,2017年继续保持稳定增长态势,全国旅游投资超1.5万亿元。文化休闲、娱乐活动、旅游业将成为移动互联网之后下一个经济增长点,并席卷世界各地。

2010—2018年我国入境游客和国内居民出境人数统计表

单位:万人

年份	2010	2011	2012	2013	2014	2015	2016	2017	2018
入境游客	13376	13542	13240	12907	12849	13400	13800	13948	14120
国内居民出境人数	5738	7025	8318	9818	10700	11700	12200	13051	14972

(四)国家政策导向下的多领域融合

2018年以来,国家出台了许多旅游相关政策,如《关于促进全域旅游发展的指导意见》《关于在旅游领域推广政府和社会资本合作模式的指导意见》《关于在文化领域推广政府和社会资本合作模式的指导意见》《关于促进乡村旅游可持续发展的指导意见》《文化和旅游部关于提升假日及高峰期旅游供给品质的指导意见》《关于促进乡村旅游发展提质升级行动方案(2018年—2020年)》等,可以看出,在改革开放进一步深化的条件下,政府对旅游产业空间、业态发展、公共服务建设等方面的关注度逐渐增强,其中,在政策内容中重点强调关于全域旅游、乡村振兴、智慧旅游、旅游厕所、自驾车旅、体育旅游等新业态领域内容。

2018年12月,拉巴特中国文化中心在摩洛哥揭牌,这是中国在海外设立的第36个文化中心。随着中国文化融入国际,中国与全球之间的文化交流与合作不断加深,文化交流将带动全球旅游联通。旅游在承载文化传播领域的基础上,还将承载更多的领域,如康养领域、养老领域、教育领域、扶贫领域、商贸流通领域、环境领域等。

二、江苏大运河文化带文旅资源及产业发展现状

习近平总书记对大运河文化保护传承利用工作作出重要指示批示后,江苏

省委省政府高位推进相关工作，强调要以高度责任感和强烈使命感，系统推进大运河文化带建设，努力把大运河文化带江苏段建设成为高颜值的生态长廊、高品位的文化长廊、高水平的旅游长廊。2018年4月，时任省委书记娄勤俭就大运河文化带建设进行专题调研，先后到大运河淮安段、镇江段、扬州段考察。他要求，系统推进江苏省大运河文化带建设，传承文明，造福人民，创造未来，让这一历史文化符号在新时代焕发新风采。坚持文化引领，提升大运河文化保护传承利用水平，推进文化与旅游融合发展、产业化发展，是江苏大运河文化带建设的重要内涵和方向。

（一）文旅资源概况

江苏大运河文化带的文旅资源包含三个层面：一是大运河遗产资源，有开发潜力、目前已废弃或消失的大运河历史、社会文化设施和历史记忆的旅游资源，或与大运河"空间相近、地脉相承"的旅游资源，包括水工遗址、河道及附属物、管理及附属设施遗址、名人遗址、古典园林、历史文化街区、宗教寺庙、工业遗址、古村古镇等；二是与大运河"水脉相通、地脉相连"的自然与人文旅游资源，包括山岳、湖泊、河流、湿地、博物馆、纪念馆、主题公园、创意产业基地、乡村旅游点等；三是与大运河"文脉相亲"的非物质文化遗产资源，包括民风民俗、传统技艺、音乐舞蹈、文学艺术等。旅游资源数量丰富、类型多样，空间关联、高度集聚、通达性好。

中国大运河涉及6省2市，各省市遗产资源底蕴和开发价值不一。山东段主要表现为水利技术价值；河北段主要为遗弃的河道，遗产点多在地下，运河遗产旅游开发难度大；浙江段拥有众多的水闸、堰坝设施及形式各异的桥梁。与其他省市相比，大运河江苏段是中国运河文明的制高点和核心地段，最具运河遗产的多元化特征，遗产点类型齐全，多位于地上，与运河的行政管理、漕运、盐运、经济、社会、文化传播与交流联系最为密切，航运景观依旧壮观，是鲜活的实体运河博物馆。江苏大运河列入世界文化遗产的河段长325公里，占运河全线的1/3；

遗产区7个,占遗产区总面积的46%;遗产点22处,占总数的40%。各项数据均位居沿线各省(市)之首。江苏大运河孕育有典型的"八大运河奇观":千里运河,工程奇观(清口枢纽);水上长城,悬湖奇观(洪泽湖大堤);水上亭榭,园林奇观(瘦西湖);河上古城,水门奇观(苏州古城、盘门);河下古镇,悬河奇观(河下镇、邵伯镇);枕河人家,栖居奇观(青果巷、山塘街、清名桥);水中长蛇,拖船奇观(最佳观景点有泗阳泗水阁、新沂窑湾镇等);漕运锁钥,水闸奇观(江都邵伯船闸、淮安水上立交)。

大运河江苏段旅游资源禀赋高,具有极高的品牌价值。"8+3"市拥有4座国家旅游度假区,13座国家历史文化名城,11项与大运河江苏段密切关联的世界非物质文化遗产,12座中国优秀旅游城市,29座中国历史文化名镇,12个中国历史文化名村,16家5A级景区(全省共25家),20个大运河古镇古街,24座古塔,24处后备遗产项目,33家省级旅游度假区,4批共101项国家级非物质文化遗产,149处全国重点文物保护单位。大运河将沿线的楚汉文化、淮扬文化、吴文化以及园林文化、江南水乡文化、水利航运文化、近代民族工商业文化、红色文化等有机串联起来,形成了兼收并蓄、包容多样、独具魅力的江苏大运河文化遗产带。

(二) 文旅产业发展现状

1. 遗产资源保护方面

江苏大运河文化带文化遗产资源丰富,靠运河处分布较密集。资源的现状不同,对文化遗产采取的保护措施也各异,但受制于地方经济不发达、保护意识薄弱,文化遗产保护现状有待改善,保护力度仍需加强。自然生态资源方面,大运河在江苏境内穿越了8个地级市,20余条河道密布其中,南北运河纵横交错,水系分布众多。景区周围的运河水质优良,沿岸生态景观较好、物种丰富多样,植被与水面交相辉映,充分展现了运河水韵特色。文化遗产方面,清口枢纽工程、总督漕运公署遗址等列入世界遗产的资源点数量众多，包含了水利工程遗产、税收管理机构、仓储管理及其设施、漕政管理机构等。遗产体系整体性较强，具有较好的品质和知名度。泰州组织开展了大运河（古盐运河）文化带区域文化遗产专项调查等18项重点工作；徐州整理运河相关古籍、地方志、古地图等资料和书籍50余部。但由于诸多因素及历史局限，沿岸文化遗产的保护、开发和利用存在重防汛、轻人文，重外围、轻城区，重新建、轻修复的倾向。同时，江苏大运河文化带沿线古城的民俗风情突出，各类非物质文化遗产资源极其丰富，是运河生活记忆的再现和重生。

2. 文旅产品开发方面

近年来，江苏坚持生态优先、绿色发展，坚持"城市建设服从古城保护，古城保护服从遗产保护"的原则，注重大运河旅游业的发展和推广，将秀丽的自然风光和文化底蕴融合，打造了一批大运河精品旅游线路，也设计了一些富有文化内涵、颇具地方特色和观赏价值的文化旅游精品。如淮安于2018年8月开工建设中国漕运城和板闸遗址公园，是江苏大运河文化带建设中文旅融合的典范；无锡以吴文化为主题，打造了"蓉湖溯源""北塘米市"等八大文化主题景区；镇江以呈现宋代以来南北文化交融的历史，再现京口文化、运河文化为目标，正打造"运河第一街"等。如今，江苏大运河沿线各市为更好地打造运河旅游精品，均有各自的定位，如徐州"大汉雄风、豪情运河"，无锡"太湖明珠、甜美运河"，苏州"天堂苏州、苏式运河"，宿迁"楚风水韵、醉美运河"等。

3. 旅游保障设施建设方面

江苏大运河文化带沿线的旅游保障设施直接影响到江苏旅游整体发展水平。境内的旅游保障建设已初具基础，但从旅游的发展生命周期来看，旅游业发展仍处于机遇与挑战并存的复兴阶段。首先，江苏大运河文化带目前由铁路、公路、水路、航空共同构成交通运输网络，形成了现代化的立体交通网络系统，但沿运河道路连续性较弱。其次,现代时尚餐饮发展蓬勃,给江苏地方传统餐饮带来了很大冲击。大运河特色餐饮、老字号餐饮的品牌化、影响力不够。江苏仍需挖掘大运河饮食文化,并着力提高大运河餐饮业的饮食环境。再次,大运河江苏段住宿业发展态势良好,但住宿设施的旅游化程度不高,业态类型不够丰富,文化体验元素缺失。最后,目前大运河江苏段旅行社规模普遍较小,区域内的旅游服务中心仅仅针对单个城市或者单个景区,服务对象有限,根本无法满足市场的需求,旅游保障设施建设略显滞后。

4. 客源市场方面

江苏大运河不同类型的客源市场具有不同的市场偏好和活动特征。相比较而言,苏式生活旅游市场以休闲度假为主要旅游形式,核心市场是江苏省内及其周边经济发达地区。淮扬菜餐饮美食旅游市场,对国内游客和与中国餐饮文化差异较大的欧美游客具有较大吸引力。古镇旅游市场也构成运河旅游的重点市场。楚汉文化圈市场对国内中远程游客、汉文化圈及与中国文化差异较大的欧美国家的游客具有较大吸引力。吴越文化是中国典型的地域文化之一,对国内中远程和国际游客具有较大吸引力。淮扬文化圈旅游市场的主要客源为国内市场。虽然大运河遗产旅游市场是大运河江苏段旅游的核心市场,但各个城市旅游人数和收入差异较大,2016年苏州接待国内旅游人数11300.37万人次、旅游收入1932.5亿元,同为运河城市的宿迁仅为1491.12万人次和160.6亿元[①]。

5. 文旅发展基金方面

2019年1月4日,全国首个大运河产业发展基金——"江苏省大运河文化旅游发展基金"在南京成立。该基金充分发挥政府引导作用和市场在资源配置中的决定性作用,推动形成省级和地方政府资金引导联动、各类社会资本广泛参与的投资模式,带动更多优质文旅企业和投资公司以及建设运营、金融保险、策

---

① 江苏省旅游局:《2016江苏旅游业年度报告》。

划服务等多方资源主体参与。基金首期规模 200 亿元,采用母、子基金协同联动方式,聚焦重点领域、扶持优质项目,为大运河文化带建设提供多样性、专业化、强有力的金融支撑保障。江苏省大运河文化旅游发展基金还分别与大运河沿线城市进行了区域子基金签约,与中国旅游产业基金、中国文化传媒集团、陕旅集团等进行了行业子基金签约,与国家开发银行、中国银行等进行了合作金融机构签约。未来,基金投资将涉及文旅项目建设、IP 内容开发、泛文化体验经济、文旅园区运营、文创产品经营等多个领域。

三、文旅产业发展面临的问题

目前,全国大运河沿线省份都非常重视运河旅游的发展。山东、浙江等省份均已在运河旅游上深耕多年,其运河旅游产品不仅数量较多、体量较大、集聚程度较高,更以运河为龙头进行了区域整合,在国内外形成了一定的影响力。江苏则因各市发展独立性较强,区域整合度不足,运河文旅产业发展存在以下问题。

(一)大运河文旅品牌定位不精准

大运河申遗成功后,"大运河旅游"受到越来越多的重视,大运河的品牌很大气,但江苏大运河文旅品牌定位仅限于沿线各城市的各自定位,而且没有形成官方确认并公布的品牌形象。个别城市运河旅游定位不够贴切与明确,水的文章做得不够深入,导致很多到过江苏的游客记住了江苏而忽略了大运河。当前运河开发条块分割,苏锡常、宁镇扬、徐宿淮三块旅游圈独立运作,缺少协同发展,整个江苏大运河旅游缺乏清晰一致的品牌形象塑造。

(二)大运河旅游现状不容乐观

数量众多、自然和人文兼备是江苏大运河旅游资源的优势,但地域分散,资源组合能力差,规模体量较小,总体竞争优势不强。尤其是历史文化旅游资源受快速城市化冲击,空间渗透能力不强,水陆、水城隔离,缺乏互动,旅游资源整合与开发难度较大。大运河申遗成功后,《中国青年报》的一项调查显示,即使大运河成为世界遗产,也只有约25%的受访者表示会去观光,近60%的受访者表示不去,其他选择"不好说"。① 可见,对大运河文旅融合的挖掘与宣传仍然任重道远。

(三)产品体系不健全

江苏旅游活动一直以观光旅游为主,早期扬州、苏州、无锡成为江苏旅游线路和产品的核心城市。就运河旅游开发而言,运河旅游产品结构单一、趋于老化,缺乏深开发和加工,夜间游和水上游缺乏创新,水陆互动项目少,游客参与度与体验度较低,经济效益较差,与现代旅游主体市场需求特征形成巨大差距,成为影响江苏大运河文化带文旅产业可持续发展的重要阻碍因素。

(四)项目可读性较差

当前,江苏大运河旅游偏重自然风光和主题公园,而非城市的文化底蕴,缺少文化内涵较深、文化品位较高的旅游精品和名品。大投入、生命周期较短的主题公园,使运河旅游发展的持续性和经济效益不能达到应有的效果。极具特色的吴越文化、运河文化和工商文化都是高品位的旅游资源,但开发方式和开发程度滞后,本应获得更多市场份额的优良品牌没有争取到相应的游客量,资源禀赋与知名度存在错位。如淮安市清口枢纽中一些申遗时建设的遗产点乏人问津;惠济祠遗址里乾隆题字的碑文因长年风化漫漶难识,坝体上的砖块还能依稀辨别出"钦工"字样;展览馆则大门紧锁,人迹罕至。② 近几年运河整治以城市建设作为指导思路,旅游休闲与文化展示功能被忽略,仿古建筑千城一面,传统风貌被破坏,两岸多住宅小区,运河的传统历史风貌亟待整治。

---

① 孙震、王品芝:《83.7%受访者担心地方过度开发"世界遗产"》,《中国青年报》2014年7月3日第7版。
② 冯源、蒋芳、李鲲等:《大担当须有大格局 千年大运河新使命调查》,半月谈网,2017年7月26日。

（五）空间格局有待优化

目前江苏旅游资源的开发总体以观光游为主，开发层次深度不够，自然资源开发缺乏原生性、生态性，文化资源开发缺乏创意性、通俗性、多样性，层次低。民俗旅游产品的地域市场吸引力有限，民俗有名无实，没有突出的古镇品牌，缺乏集中的文化展示场所，"宜居"与"宜游"隔离。运河旅游衍生产品开发刚起步，旅游产业链尚未形成，总体经济效益差。从区域宏观背景来看，目前江苏大运河文旅产业存在发展不均衡的问题。随着运河旅游的兴旺，苏南沿线城市发展迅猛，而苏北发展缓慢，基础设施难以支撑休闲度假的需求，旅游开发也缺少引爆市场的重大项目。运河部分沿线地区环境污染较突出，餐饮住宿卫生不达标；相关旅游配套设施不完备，如运河沿岸公共卫生间少、卫生状况差，缺少旅游交通指示牌、景点说明文字及中英文对照翻译，缺乏高质量的运河旅游宣传网站；部分地段运河历史风貌和文化遗存遭到严重破坏，现有旅游产品质量有待提高，运河沿线旅游产品简单重复、缺乏新意等。

四、江苏大运河文化带文旅产业发展路径

江苏大运河文旅产业的发展与完善，应在省委省政府的领导下，统一协调文旅、水利、生态、农林、广电、交通等部门优势，宏观规划，精心组织，努力把大运河文化带江苏段打造成先导段、示范段、样板段，为实现"畅游江苏"美好目标提供强大助推力。

（一）深化大运河文旅产业供给侧结构性改革

提高文旅产业供给侧的创新能力，促进大运河旅游由点线模式向带面模式发展，不断提高旅游产业化程度；由围城旅游向内外一体发展，不断拉大旅游空间；由景点吸引向文化吸引发展，逐渐形成大运河全域旅游模式，由观光旅游向文化休闲旅游升级。以旅游"硬件"提升旅游承载力，以服务"软件"提升服务品

质,以创新文旅产品满足游客个性化需求,以跨界融合催生产业融合,借助"互联网＋旅游""文化＋旅游"推动大运河文化带文旅产业供给侧进入全新的发展阶段。

(二) 创新文旅产业监管机制

创新行政管理机制,加强大运河文旅产业的管理与监督。首先,要充分发挥江苏省文化和旅游厅以及江苏大运河文化带建设领导小组的职能职责,统领文旅产业发展。其次,针对大运河文旅企业的诉求与产品开发要求,简化行政管理程序,提高管理与服务的效率。最后,要构建多部门联动机制,增强服务意识,助力文旅产业发展。

(三) 制定政策文件引导产业发展

研究制定《深化大运河全域旅游创建、助力大运河文旅高质量发展的实施意见》,编制《大运河文旅产业转型升级三年行动计划》,出台《江苏大运河文旅产业融合发展指导意见》《支持大运河乡村民宿、促进大运河乡村旅游可持续发展的实施意见》等。在财政扶持、金融支持、税费优惠、用地保障等方面对文旅产业发展重点项目给予倾斜。建立健全政策落实监督机制,加强跟踪落实和督查问责,确保各项政策措施落地见效。

(四) 优化大运河文旅产业发展环境

发挥省级现代服务业(文化)发展专项资金、旅游业发展专项资金引导作用,推荐优质文旅项目纳入江苏省大运河文化旅游发展基金支持范围。开展大运河文旅产业数据调查与旅游资源普查试点,探索建立大运河文旅资源数据库。引导大运河沿线各地规划建设一批小剧场,推出一批大运河实景演艺项目,推动旅游演艺业发展。启动大运河区域旅游咨询服务中心联盟暨旅游综合管理与服务平台建设。深化长三角区域一体化合作机制,推出一批大运河文旅融合发展示范项目,培育一批示范园区(基地),探索推出"畅游江苏大运河"惠民"一卡通"。

(五)构建江苏省大运河风景路复合型廊道

以大运河为依托,以滨河城乡道路为主干,完善江苏大运河沿线道路网络体系,发挥风景路在文化串联、生态保护、景观展示、经济提升和社会发展等方面的作用,将更多文物保护单位、博物馆、美术馆和非遗传习场所纳入大运河旅游线路,进而更好地保护和利用大运河沿线文化、生态、旅游资源,提升沿线地区人居环境质量和城乡空间品质,推进生态文明建设,促进大运河文化生态保护区与运河全域旅游结合发展。

(六)培育文旅融合新业态

坚持"宜融则融、能融尽融;以文促旅、以旅彰文"的工作思路,加快培育新型文化业态,促进大运河江苏段沿线孕育的丝绸、苏绣、紫砂、泥人、陶瓷、玉雕、漆器、园艺、香醋、美酒、美食等和现代创意产业深度融合。倡导现代休闲农业产业发展,拓展大运河沿线地区农业功能,彰显美丽乡村风情。依托沿岸绿色生态廊道,加快发展水上、山地、户外、骑行、马拉松、游泳等健身休闲产业,推进体育竞技、健康健身、旅游休闲融合发展。开展全民健身活动,支持各地举办行走大运河、运河马拉松、运河龙舟等赛事活动。推动大运河文化带建设和大运河国家文化公园建设试点,打造一批文化旅游融合发展的标志性项目,包括建设中国大运河博物馆、实施大运河百米长卷美术精品创作工程、举办大运河文化旅游博览会等。鼓励市场主体开发新兴文旅产品,设计开发文旅特色项目和路线。支持省内外重点在线旅游企业合作,开发线上线下有机结合的文旅新产品。

(七)创建省级大运河旅游度假区

大运河江苏段虽然不是封闭的景区,但是依托大运河申遗工程,目前各地已经开始挖掘保护历史资源,在此基础上,以国家级旅游度假区的要求完善基础设施,融入休闲度假产品,优化空间格局,形成处处是景区、点点皆亮点、段段有体验的省级旅游度假区。结合遗产廊道的特点,创新式地运用线性旅游空间串联吴文化、江南文化、金陵文化、淮扬文化、楚汉文化和运河文化,开创从史前到当代的文化历史穿越式旅程;串联苏南苏北各具特色的运河风光,开创从北到南的大自然跨越式旅程;以人为本,创立大运河水陆联运机制,增强旅行交通的舒适度。发展沿岸城市文化旅游综合体、考古遗址公园、历史文化街、古镇等,把现有的水利风景区、湿地公园、风景名胜区、博物馆各旅游点与大运河有机结合,让大运河文化融入自然风光之中。

(八)加强对外交流与传播

大运河文化和旅游是讲好运河故事、传播好江苏声音的重要渠道。在工作层面,要进一步整合对外交流工作力量,统筹安排交流项目和活动,同步推进大运河文化传播和旅游推广。在渠道方面,要发挥好沿线博物馆、展示馆等运河文化机构和旅游景区景点、旅行社、旅游饭店在传播大运河文化方面的重要作用,引导各类导游、讲解员和亿万游客成为江苏故事的生动讲述者、自觉传播者。在载体方面,要综合发挥江苏大运河文旅优势,设计推出大运河申遗成功 5 周年旅游体验路线,推动更多大运河优秀文化产品、优质旅游产品走向海外,进入主流市场、影响主流人群,把中华优秀传统文化精神标识展示好,把当代江苏发展进步和江苏人的精彩生活表达好,为提高国家文化软实力和中华文化影响力作出江苏贡献。

五、江苏大运河文旅产业发展项目建议

(一)文旅基础设施建设

结合江苏省公路规划布局,对大运河旅游公路进行升级和串联,完善道路标识系统,增添游憩服务设施,统筹推进大运河江苏段沿线主干旅游公路建设。有

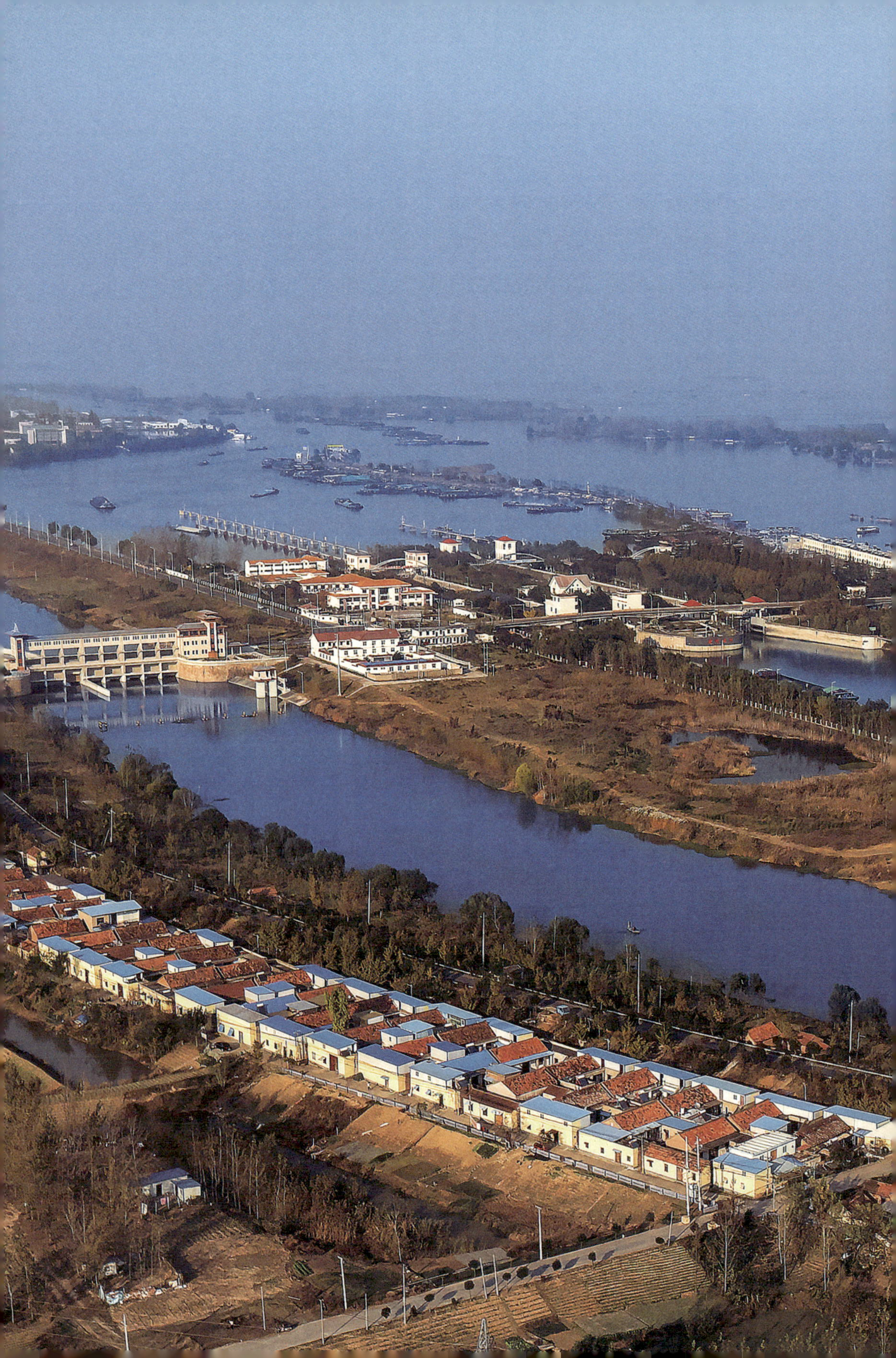

大运河宿迁段

机串联沿线各市现有的运河水上旅游线路,打造贯穿江苏、连接浙鲁的大运河旅游航道,建设运河水上旅游码头和服务区体系,统筹规划长短途结合的水上旅游项目。积极推进淮安大运河堤顶道路贯通、镇江西津湾 A2 地块旅游配套项目、无锡古运河旅游度假区基础设施配套建设等。

（二）精品文化旅游区建设

依托大运河江苏段丰富多样的文化旅游资源,发挥区域优势,打造各具特色的精品旅游区和文化品牌,推动运河风情旅游小镇、运河文化旅游度假区、运河文化休闲街区、运河文化经典景区、"运河人家"乡村旅游示范区、"智慧运河"智慧旅游示范区、"生态运河"生态旅游示范区等建设。重点实施徐州汉皇故里文化风景区、宿迁泗洪洪泽湖湿地景区 5A 创建、淮安中国漕运城、扬州瓜洲古镇核心区（大观楼）、扬州运河三湾风景区、无锡古运河全域旅游示范区、南京凤凰台景区、南通唐闸民族工业风情小镇、泰州溱湖国家湿地公园等精品旅游区建设。

（三）文化创意产业平台建设

在大运河江苏段沿线和周边区域,围绕文化传媒、创意设计、文化贸易、文化休闲、工艺美术等特色优势,培育发展数字经济、共享经济、文化创意、动漫游戏、移动多媒体、艺术品网络交易等融合新业态,加强文化创意产业重点平台建设。重点推进徐州云东文化街区、宿迁中国酒都（洋河双沟）、扬州国家玉文化创意园、镇江睿泰数字产业园、常州运河文化创意展示中心、无锡国家数字电影产业园（二期）、苏州姑苏 69 阁创意文化产业园及艺术家运河聚落等项目建设。

（四）博物场馆体系建设

完善江苏大运河沿线博物馆体系,包括《大运河遗产保护与管理总体规划》确定的大型博物馆和综合性服务中心,依托大运河世界遗产点段建立的中小型主题展示馆或现场展示设施等,展示江苏大运河遗产历史沿革、现状情况和整体价值。重点推进江苏大运河非遗博物馆、淮安市(中国)大运河水工科技博物馆、扬州市中国大运河博物馆建设工程、苏州市大运河遗产展示馆、南京运河文化博物馆等项目。

(五) 工业遗产展示与活化利用

依托大运河江苏段沿线丰富的工业遗产,开展文化体验、休闲旅游等创新创意特色经营活动。通过文化展览、创意空间、休闲空间、特色餐饮等多种方式,促进工业遗产的有效保护与活化利用。重点推进徐州韩桥煤矿旧址改造利用、宿迁江苏玻璃厂工业遗产改造、扬州瓜洲老扬锻厂文创街区改造、镇江丹徒化肥厂活化利用、常州运河工业遗存活化改造、无锡开源机器厂旧址改造等项目建设。

(六) 红色文化遗产保护展示工程

革命传统资源是我们党的宝贵精神财富,每一个红色旅游景点都是一个常学常新的生动课堂,蕴含着丰富的政治智慧和道德滋养。要充分利用大运河沿线的革命历史类纪念设施、遗址和爱国主义教育基地,作为红色文化的物质载体,激发爱国热情、凝聚人民力量、培育民族精神。重点实施徐州市禹王山抗日阻击战遗址纪念园续建、宿迁市新四军抗战遗存保护展示新建、淮安市盱眙黄花塘新四军军部旧址提升、镇江市茅山抗日根据地文物保护展示新建、南通市海安红色线路建设工程、泰州市海军文化园改扩建等项目。

(本文为江苏省决策咨询研究基地课题成果,课题编号:18SSL088;参与人员:千有成、同银星、李志平)

江苏大运河文化带文化资源保护传承研究

2017年2月,习近平总书记在北京通州区考察时指出:"保护大运河是运河沿线所有地区的共同责任","要古为今用,深入挖掘以大运河为核心的历史文化资源"。2017年6月4日,习近平总书记专门就大运河文化带建设作出重要指示:大运河是祖先留给我们的宝贵遗产,是流动的文化,要统筹保护好、传承好、利用好。2017年9月15日,时任江苏省委书记李强就大运河文化带江苏段建设在淮安调研并召开座谈会,强调要切实把习近平总书记关于大运河文化带建设的重要指示精神贯彻好落实好,同时指出要尽快摸清"家底子",组织专家学者进行调查研究,摸清大运河江苏段的文化资源、保护现状、存在问题、发展潜力,切实做好保护、传承、利用三篇文章,保护运河文化遗存,彰显运河特色风貌,延续运河历史文脉。

当前,江苏正在积极推进大运河文化带建设工作,文化资源的保护传承作为最基础也是最核心的内容,正是贯彻落实中央和江苏省领导关于大运河文化带建设重要指示批示精神的重要着力点,理应成为我们首先要研究的问题。

一、江苏大运河文化带文化资源的内涵及特征

(一)江苏大运河文化带文化资源的内涵和分类

文化资源是指人类文化中能够传承下来、可资利用的那部分内容和形式。

换言之,江苏大运河文化带文化资源就是人们依托江苏境内大运河及其相关区域从事的文化生产和文化生活中,传承至今仍有开发利用价值的各类文化要素。具体来说,它是大运河江苏段区域内人们在长期实践中形成的群体意识、价值观念、精神风貌、行为规范和管理方法等遗存下来的物质和非物质因素的总和。

江苏境内大运河流经徐州、宿迁、淮安、扬州、镇江、常州、无锡、苏州8个地级市,连通了淮河、长江两大河流,微山湖、骆马湖、洪泽湖、高邮湖、太湖五大湖泊,将楚汉文化、淮扬文化、吴文化等地域文化有机串联起来。江苏大运河文化带文化资源主要涵盖的就是以上地域在历史时期形成的与运河设计、开凿、管理、运用有关以及运河沿线区域内人们在社会活动中产生的各类文化资源的总和,其典型代表即区域内的运河文化遗产。在这里要说明的是,文化遗产与文化资源是一对联系紧密的概念,它们在一定条件下相互转化:文化遗产的历史价值、艺术价值、科学价值、情感价值是其文化性的集中体现,遗产强调的是其传承性;从资源的角度来看文化遗产,它是一种拥有文化性的特殊资源,即当文化遗产与现实社会生活联系起来,具备了可资利用的价值时,就转变成了资源,我们称之为"文化资源"。

江苏大运河文化带文化资源分类表

内容	形式	
	物质性	非物质性
运河本体资源	江苏境内的主要运河河道遗存及与运河息息相关的重要湖泊水体遗存	—
历史文化遗存资源	与运河相关且位于江苏大运河文化带区域范围内的码头、船闸、涵洞、桥梁、沉船点、钞关、仓库、寺庙、城镇、衙署、古商会、古作坊、古民居、古街道、遗址、窑址、墓葬、碑刻等	—
文化艺术资源	—	与运河相关且位于江苏大运河文化带区域范围内的各类非物质文化遗产等

江苏是大运河河道路线最长、流经城市最多的省份,所形成的江苏大运河文化带文化资源十分丰富。从内容上来看主要包括运河本体资源、历史文化遗存资源、文化艺术资源,从形式上来看则主要可以分为物质性和非物质性两大类。

1. 运河本体资源

江苏是孕育运河较早的区域,所遗存下来的运河河道几经历史演变,主要包括:隋唐大运河遗迹的通济渠江苏段,即由苏皖省界经宿迁市泗洪县流入洪泽湖的一段;明清京杭大运河遗迹的中运河江苏段、里运河(淮扬运河)和江南运河江苏段,其中中运河江苏段比较重要的支线部分有元明时期从徐州市区至淮安杨庄的古黄河段运道和清代开凿的京杭大运河不牢河段(今江苏徐州境内)。这些运河本体资源或为大运河各历史时期的主航道,或为在较长时间内发挥漕运作用的重要支线。此外,洪泽湖、瘦西湖等与运河息息相关的湖泊水体遗存也可作为运河本体资源的重要组成部分。

江苏大运河文化带运河本体资源一览表[①]

河段	遗存	
	河道遗存(共计27项)	湖泊水体遗存(共计2项)
通济渠江苏段	2项:汴河泗洪段、淮河口	—
中运河江苏段	3项:中运河、徐州市区至淮安杨庄的古黄河段运道、徐州境内的老不牢河段	—
里运河(淮扬运河)	11项:淮安明清运河故道、现京杭运河淮安至扬州段、扬州城明清运河故道、伊娄河故道、宝应宋泾河、宝应明清运河故道、高邮明清运河故道、邵伯明清运河故道、古邗沟故道、子婴河、仪扬运河	2项:洪泽湖、瘦西湖

---

① 统计资料出自:《中国大运河江苏段遗产保护规划(2011—2030)》。

续表

河段	遗存	
	河道遗存(共计27项)	湖泊水体遗存(共计2项)
江南运河江苏段	11项:镇江城区运河故道、丹徒河、现京杭运河镇江至常州段、常州城区运河故道、现京杭运河常州至无锡段、无锡城区运河故道、现京杭运河无锡至苏州段、苏州城区运河故道、现京杭运河苏州至吴江段、苏嘉运河、頔塘	—

由于江苏境内的运河河道及其相关水系比其他地区都要复杂，上表仅是对江苏大运河文化带运河本体资源的一个初步统计列举，详细情况还有待进一步普查，需要注意的有以下几个方面：

(1)江苏大运河文化带所涉及运河河道及其相关水系，在长期的历史发展过程中，不仅有着主线支线交错呈带状分布的运河河道网络，还有着微山湖、骆马湖、洪泽湖、高邮湖、太湖等与运河有密切历史和现实关联的众多湖泊水体，它们都是运河本体资源的重要组成部分。

(2)由于现今部分运河仍然发挥着重要的防洪、灌溉、供水、生态和航运等实用功能，面临着发展的要求，比如防洪要求、南水北调工程的建设要求、航道升级要求等，当代开展了大规模的运河治理工程，特别是江苏沿运河城市的主城区外围一般选择开挖新河改道，如淮扬运河段的淮安城区、高邮段、扬州城区有开挖新河改道形成新运河线路，江南运河江苏段的镇江、常州、无锡、苏州在城区均存在古运河和新京杭运河河道分离的现状。这就要求我们在现有运河体系中辨清古运河河道遗存和新运河河道，妥善处理好古运河河道遗存保护传承与新运河河道利用发展的关系。

(3)江苏大运河文化带所涉及的运河河道现状有通航段和非通航段(主要有古黄河段、通济渠段以及高邮明清故道段)、城区段和乡村段、世界遗产段与全国重点文物保护单位段、通水段和淤积段、高堤防段和低堤防段等区别。针对不同现状的河道段，应根据实际情况进行普查登记，以便制定相应的保护传承策略和方案。如通航段的保护传承需要考虑水利航运的需要,非通航段、淤积段则应通过考古、文献等手段理清河道等;运河沿线中心城市因城区扩大后,将运河改道移到主城区的外面,原城市内部的古运河不再通航,成为发展运河旅游的主要载体,其保护传承就要考虑到运河旅游的需要;江苏大运河文化带区域范围内列入世界文化遗产的运河河道有325公里,其保护传承需要遵循世界文化遗产要求和相关文物保护标准等。

2. 历史文化遗存资源

从与运河的关联紧密程度来看,历史文化遗存资源可分为运河附属文化遗存资源和运河相关文化遗存资源。

运河附属文化遗存资源是指有确切文献、实物或考古证据证明与运河的兴修建设、维护管理等直接相关,且有一定规模的、真实性较高的地上或地下历史遗存,主要包括水工设施遗存、管理设施及其他附属设施遗存。水工设施遗存如通济渠江苏段的龟山御码头遗址、中运河江苏段的李口吴集月堤、淮扬运河段的清口枢纽遗址、江南运河江苏段的众多古桥及古纤道等;管理设施及其他附属设施遗存有中运河江苏段的龙王庙行宫、淮扬运河段的河道总督署遗址及清晏园、江南运河江苏段的横塘驿站等。

运河相关文化遗存资源是指位于运河主航道和重要支线两侧,有确切文献、实物或考古证据证明其能够见证运河对经济社会发展和文化交流起到促进作用的物质文化遗产,或者其现存建筑遗产、历史街区的整体风貌可以见证运河对沿岸城镇经济文化和生产生活形态有较大影响的文化空间,主要包括运河相关物质文化遗产、运河相关文化空间。运河相关物质文化遗产如通济渠江苏段的盱眙泗州城遗址、中运河江苏段的宿迁大王庙、淮扬运河段的众多碑刻墓祠、江南运河江苏段的大成三厂建筑群等;运河相关文化空间有中运河江苏段的徐州窑湾镇历史街区、淮扬运河段的扬州东关街历史文化街区、江南运河江苏段的镇江西津渡古街等。

江苏大运河文化带历史文化遗存资源一览表①

河段	运河附属文化遗存资源		运河相关文化遗存资源	
	水工设施遗存（共计39项）	管理设施及其他附属设施遗存（共计11项）	运河相关物质文化遗产（共计31项）	运河相关文化空间（共计11项）
通济渠江苏段	1项：龟山御码头遗址	—	2项：第一山题刻、盱眙泗州城遗址	—
中运河江苏段	4项：李口吴集月堤、新袁杨大滩月堤、淮安三百六十丈月堤、双金闸	1项：龙王庙行宫	2项：宿迁大王庙、疏凿吕梁洪记碑	1项：窑湾镇历史街区
里运河（淮扬运河）	15项：清口枢纽遗址、洪泽湖大堤、淮安古运河石堤、淮安古运河石码头、淮安里运河石驳岸、清江大闸、茱萸湾古闸、宝应跃龙关遗址、高邮段里运河东堤西堤、高邮御码头、平津堰遗址、邵伯古运河大堤、邵伯老船闸、邵伯码头、子婴闸	6项：河道总督署遗址及清晏园、丰济仓遗址、淮安钞关遗址、总督漕运公署遗址、盂城驿站、两淮都转盐运使司衙署门厅	21项：清江清真寺、郑文英墓、陈潘二公祠、吴公祠、淮安府衙、镇淮楼、镇国寺塔、天宁寺行宫、江北运河复堤碑记碑、康熙乾隆御碑、御制重修惠济祠碑、乾隆阅河诗碑、普哈丁墓、仙鹤寺、扬州盐业历史遗迹、扬州城遗址、洪泽湖大堤铁牛、清江浦楼、天宁寺行宫（含重宁寺）、马棚湾铁牛、邵伯铁牛	4项：河下历史文化街区、东关街历史文化街区、南河下历史文化街区、高邮南门大街历史地段

---

① 统计资料出自：《中国大运河江苏段遗产保护规划(2011—2030)》。

续表

河段	运河附属文化遗存资源		运河相关文化遗存资源	
	水工设施遗存（共计39项）	管理设施及其他附属设施遗存（共计11项）	运河相关物质文化遗产（共计31项）	运河相关文化空间（共计11项）
江南运河江苏段	19项：虎踞桥、开泰桥、万缘桥、广济桥、文亨桥、新坊桥、飞虹桥、青果巷码头群及古纤道、万安桥、宝带纤道桥、灭渡桥、上津桥、苏州城盘门、吴门桥、下津桥、垂虹纤道桥、安民桥、吴江古纤道、三里桥	4项：三里亭、十里亭、横塘驿站、灭渡桥水文站	6项：大成三厂建筑群、茂新面粉厂、寒山寺、苏纶纱厂旧址、皇亭三碑、虎丘塔	6项：西津渡古街、新河街、清名桥历史文化街区、青果巷历史文化街区、山塘历史文化街区、平江历史文化街区

历史文化遗存资源是江苏大运河文化带文化资源中组成成分较为多样化的部分，不仅包括除运河本体资源以外的其他物质文化资源，其下又可以进行细致分类，这里采用了与运河关联紧密程度的大类及按内容和形式再细分的方法，上表仅是对这种内部分类方法的初步统计列举，详细情况也有待进一步普查，需要注意的是：

（1）由于江苏大运河文化带内的历史文化遗存资源较多，一些资源与运河的关系很难厘清，需要各方面的专家、学者和地方工作者通力合作，进行大量艰难细致的工作，深入挖掘各项资源与运河关联的文化内涵。

（2）江苏大运河文化带内的历史文化遗存资源具有时间跨度比较大、类型多样、内涵丰富等特点，在梳理这些资源与运河关联内容的同时，对各项资源的历史演变、类型及其他内涵也应有所了解，在实际工作中需要将其看成一个整体来保护传承。

（3）江苏大运河文化带区域范围内曾经兴起过众多与运河相关的城镇、村落,它们作为运河多元文化的重要载体,是运河相关文化遗存资源最有文化价值的外延。目前,这些特色文化空间在现代化建设进程中仍有不少留存,大多以历史文化街区、古镇、古村落等形式展现,这类历史文化遗存资源有着鲜明的空间概念和聚落特征,在认知时需要综合考量。

3. 文化艺术资源

这里的文化艺术资源特指由江苏大运河生产、生活方式孕育而产生的,或者其内容反映江苏大运河生产、生活方式的,或者其形成、传播依赖于江苏大运河环境的各类非物质文化遗产等。由江苏大运河生产、生活方式孕育而产生的,如淮安的清江船工号子、徐州特有的戏剧丁丁腔、宿迁的皂河正月初九龙王庙会等;其内容反映江苏大运河生产、生活方式的,如宿迁大王庙供靳辅的传说、淮安水漫泗州城的传说以及历代帝王和文人墨客留下的与江苏大运河有关的诗词和文章等;其形成、传播有依赖于江苏大运河环境的,有因运河漕运、商贸往来在更广泛的地域范围内得到传播的,如常州梳篦、无锡惠山泥人等。

此外,文化艺术资源所包括的各类运河非物质文化遗产中,运河文献遗产是比较特殊的一类,主要有历代河工档案、历代运河地图、历代漕运档案文献、历代盐运档案文献、历代地方史志、近现代运河研究文献等。

由于现今江苏省各市县都建立了非物质文化遗产多个层级的保护传承名录体系,对江苏大运河文化带文化艺术资源的认识可以以区域范围内的非物质文化遗产为基础,挖掘整理它们与运河关联的文化内涵,同时适当扩充非物质文化遗产的外延,将与运河有关的对联、古诗词、古文以及文献遗产纳入到运河非物质文化遗产体系中来。

(二) 江苏大运河文化带文化资源的整体特征

1. 数量丰富、分布广泛

江苏境内大运河约占京杭大运河总长的2/5,加上古运河及连通的湖泊等相关水系,形成了地域广阔的运河文化带,运河沿线许多名城、古镇均有2000多年的悠久历史,留存至今的文化资源有着数量丰富、分布广泛的独特优势。

2. 具有浓厚的水文化特色

江苏大运河文化带以江苏境内的大运河及其相关水系为纽带,其文化资源如运河本体资源本身就是人工水系,历史文化遗存资源和文化艺术资源大多也与运河及其相关水系关联甚多,故而整体上体现出浓厚的水文化特色。

3. 多元融合、多样共生的地域文化特色

江苏大运河文化带的区域范围内以运河水系为导向,形成了楚汉文化、淮扬文化、吴文化等多个江苏地域文化串联分布的带状空间,区域内多个文化由于运河水运的关系交流互动频繁,使得文化资源呈现出多元融合、多样共生的地域文化特色。

二、加强江苏大运河文化带文化资源保护传承研究的重大意义

(一)江苏大运河沿线丰富的文化资源是推动区域内经济社会发展转型的新驱动和新机遇,加强对其的保护传承研究有助于充分发挥地域特色文化在经济社会发展中的积极作用,有助于贯彻落实习近平总书记"7·26"重要讲话精神和省第十三次党代会精神、推进"两聚一高"新实践的战略部署

习近平总书记在"7·26"重要讲话中指出,到2020年全面建成小康社会,推动经济社会持续健康发展。江苏第十三次党代会报告明确提出"聚力创新,聚焦富民,高水平全面建成小康社会"发展方略。时任江苏省委书记李强说:"聚力创新,大势使然;聚焦富民,民心所盼。这是我们最应干、能够干、必须干好的事情,

也是我们今后五年要打赢的主攻仗。""两聚一高"正成为江苏未来五年的战略选择和发展走向。

江苏大运河文化带文化资源是江苏大运河沿线区域经济社会发展最重要的资源,深入挖掘这些资源所承载的运河文化,充分展现其历史价值和文化特色,有助于当地形象的提升,有助于沿线区域经济社会发展,从而实现高水平全面建成小康社会的战略目标。

(二)江苏大运河文化带区域作为构建"1+3"重点功能区格局、促进区域协调发展的重要战略支点,加强对其文化资源的保护传承研究,有利于促进与江淮生态大走廊战略的协同发展,形成区域内文化与生态双重优势的整体合力,为区域协调发展注入新的动力和活力

2017年5月,时任江苏省委书记李强在苏北发展座谈会上提出"1+3"重点功能区的战略构想,这是推进江苏区域统筹协调发展的重大举措。"1+3"重点功能区战略涉及江苏发展布局的重构和调整,其中"江淮生态经济区"作为"1+3"布局的重要组成部分,与江苏大运河文化带存在空间上的重叠,两者具备协同发展条件。江苏提出的"大运河文化带"和"江淮生态大走廊"战略分别以文化和生态优势为支撑,通过整合相关文化资源和生态资源,可以形成区域发展上的合力,其中对江苏大运河文化带文化资源的整合亟须加强保护传承的研究。

(三)江苏大运河沿线丰富的文化资源是打造江苏文化强省和提升江苏文化软实力的重要基础和保障,加强对其的保护传承研究有利于推动大运河江苏段成为整个大运河文化带建设的样板区和示范段

江苏大运河文化带将楚汉文化、淮扬文化、吴文化等传统地域文化有机串联起来,形成了兼收并蓄、包容多样、独具魅力的江苏运河文化系统和富含江苏文化特质的文化资源宝库,成为打造江苏文化强省和提升江苏软实力的重要基础和保障。江苏省委省政府及沿线各市历来高度重视江苏大运河沿线区域文化资源的保护传承,近年来以大运河申遗成功为契机加大工作推进和政策支持力度,各相关职能部门积极发挥各自职能作用,江苏大运河沿线区域文化资源保护利用工作成效显著。为进一步推动大运河江苏段成为整个大运河文化带建设的样板区和示范段,夯实理论基础、加强对大运河文化资源的保护传承研究迫在眉睫。

三、江苏大运河文化带文化资源保护传承现状

近年来,江苏省委省政府及大运河沿线各地十分注重大运河文化带文化资源的保护传承,并采取积极措施推进,取得了显著成效,主要体现在以下方面:

(一)运河文化遗产普查工作有序进行

以运河申遗为契机,江苏对运河沿线的重点物质文化遗产进行了普查登记,建立了各遗产点段责任制度,落实了责任主体,完成了运河各遗产点段的保护区划划定工作,设置了遗产标志和遗产界桩,建立覆盖范围广、资料信息全的大运河基础资料档案数据系统。

大运河文化带建设提出后,江苏各地在继续推进运河物质文化遗产普查工作的同时,在运河非物质文化遗产普查方面也进行了不少挖掘与整理工作,补充完善了运河文化资源的基础数据库资料。

(二)运河文化遗产保护工程得到进一步落实

自 2010 年起,江苏就率先启动了"大运河沿线重点文物抢救保护工程",每年完成一批运河点段及河道环境的重点保护整治。截至 2014 年运河成功申遗,实施了 25 项大运河遗产点、段的保护工程。此外江苏大运河沿线各市借力大运河申遗,结合运河遗产点本体保护和环境整治工作,重点组织实施了如扬州盐业遗迹、无锡清名桥历史文化街区、常州运河城区段等一批有代表性、有影响力的保护传承工程,形成了一批合理保护传承运河文化资源的成功案例。

大运河申遗成功以来,江苏大运河沿线各市按照世界文化遗产的保护标准,加大对大运河本体及沿线相关遗产点的保护力度。如宿迁市组织对沿线龙王庙行宫、大王庙、皂河老船闸等10处遗产点的维修保护及相关配套设施建设工程,同时结合中运河风光带的提升工程,对宿迁老粮库周边进行了绿化和环境整治;苏州完成云岩寺塔保养维护、全晋会馆维修、盘门内城河驳岸及城墙抢修、吴江古纤道维修等工程,同时积极开展山塘、平江历史文化街区等背街小巷综合整治,重点对沿河建筑立面进行整修,对驳岸河埠实施修复、污水截流、管网改造等措施,有效维护遗产的完整性、真实性。

(三)运河文化遗产监测管理工作得到进一步提升

在大运河申遗过程中,江苏率先启动了大运河江苏段遗产监测预警系统建设试点工作,并选择扬州市作为运河遗产预警监测工作的试点城市。2012年,大运河扬州段遗产数字管理平台和遗产监测预警系统建设完成,同步完成的大运河遗产监测预警通用平台软件开发,也由国家文物局向大运河全线推广。

大运河申遗成功后,苏州市鉴于区域内运河文化遗产范围广、类型多样、保护管理难度高、已有的监测管理通用平台无法满足苏州大运河遗产监测管理的实际需求,特别是在对遗产监测信息的动态掌控和预警分析上存在不足,组织专业力量着力开发了大运河(苏州段)世界文化遗产监测预警管理平台,引进了以遗产监测、遗产研究、遗产管理、遗产展示、公众参与为核心的"五位一体"遗产监测管理新模式,即首先通过接入、委托等方式对遗产现状进行监测,然后对获取的各类监测数据进行统计、分析研究,研究成果以监测报告、预警报告等方式呈现,为遗产的保护与管理提供了指导性意见,进而更好展示遗产,让它们更好地服务于公众,形成了一个遗产监测保护的业务闭环,有利于实现运河文化遗产的合理保护、有效管理、科学决策。

(四)运河文化公共活动设施和专题展馆建设进一步推进

近年来江苏大运河沿线各地充分利用运河文化和景观资源,科学规划,建设了一批以运河文化资源为核心的公共活动设施，为社会公众提供文化活动空间，让运河遗产惠及百姓。如苏州投资235亿元建成155公里环古城河健身步道，积极推进运河体育公园、运河亲水步道等场馆设施建设，同时还在大运河沿河村镇设计建设一批以传承运河文化为主题的"文化方舱"，为市民提供阅读、书场、影视等公共文化服务，丰富多样的数字化、高科技表达，吸引了众多村民前来体验了解运河文化。

此外，通过研究、挖掘大运河文化带深厚的文化积淀和丰富的文化资源，江苏大运河沿线纷纷建立了大运河专题展馆，为保护传承工作提供了集中展示的空间和场所，如苏州大运河遗产展示馆、以"大运河"为主题的无锡数字博物馆和运河文化艺术馆、常州市大运河记忆馆、扬州大运河盐商文化展示馆、镇江古运河文化展示馆等。

（五）积极引导公众参与运河文化资源的保护传承

江苏参与大运河申遗以来，积极引导民间组织、鼓励群众参与其中，大运河文化保护与传承在江苏渐成自觉。2009年扬州就成立了致力于世界运河历史文化城市交流合作的国际性民间组织——世界运河历史文化城市组织，目前该组织已参与主办6届世界运河名城博览会和10届世界运河城市论坛，组织全球100多个运河城市共商共议共享运河遗产保护、生态污染治理良方、运河旅游、运河与城市规划设计等方面的经验做法。

在江苏大运河沿线各地，一直活跃着一大批以各种形式参与运河文化保护传承的志愿者，如1000多位扬州市民成立的大运河保护志愿者总队，退休后一直以自由撰稿人的身份采写运河故事的淮安市民高虎，世居运河边、80多岁高龄仍在担任无锡运河窑址博物馆顾问，收集、整理窑址文化，为南来北往的游客讲解运河老窑"火红"岁月故事的黄仁荣。此外，江苏省及大运河沿线各地相关部门还结合每年的节庆组织志愿者参与活动，宣传运河文化遗产价值和保护理念，积极引导公众加入运河文化资源的保护行列。2018年1月1日，"亲近母亲河·新年走大运"——首届江苏大运河文化带八城新年行走活动在大运河江苏段的8个设区市共同开展,吸引了8城约6000名跑友在江苏各地的大运河之畔,用健步行走的方式为新年祈福。

近年来,江苏大运河沿线各地相关部门、社会团体及专家学者在运河文化研究成果汇编、档案整理出版方面也取得了不少成果。如2012年起,常州市文联组织省内外多个领域的专家,重点对常州运河的历史变迁、古迹遗存、文献资料、经济社会、发展规划、保护利用等课题进行了探本溯源的挖掘和细致的梳理研究,撰写了一批有价值的研究论文,于2014年汇集其中30余篇研究成果出版了《常州运河研究》一书,这是江苏运河沿线城市第一本研究城市与运河文化资源的书籍,对发挥常州运河古迹、自然风光、非物质文化遗产"三位一体"功能,建设开发保护具有重要的参考价值;2015年,由扬州市档案局、扬州市文物局共同编辑的献礼城庆专著《运河串珠》,以运河为纽带,串联起沿线相关城市,书中既有大运河各段历史与现状的记录,也有运河城市珍贵档案的选粹,以此集中展示大运河变迁发展、人文历史的深厚底蕴,是大运河沿线城市档案部门、文物部门整合大运河沿线历史档案的尝试;2016年,长期致力于运河文化研究的学者张强所著的《江苏运河文化遗存调查与研究》经整理后出版,该书以淮安、扬州、镇江、常州、无锡和苏州等城市为对象,从历史与现状、文化遗产基本构成、现状评估、保护与研究、开发与利用等方面探索运河文化遗存保护传承的路径。

(六)形成了一批以运河文化为主题的文化产业

近年来,江苏大运河沿线各市依托运河文化资源,打造了一批以运河文化为主题的文化产业,文化产业园和文化产业基地建设初具规模。如常州市工贸公司依托原第五毛纺厂、航海仪器厂等工业遗产,创立"运河五号创意街区",经过多年发展,街区内已经拥有工业博物馆、常州画派纪念馆、国际青年旅社以及时尚设计、艺术工作室、视觉艺术中心、画廊等业态,入驻文化创意机构70多家,并形成了运河五号创意讲堂、设计新品发布、文化节等特色品牌活动,"古运河畔老工厂"已成为"常州文化新码头",文化创意产业的集聚辐射效应初步显现;无锡环城古运河两岸沿线至今仍保留着许多近代工商业历史文化遗存,如今建设开放了一批独具地方特色的文化产业园,如无锡中国民族工商业博物馆、N1955南下塘文化创意产业园、生活艺术创意园、国家数字电影产业园等,使之成为新兴产业培育发展的良好载体;苏州打出"组合拳",在运河文化风光带上,形成姑苏和吴江松陵两个核心,打造望亭、浒墅关、平望、盛泽四个运河小镇,推动运河沿线产业转型升级,振兴丝绸、纺织、茶叶、核雕等传统产业,培育新兴文化创意产业,策划"走运之旅"等文旅融合项目,建设文化产业带。

(七)培育了一批运河文化特色显著的旅游精品

近年来,江苏坚持生态优先、绿色发展,坚持"城市建设服从古城保护,古城保护服从遗产保护"的原则,依托运河沿线遗产资源,打造了最富文化内涵、最具地方特色、最具观赏价值的文化旅游精品。如淮安以漕运文化为主线打造了一个集休闲、度假、旅游等为一体的漕运城,重现运河之都的繁华盛景;无锡以吴文化为主题,打造了"蓉湖溯源""北塘米市"等八大文化主题景区;镇江以呈现宋代以来南北文化交融的历史,再现京口文化、运河文化为目标,正打造"运河第一街"等。如今,江苏大运河沿线各市为更好地打造运河旅游精品,均有各自的定位,如徐州"大汉雄风、豪情运河",无锡"太湖明珠、甜美运河",苏州"天堂苏州、苏式运河",宿迁"楚风水韵、醉美运河"等。

(八)运河文化资源保护传承纳入相关法律、制度及规划体系

近年来,江苏省有关部门及大运河江苏段沿线城市针对运河文化资源保护传承工作,在法律、制度及规划等方面建立了全方位的综合性管理和保护机制。

江苏省水利厅制定实施《大运河文化带建设水利专题工作方案》,并在相关法律法规基础上,落实最严格水资源管理制度,建立了最严格水资源管理制度的考核体系,提升大运河水资源管理水平。2017年底,江苏通过实行"河长制",根

据省内大运河的情况,设立了2位省级河长、40位市县级河长以及沿线乡、村级河长的五级河长体系,并通过加大行政执法力度,开展打击非法采砂、侵占河道等违法违规行为,全面建立了岸线利用准入、岸线资源有偿使用和有效退出机制,从制度上对运河本体资源进行了全方位的保护。

江苏省环保厅按照"绿水青山就是金山银山"的理念,以"构筑高颜值的生态长廊"为目标,统筹推进水环境治理、水生态修复、水资源保护等系列法治保护机制。截至2017年11月底,大运河江苏段38个省考断面水质优Ⅲ类水比例达76.3%,全面消除了劣Ⅴ类断面。通过推动江苏大运河文化带沿线建立区域生态环境监测网络,强化环境、司法联动,大力推进大运河本体资源保护的长效机制,让这条滋润沿岸人民生活发展的大动脉,绽放出更加耀眼的光辉。

2017年8月,江苏省旅游局重新编制了《大运河江苏段旅游发展规划(2017—2030)》,以世界文化遗产保护和利用的高标准,对大运河江苏段旅游业发展思路进行重新梳理,突出保护优先、整体发展的理念,使得大运河文化遗产的保护传承在省级旅游规划中得到重视和体现。

2017年12月2日,江苏省人大常委会批准了《淮安市文物保护条例》《苏州国家历史文化名城保护条例》,明确规定对淮安、苏州的大运河世界文化遗产进行严格保护。

(九)组织调研考察评估运河文化资源保护传承落实情况

随着大运河文化带建设的提出,江苏省有关部门及大运河沿线各地纷纷响应习近平总书记关于大运河文化带建设的重要指示精神,组织相关人员进行大运河文化带专题调研,深入了解了区域范围内的运河文化资源概况、保存现状、存在的问题、发展潜力等方面的内容。

2017年8月14日,国家文物局会同江苏省文物局对大运河常州段开展世界文化遗产巡查和大运河文化带建设调研工作,对大运河常州段内东坡公园、南港码头、青果巷历史文化街区、西瀛门城墙、运河五号5处遗产点的保护状况以及常州市对《大运河遗产保护与管理总体规划(2012—2030)》的执行情况、常州市大运河文化带建设的思路等方面进行全面考察评估。为配合此次调研,常州市文物局对大运河常州段的基础工作、保护管理、旅游与开发等方面进行了初步自评和材料梳理,并与无锡市遗产评估员进行了评估工作对接。

2017年8月24日,扬州市委书记谢正义组织相关人员专题调研扬州大运河文化带建设,沿大运河扬州段实地调查了解大运河水情水系、自然资源、历史遗存、人文景观、城镇分布、产业发展以及保护和利用等情况。

2017年10月25日,淮安市社科联组织专家学者采取实地调研的方式,对淮阴区大运河文化资源进行系统梳理,先后实地调研了赵集镇境内的张福河、高堰铁牛、石工墙救生桩、高堰洪泽湖大堤石刻、码头三闸遗址、甘罗城遗址、惠济祠遗址、杨庄清口、王家营减水坝遗址、盐闸、烟墩埠工遗址等大运河文化带遗址,通过实地感受和水文资料相结合的方式,进一步加深了对大运河文化的理解,为撰写专题报告提供了丰厚的支撑。

2017年11月15日至16日,江苏省文物局局长吴晓林带调研组在徐州调研大运河徐州段文化带建设工作,实地考察了新沂市窑湾古建筑群、土山汉墓、狮子山楚王陵、汉兵马俑博物馆、汉画像石解密体验馆、徐州汉画像石艺术馆等大运河徐州段文化遗产点,召开大运河文化带建设工作座谈会,听取徐州市大运河文化遗产保护利用情况工作汇报。

四、江苏大运河文化带文化资源保护传承存在的问题

(一)对文化资源的保护不够全面,一些有价值的文化资源仍有待深度挖掘

江苏提出大运河文化带建设战略部署后,运河沿线各地纷纷响应建议开展对区域内文化资源的调研普查工作,但由于对文化资源的认知不足,未能建立系统有效的理论基础,使得对文化资源的保护方式比较单一、保护理念较为落后,

加上存在多头管理、管理头绪复杂的问题,严重阻碍了对文化资源进行全方位、全社会参与的合理保护,在新形式保护展示方面也缺乏创新发展的思路,特别是对于一些有价值的文化资源保护展示层面较浅,仍有待深度挖掘。

此外,目前与江苏大运河有关的法律、制度及规划主要集中在物质文化遗产(以列入世界文化遗产的为重点)、水利、旅游等方面,对非物质文化遗产等文化艺术资源涉及较少,未纳入保障体系中,造成保护传承工作不够全面。

(二) 文化资源保护传承与现代化建设之间冲突加剧

当前江苏大运河文化带文化资源的保护传承面临着城市现代化、农村城镇化的严重挑战,沿线城乡、水利及航道交通等现代化建设与大运河文化带文化资源保护传承之间的冲突加剧、矛盾依然突出。如有的地方保护意识淡薄,一些有价值的文化资源生存环境差,传承发展遭遇困境;有的沿河城镇建设随意拆建,部分建设活动严重威胁着运河遗产本体及其历史环境景观等。

(三) 对文化资源传承利用不足,不能使其在传承中得到发展和创新

江苏大运河文化带文化资源中大多数已被列入各级文物保护单位或非遗名录,部分甚至列入《世界遗产名录》或人类非遗代表作名录,它们在传承利用方面凭借名录效应得到一定的政策扶持和社会关注,在文化创意产业和文化旅游产业取得了一些成效,但目前运河沿线各地文化资源在传承利用方面整体上仍显不足,特别是文化资源之间彼此独立发展的状况较为严重,未能形成系统的、串联式的运河文化带效应,也缺乏多种形式的创新。

五、江苏大运河文化带文化资源保护传承的一些原则和目标

(1) 牢固树立"保护传承为主、合理开发利用"的原则,创新理念,以动态的方式来维系江苏大运河文化带文化资源的历史原真性、风貌完整性和生活延续

性，结合现实需要而赋予这些文化资源以新使命、新价值，确保通过合理利用而实现对它们的更优更好保护与传承，有效解决运河文化资源保护传承和开发利用之间的矛盾。

（2）积极推动江苏大运河文化带文化资源的可持续发展，努力探索文化资源整合的新途径，创新展示运河文化、促进沿线经济社会发展的新举措，真正实现"在保护传承中获得发展，在发展中得到保护传承"的目标。

（3）结合大运河文化带建设，进一步落实文化资源保护传承的整体性原则。大运河文化带是因为漕运而形成的共有文化长廊，对区域内的文化资源无论是保护还是传承都应作为一个整体，这就需要我们加强对江苏大运河文化带文化资源的整合，让运河本体资源、历史文化遗存资源等物质文化遗产与文化艺术资源等非物质文化遗产在保护传承的基础上有机结合，促进整体开发利用。

（4）参照笔者对江苏大运河文化带文化资源的分类，不同类别的资源根据自身特点还需遵循一些具体原则：对于运河本体资源，以不破坏其本体及环境背景为原则，做好河道清理和环境整治工作；对于历史文化遗存资源，按照修旧如旧、有机更新的原则，做好修缮工作，尊重历史，敬仰遗存；对于以非物质文化遗产为主要形式的文化艺术资源，要坚持活态、原真性、整体性、生产性保护等原则，通过加强对非遗传承人的保护，在相关博物馆与纪念场馆展示技艺，让运河文化活起来。

六、关于江苏大运河文化带文化资源保护传承的对策建议

（一）深化江苏大运河文化带文化资源保护传承方面的学术研究

（1）建议以课题或项目的形式组织专家学者和志愿者对江苏大运河文化带文化资源展开全面普查，通过梳理运河相关古籍、地方志、考古报告、遗产调查成果、经典历史文化研究成果等相关文献，结合实地调查，借助空中遥感、水下声呐和三维扫描等现代科技，对江苏大运河文化带文化资源进行全方位拍摄记录，掌

握大量第一手资料,整理汇编形成江苏大运河文化带文化资源保护传承的基础研究资料,条件允许可结集出版,以便作进一步学术研究。

(2)建议有关部门加大支持力度,与科研机构等合作成立大运河文化带文化资源保护传承研究机构,对大运河文化带文化资源保护传承进行深入、全面、系统的研究,为江苏大运河文化带文化资源保护传承提供坚实的学术理论支撑,增强学术研究力量,并定期召开相关学术研讨会进行交流、对话。

(3)鉴于江苏大运河文化带文化资源的保护传承涉及历史、文化艺术、水利、旅游、经济等众多领域,建议大运河文化带沿线各地设立专家咨询委员会或专家咨询组,支持各个方面的专家学者,从多个角度开展江苏大运河文化带文化资源保护传承方面的学术研究,更好地发掘、阐释和弘扬其中深厚的历史价值和文化内涵,形成多视野、全方位、有特色的研究成果,为江苏省委省政府及地方各级政府实施科学决策发挥参谋部、智囊团作用。

(二)组织实施江苏大运河文化带文化资源保护传承工程

根据本课题中对江苏大运河文化带文化资源的分类,结合各类资源的现状和管理格局,建议组织实施不同类型的保护传承工程。

(1)对在用类的运河河道、湖泊水体等运河本体资源和在用类的水工设施等运河附属文化资源,可由当地文物部门协同资源所属的水利、航运等部门,根据相关行业的技术标准、遗产保护基本原则和相关规划管理要求,组织实施维护与保护工程,包括清淤、疏浚、整治航道以及维修在用水工设施、抢险加固等。

(2)对运河附属文化遗存资源、运河相关物质文化遗产以及非在用的运河本体资源,可由当地文物部门根据资源遗存具体情况,安排必要的保护与维护工程,包括现状整修、防护加固、重点修复等。

(3)对运河相关文化空间,可由当地文物部门协同相关住建部门组织和指导进行保护与维护工程,包括基础设施改造、建筑修缮、环境整治等。

(4)对文化艺术资源,可由当地文化部门联合宣传部门、社科组织、艺术团体、教育机构等,组织进行与运河相关的非物质文化遗产保护传承工程,包括非遗基础设施建设、非遗传承人队伍建设、非遗生产性保护基地建设、非遗文化生态保护区创建、包括文献档案遗产在内的运河非遗数据库建设、"非遗进课堂"行动等。

(三)建立健全运河文化资源保护传承监测管理体系

江苏大运河文化带文化资源同样需要加强监测管理,为保护传承工作提供完善有效的手段和措施,即通过包括监测管理技术、评估制度等在内的监测方案,准确获得数据并合理地应用,制定应对策略,从而达到有效保护传承的作用。

(1)建议组织专业力量积极开展江苏大运河文化带文化资源监测管理体系框架研究,进一步完善运河文化资源的监测平台体系和监测巡视制度,建立统一的江苏大运河文化带文化资源监测网络和平台。如可利用运河申遗前后江苏大运河沿线各地建立的物质文化遗产监测平台,充分融入江苏大运河文化带各类文化资源的特点和需要遵循的具体原则,运用先进科技成果,建立覆盖江苏大运河文化带文化资源所有类型的监测管理系统,特别是要将以非物质文化遗产为主要形式的文化艺术资源纳入到体系建设中来,形成更大范围的多部门联动和集监测、管理、研究等功能于一体的监测管理体系,为运河文化资源的保护传承提供更全面、更有效、更便捷的服务。

(2)鉴于江苏大运河文化带文化资源的类型、保存状况以及管理格局不一,在监测方式和管理手段上可以多样化:针对运河河道、湖泊水体等运河本体资源,可由文物部门协同资源所属的水利、航运等部门,采用科学技术手段为主、人工巡查为辅的监测方式;针对历史文化遗存资源,可由文物部门根据遗存现状、周边地理环境以及利用情况,采用科学技术手段和人工巡查相结合的形式进行监测管理;针对文化艺术资源,可由文化部门组织力量对这些非物质文化遗产的保护传承情况进行动态监测,即主要以人工走访记录的方式调研非遗活动内容、存续现状及其传承人等活态内容,同时进行评估获得监测结果的形式,以此为基础,采用先进的信息技术手段,整理相关信息建立数字化资料库。

（3）加强监测管理团队的培训工作,促进监测技术和经验的交流。积极引进先进的监测技术和管理理念,集中组织相关监测管理工作人员进行培训学习,通过全方位考核,有效提高江苏大运河文化带文化资源的监测管理质量和水平;合理利用奖励制度和激励对策,提升监测管理团队的工作效率和进步空间,同时还可以开展各种有关运河文化资源监测管理的活动课题和科研项目,在实践和研究中促进经验交流、提升监测技术。

（四）加强江苏大运河文化带文化资源公共文化服务体系建设

江苏大运河文化带文化资源作为公共文化资源的重要组成部分,理应纳入现代公共文化服务体系建设,这也是推动其保护传承的有效途径之一。"十三五"时期,我国公共文化建设正处于大有作为的重要战略机遇期,建议江苏大运河文化带区域范围内的各地有关部门,以加快构建现代公共文化服务体系为契机,着力打造江苏大运河文化带文化资源公众服务平台,加强宣传展示工作。

（1）利用运河沿线绿地、广场、岸线、码头等公共空间,结合运河文化内涵,加强运河堂馆、运河广场、运河园区、运河长廊、运河标志性工程等文化资源配套设施建设,为江苏大运河文化带文化资源保护传承提供公众服务平台。

（2）通过实施文化遗产解读工程、保护工程、展示工程、数字化工程等措施,将价值突出、功能完善的运河文化资源项目集中到博物馆、展览馆、陈列馆等专题展示场所,全面展示运河相关的水文化、地域文化、园林文化、工商文化、漕运文化、盐运文化等,并向公众开放,同时推出寓教于乐的系列展览,广泛开展运河文化知识教育普及活动,通过有序有效利用来传递相关保护传承理念,充分发挥江苏大运河文化带文化资源的教化育人功能和公共文化服务作用。

（五）动员全社会力量参与江苏大运河文化带文化资源保护传承

（1）建立江苏大运河文化带文化资源保护传承信息公开和公众参与机制,同时确保公众在运河文化资源保护传承工作中的知情权、参与权和监督权,如利用互联网平台,打造江苏大运河文化带文化资源保护传承微信公众号、专题网站等,建立日常性与江苏大运河文化带文化资源保护传承相关的宣传推介体系。

(2) 鼓励成立群众性大运河文化资源保护传承组织,提供公众参与的平台,拓展公众考古、志愿者行动、义务保护员等公众参与途径,唤醒民众对江苏大运河文化带文化资源的保护传承意识,增强文化自信,为进一步传承中华优秀文化,为实现中华民族伟大复兴的"中国梦"增添文化动力。

(3) 推动有关部门在江苏大运河文化带沿线区域定期组织举办一些弘扬运河文化、传播当地风情和群众喜闻乐见的论坛、节庆、庙会等活动,以营造文化资源保护传承的良好氛围。

(4) 支持相关部门、社会团体、新闻单位和各界人士,对江苏大运河文化带沿线区域文化资源的价值与精神内涵作深度梳理与挖掘,形成一批论文、丛书等研究成果,创造一批反映运河文化的文学影视作品,并做好编纂、出版、发行及摄制工作,推动江苏大运河文化带文化资源的形象和价值传播,引领更多人了解并加入保护传承工作。

(六) 依托江苏大运河文化带文化资源,打造大运河特色文化产业

建议江苏大运河文化带沿线区域以大运河文化带建设的国家战略为契机,充分挖掘本地大运河文化带文化资源,通过活化利用,将其融入当代城市文化建设的大潮中,把文化资源优势转变为产业优势、经济优势,从加大对江苏大运河特色经济的培植力度出发,在江苏大运河沿线形成经济走廊和发展高地,推动大运河文化带成为区域性特色文化产业带,进而为江苏大运河文化带文化资源保护传承的落实提供良好的经济基础。

(1) 江苏大运河文化带沿线区域应立足各地运河文化资源特色和区域功能定位,发挥比较优势,明确发展重点,以协同发展、跨专业领域合作的态势,建设一批集聚效应明显、孵化功能突出的特色文化产业基地、园区和集群,形成联动的运河特色文化产业空间功能框架,实现集中开发、功能互补、错位发展的效果,

进一步促进运河沿线城市文化产业多样化、差异化发展,避免同质化竞争。如淮安可整合运河和洪泽湖地区形成的一系列大体量多功能的水利枢纽工程资源,开发国家水利主题公园,发展水利文化产业;扬州可依托古城历史街巷等资源遗存,实行影视和演艺联姻的运作方式,发展扬州的影视演艺产业,影视、文学艺术作品的选题要向运河文化倾斜,采用"扬州景点、扬州故事、扬州演出、扬州拍摄"等,集中塑造扬州运河文化整体形象;镇江可利用运河和扬子江交汇的区域位置特点,引入镇江山水文化和瓜洲古镇古渡文化等资源要素,迭现运河文化的秀美和长江文化的雄阔,形成十字形运河长江文化产业集聚区;无锡可对其运河文化带范围内的近代民族工业遗存进行修缮、改造和利用,形成一批独具特色的创意工作区、文化展示区、艺术活动区和新型生活区,构建运河文化创意产业带;苏州可利用江南古桥、水乡古镇、古典园林等资源优势构建"小桥、流水、人家"的文化休闲产业等。

(2)加快培育现代文化科技创新体系,拓展科技和文化合作的领域,用科技手段提升文化产业发展水平,提高文化产品的科技竞争力,让运河文化资源焕发新的活力。以动漫文化产业为例,一方面可积极鼓励整理提取名人、园林、工艺美术、故事传说等江苏大运河文化带文化资源要素进行动漫创意加工,创造具有自主知识产权的地域文化品牌;另一方面可在江苏大运河文化带文化资源集中区域布点建设动漫创意文化产业集群,采取校区、园区、城区"三区联动"和学科链、技术链、产业链"三链联动"新模式,尽快形成高端动漫创意文化产业基地,如利用常州在数字文化产业方面的优势,打造数字文化主题景区,集聚展示江苏大运河文化带文化资源保护传承的数字化内容。

(3)充分考虑江苏大运河文化带文化资源的内涵和分类特征,实施"一体两翼"的文化产业发展战略,即以运河本体资源为地理标识,历史文化遗存资源和文化艺术资源为创意融合内容,优化运河文化生产力布局,促进整体开发利用,彰显江苏大运河文化带文化资源的特色和优势。如淮扬运河渊源深厚,一直是淮安和扬州的重要纽带,以运河为姻缘的淮安和扬州是名副其实的"运河双子城",因淮扬运河而衍生的淮扬文化更是独具特色的地域文化,可利用这一整体优势,以淮扬运河为地理标识,淮安、扬州古城等历史文化遗存资源和淮扬菜系、淮扬戏曲等文化艺术资源为创意融合内容,通过优化资源组合联合打造,形成淮扬运河文化产业集群。

(七)积极挖掘文化资源打造江苏大运河文化旅游品牌

(1)建议进一步挖掘大运河文化带文化资源的文化内涵,抓住大运河文化带建设的机遇,对区域内运河文化及楚汉文化、淮扬文化、吴文化等多个江苏地域文化的价值与精神内涵作深度梳理与挖掘,结合研究成果将其与旅游深度融合,使其转化为有品位、有深度和有吸引力的文化旅游产品。如结合资源特点,打造遗址公园、水利风景区、水文化景观等特色鲜明、形式多样的运河旅游景观等。

(2)以运河本体资源为线,加强旅游联盟线路建设,突出运河"慢节奏"、休闲性、体验性旅游品质,使江苏大运河沿线逐步成为领略运河风情、接受传统教育、增强文化自信的重要旅游目的地和国际知名品牌;将江苏大运河文化带各类历史文化遗存资源和文化艺术资源进行串联,并与商圈及创意园区进行对接,开发形式多样、参与性强的旅游项目及旅游纪念品,打造集文化教育、观光度假、休闲娱乐、美食购物于一体的综合性文化旅游线路。

(3)建议江苏大运河文化带所在的各地政府推动文化部门和旅游部门优势互补,在政策制定、数据统计分析、资源共享、人才培养、资金投入等方面加强协作,充分利用运河沿线城市博物馆、美术馆、纪念馆等场所开展人文旅游,形成品牌意识。在无锡清名桥文化旅游区建设、扬州古运河文化展示区建设、淮安里运河文化长廊建设等方面,各方要进一步加强合作与磋商,把大运河厚重而丰富的文化资源,变成助推江苏经济社会发展、促进文化旅游繁荣的催化剂。

(4)建议江苏大运河文化带各级文化和旅游部门通过举办论坛、投资洽谈会、项目交易会等形式,推进运河沿线文化企业与旅游企业的沟通与合作。鼓励以资本为纽带的文化、旅游企业间的合作,实现优势互补、市场共享。实现以大运河为主轴,以旅游、工艺美术为基础,以展会和文化产业示范基地(园区)为依托,以图书报刊、演艺、动漫、文化创意设计为载体的特色文化旅游品牌发展的新格局。

(八) 推动大运河文化带文化资源保护传承的相关法律、制度及规划的完善

(1) 在全面深入理解江苏大运河文化带文化资源内涵的前提下,积极推动江苏大运河文化带文化资源保护传承的相关法律、制度及规划的完善,在保护方式、保护理念以及传承利用等方面创新观念、拓宽思路,实现系统整体保护与合理传承利用,尤其是要把非物质文化遗产纳入相关内容体系中。

(2) 在涉及江苏大运河文化带文化资源的相关工程中,各部门要积极协商,按照《中华人民共和国文物保护法》《世界文化遗产保护管理办法》《大运河遗产保护管理办法》《中华人民共和国非物质文化遗产法》等法律规章要求,编制文化资源保护传承方案,形成规划、文化部门对所涉工程进行联合审批的制度,确保运河文化资源不受重大影响和破坏。

(3) 加强与江苏大运河文化带文化资源相关保护规划的衔接,从规划选址、用地管理、规划条件、方案审查、工程许可等各个环节,落实文化资源保护要求,提升江苏大运河文化带文化资源保护工作的质量和水平。

(九) 江苏大运河文化带文化资源保护传承的政策性建议

1. 加强统一领导,建立协调机制

江苏大运河文化带文化资源的保护传承工作是一个涉及多个部门、多个地区的系统工程,需要多方的共同努力、协作、支持与参与。

(1) 建议江苏省委省政府及江苏大运河文化带沿线城市各级政府从增强文化自信、造福沿河民众,实现文化强区、强市、强省的战略高度,把大运河文化带文

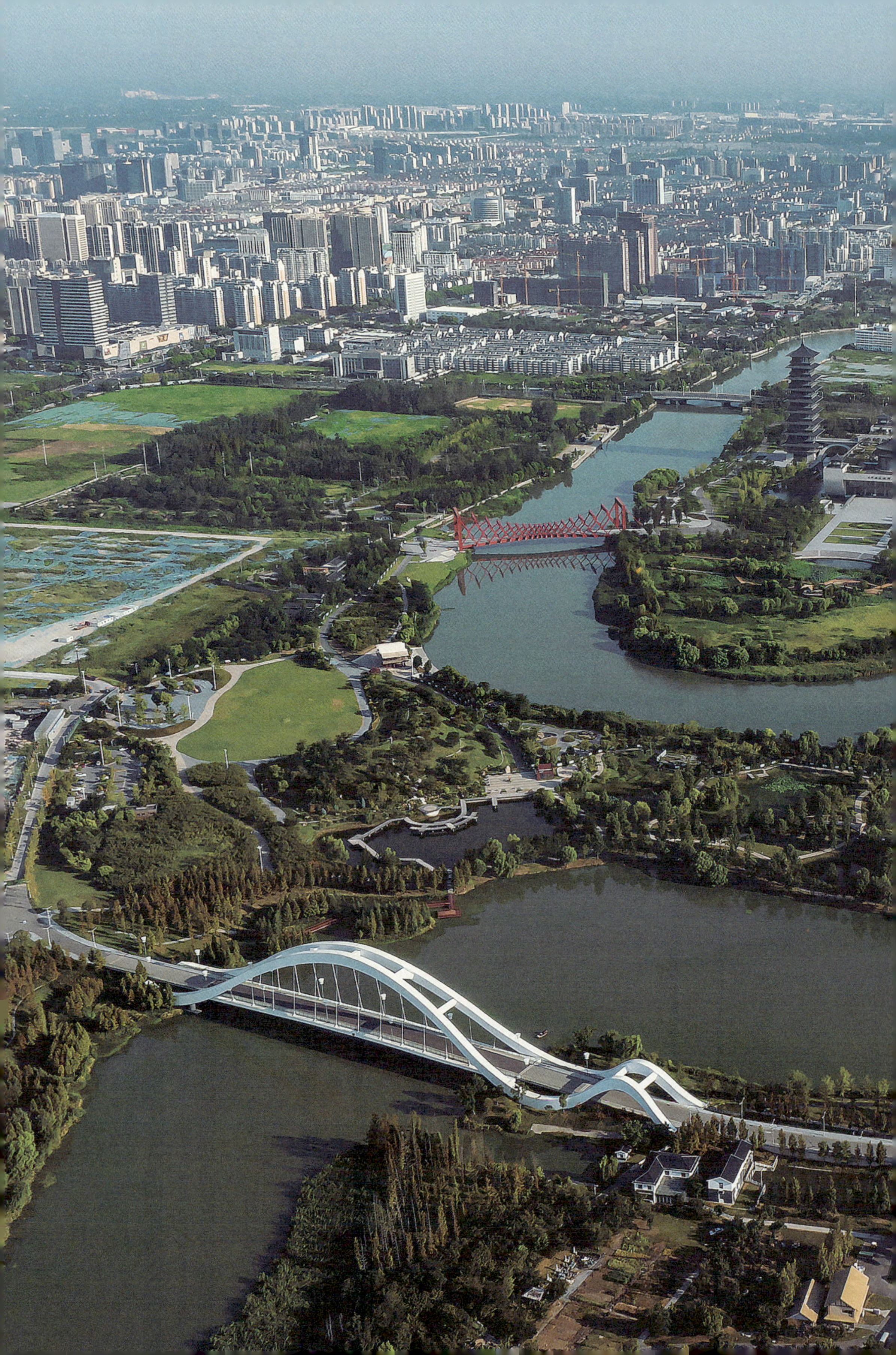

扬州运河三湾生态文化公园

化资源保护传承工作列入重要议事日程,建立定期会商、协调、合作机制,形成统一领导、协同推进、有关部门各负其责、社会共同参与的格局。一方面,规划、建设、文化、环保、水利、城管、交通、旅游等部门要积极做好运河文化资源的保护与管理工作;另一方面,要充分发挥运河沿线辖区、街道及社区的积极性,共同开展运河文化资源的保护传承工作,同时积极发挥社会力量和志愿者的作用,建立民间性的运河遗产保护基金和志愿者队伍等,共同为保护传承好运河文化资源献计出力。

(2) 继续发挥大运河申遗过程中建立的协调联动机制的作用,推动江苏大运河沿线城市建立跨地区、跨部门的文化资源保护传承联动机制,聚集各方力量,形成合理的协调机制和分工体系,在大运河沿线城市形成共建运河文化圈的氛围,让沿线城市共同发力,打破"一亩三分地"的思维定式,促进更大范围的融合和交流。

2. 完善扶持政策,落实保障措施

(1) 建议设立省级和地方各级大运河文化带文化资源保护传承基金,各级政府每年都应安排一定数额的经费,重点用于大运河文化带文化资源的普查、抢救、研究、整理,以及文物古迹的修复维护,特色城镇的打造,运河文化堂馆、文化广场、文化长廊和标志性工程、运河遗址公园建设,运河文学艺术创作,弘扬运河文化活动的举办等。

(2) 建议抓住国家调整产业结构、大力支持文化产业和服务业发展的机遇,围绕江苏大运河文化带文化资源保护传承,积极争取政策性资金扶持。

(3) 建议做好江苏大运河文化带文化资源保护传承项目的对外推介,吸引各类社会资本,积极参与大运河环境友好型、文化生态型项目的打造和重大文化产业、旅游项目的开发等。

(本文为江苏省智库研究与交流中心委托课题成果,课题编号:17ZK001;部分内容发表于《江苏省决策咨询研究基地成果报告摘要(三十一)》2018年第3期;参与人员:干有成、吴问先、李志平、同银星、万圆圆)

大运河江苏段沿线名城名镇保护修复研究

2020年11月,习近平总书记在视察江苏时,指出要把大运河文化遗产保护同沿线名城名镇保护修复等统一起来,为沿线地区社会经济发展、人民生活改善创造有利条件。这为大运河名城名镇的保护修复工作明确了方向。2021年,住房和城乡建设部(以下简称住建部)、国家文物局公布的《关于加强国家历史文化名城保护专项评估工作的通知》,为大运河沿线名城名镇保护修复工作提供了标准。其附件《国家历史文化名城保护不力处理标准(试行)》,对于名城保护提供了底线标准。大运河沿线名城名镇作为大运河历史文化真实、生动的价值载体,且作为保护修复项目被纳入《大运河文化保护传承利用"十四五"实施方案》中重点推进。作为大运河起源地和申遗牵头省域,江苏自改革开放以来,其大运河沿线名城名镇保护工作在顶层设计、治理修复、文化遗存保护、文旅融合等方面多方发力,取得了较为明显的成效,是"保护好、传承好、利用好"大运河历史文化资源的重要举措,也为推进大运河文化带和国家文化公园建设提供了助力,具有广泛的现实意义。

一、大运河沿线名城名镇保护修复研究的现实意义

(一)是全面贯彻落实中央号召,保护好、传承好、利用好大运河文化的重要战略行动

习近平总书记多次强调,大运河是祖先留给我们的宝贵遗产,是流动的文化,要统筹保护好、传承好、利用好,并于2020年11月在江苏考察时要求将大运河文化遗产保护同沿线名城名镇保护修复等统一起来。这不仅为大运河文化带建设进一步明确了方向,也将大运河沿线名城名镇保护修复提上了日程。作为大运河起源地和申遗牵头城市所在的省,江苏认真贯彻落实习近平总书记重要讲话精神和中央决策部署,将大运河文化带和国家文化公园作为建设江苏"社会主义文化强国先行区"、推动高质量发展走在前列的重大工程。而分布在大运河沿线的名城名镇与大运河文化带和国家文化公园建设存在空间上的重叠,两者具备协同发展的条件。可以说,弘扬和传承大运河文化,离不开对这些名城名镇等文化遗产资源的整体保护修复和合理利用。尤其江苏是大运河沟通水系最多、覆盖地域最广、文化遗产最丰富、流经城镇最繁华的省份,其大运河沿线名城名镇经济、社会、文化、生态等方面的发展,为大运河文化带产业转型升级、水环境治理和文化特色资源利用以及大运河国家文化公园建设等,提供了强有力的精神与物质支撑。

(二)有利于保护城乡文化特色,促进文化振兴

名城名镇是民众与大运河建立和维系情感纽带的重要生产、生活空间。运河生则城镇生,运河兴则城镇兴。加强对大运河沿线城镇的保护修复以及保护好、利用好相关文化遗产,有利于大运河江苏段沿线城镇、乡村保持自身文化特色与优势,彰显地方风采,助力文化振兴和城镇更新,更好地保障大运河沿线的民生福祉。

高邮（1594年明代《扬州府图说》） 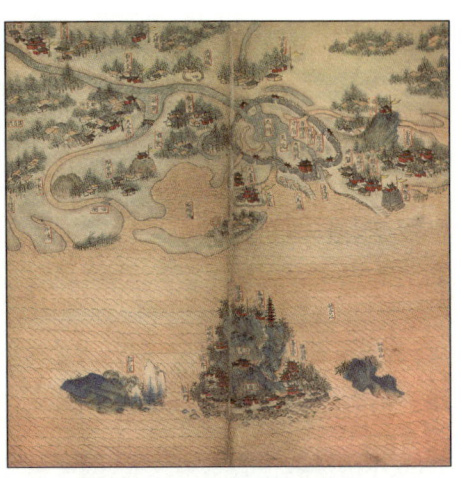　　瓜洲（1594年明代《扬州府图说》）

如皋（1594年明代《扬州府图说》） 　　泰州（1594年明代《扬州府图说》）

（三）对发挥运河遗产多重价值以及"水韵江苏"品牌战略实施具有重大意义

　　大运河江苏段沿线名城名镇将江苏境内的楚汉文化、淮扬文化、吴文化、江海文化、大运河文化等传统地域文化有机串联，形成兼收并蓄、包容多样、独具魅力的大运河江苏段沿线名城名镇的历史文化系统，是富含江苏文化特质的传统文化大宝库、文化创新转化发展的大空间。江苏发挥流经名城名镇的运河干流、支流，以及与其互通的长江、黄海等水体和水文化空间作用，为"水韵江苏"品牌打造奠定了良好的基础。

二、大运河江苏段沿线名城名镇概况及保护修复现状

（一）概况

根据《中华人民共和国文物保护法》中对"历史文化名城"的概念界定，以及1986年国务院在公布第二批"国家历史文化名城"时，首次提出"对一些文物古迹比较集中，或能较完整地体现出某一历史时期的传统风貌和民族地方特色的街区、建筑群、小镇、村寨等，也应予以保护"的要求，将大运河沿线名城名镇界定为与大运河形成、发展、变迁、演化、交通、运营、生产等密切相关的沿运河所形成的历史文化名城、名镇，历史文化街区、历史地段等，是我国历史文化遗产的重要组成部分，因此得到学者们的关注。

近年来，随着大运河文化带和大运河国家文化公园先后成为国家级重大文化工程，大运河沿线城镇保护与发展成为重要的研究课题。如学者王韬认为，江苏自先秦以来受大运河影响形成多个独具特色的沿运城市。吴晓等人认为，江苏古镇在不同的演化阶段，均受大运河水系演变、水利水工、文化特色等因素作用的影响。郑憩以大运河北端起点北京张家湾镇为例，分析古镇资源优势、现状以及存在的问题，进而有针对性地提出打造运河文化景观带、推动文旅融合发展等规划建设策略等。基于这些相关研究成果，本文试图从大运河江苏段网络体系审视沿运名城名镇，系统梳理沿线名城名镇保护修复状况、存在的问题等，为江苏在新时期推动大运河文化带和大运河国家文化公园建设提供一定的理论支撑。

大运河江苏段是运河全线历史最为悠久、文化遗存最为丰富、经济社会发展最为先进的段落，距今2500多年，是江苏的母亲河。它孕育了江苏大地一座座

历史文化名城名镇,截至目前,大运河江苏段沿线有国家历史文化名城13个、省级历史文化名城5个,中国历史文化名镇29个、省级历史文化名镇7个。这一座座名城名镇由大运河串珠成链,构成全国历史名城名镇密度最高、文化内涵最为深厚的大运河城市系统,成为当代江苏文化强省建设的最坚强支撑。它们也是大运河江苏段历史的物质载体和文化遗存的展示空间,千百年来承载着江苏运河文化中最真实、最细微的物质和精神,反映了大运河江苏段沿线不同时期、不同地域、不同民族、不同经济社会发展阶段聚落形成和演变的历史过程,是富有历史价值与文化价值的聚落形态的真实记录与展现。

大运河江苏段沿线省级以上历史文化名城名镇一览表

类别	名录
国家历史文化名城(13个)	南京市、苏州市、扬州市、徐州市、镇江市、淮安市、无锡市、南通市、泰州市、常州市、常熟市、宜兴市、高邮市
江苏省历史文化名城(5个)	兴化市、江阴市、南京市高淳区、如皋市、连云港市
中国历史文化名镇(29个)	甪直镇(苏州市吴中区)、周庄镇(苏州昆山市)、同里镇(苏州市吴江区)、木渎镇(苏州市吴中区)、沙溪镇(苏州太仓市)、千灯镇(苏州昆山市)、锦溪镇(苏州昆山市)、沙家浜镇(苏州常熟市)、东山镇(苏州市吴中区)、震泽镇(苏州市吴江区)、黎里镇(苏州市吴江区)、古里镇(苏州常熟市)、凤凰镇(苏州张家港市)、光福镇(苏州市吴中区)、巴城镇(苏州昆山市)、邵伯镇(扬州市江都区)、大桥镇(扬州市江都区)、临泽镇(扬州高邮市)、界首镇(扬州高邮市)、荡口镇(无锡市锡山区)、长泾镇(无锡江阴市)、周铁镇(无锡宜兴市)、孟河镇(常州市新北区)、沙沟镇(泰州兴化市)、溱潼镇(泰州市姜堰区)、黄桥镇(泰州泰兴市)、栟茶镇(南通市如东县)、余东镇(南通市海门区)、淳溪镇(南京市高淳区)
江苏省历史文化名镇(7个)	金庭镇(苏州市吴中区)、平望镇(苏州市吴江区)、桃源镇(苏州市吴江区)、丁蜀镇(无锡宜兴市)、窑湾镇(徐州新沂市)、宝堰镇(镇江市丹徒区)、马头镇(淮安市淮阴区)

江苏大运河沿线名城名镇装载了厚重的历史记忆,承载了丰富的江苏文化传统,彰显着浓郁的地域文化,留存了丰厚的文化遗产,如邵伯镇是大运河沿线遗产点最多的古镇,其中大码头、铁牛、明清运河古堤、故道等列入世界文化遗产,完好地保

存了从古运河至今淮扬运河不同历史时期的河道,并依然发挥作用,历代人民在此留下大量的水工遗存。它们特色鲜明、底蕴深厚,是"乡愁"的重要载体。

(二)现状

1. 沿线名城名镇申报工作得到有效推进

近年来,为保护好散落在运河沿线的名城名镇,江苏省住房和城乡建设厅积极推进沿线历史名城名镇申报、历史街区划定和历史建筑确定等工作,明确了物质遗存保护的法定地位,有效提高了运河沿线地区历史文化保护工作的积极性与规范性。与此同时,江苏还在全国率先出台省级层面的历史文化名城名镇保护条例,印发了《关于加强历史街区保护工作的意见》,并提请省政府转发了《关于进一步规范我省历史文化名城名镇名村申报认定工作的通知》,制定了系列有关历史文化保护的工作制度与技术规范,为大运河江苏段沿线历史文化名城名镇保护奠定了法律基础,提供了技术支撑。

历史上的镇江城和大运河变迁

2. 沿线名城名镇保护规划体系较为完善

多年来,江苏积极开展大运河文化带历史文化名城名镇相关规划的编制工作,截至目前,沿线除最新公布的几个名镇外,历史文化名城名镇保护规划均已完成编制,形成了较为完整的历史文化名城名镇等保护规划体系,基本实现了保护规划全覆盖。同时,编制完成《大运河文化带江苏段立法调研报告——空间布局专题报告》《江苏省大运河文化保护传承利用实施规划》《大运河国家文化公园

(江苏段)建设规划》《江苏省大运河文化遗产保护传承规划》等,不仅明确了大运河江苏段历史文化保护传承利用的总体要求,也为沿线名城名镇相关规划编制研究工作,以及大运河沿线文化遗产的有效保护与合理利用提供了指引,如指导有关城市深化开展《无锡古运河保护规划》《常州市古运河—关河保护利用概念规划》等编制研究工作。

3. 沿线名城名镇内部文化遗存得到合理有效利用

目前,在江苏省大运河文化保护工作的总体框架下,不少文化遗存得到合理有效利用,14个历史文化名镇、9个历史文化街区的保护修缮项目被纳入《江苏省大运河国家文化公园建设保护实施方案》。在保护修复实践方面,扬州全面提升了东关街、仁丰里和邵伯镇等运河沿线历史文化街区、名镇的人居环境和发展活力,持续实施传统民居修缮、非遗技艺传承等,推动中华优秀传统文化创造性转化、创新性发展;苏州则积极开展了大运河沿线历史文化街区保护修缮,对已列入大运河世界文化遗产点的平江、山塘两处历史文化街区进行了环境与风貌整治,同时对古建老宅等进行修复,并活化利用;淮安从深入研究名镇特点入手,开展了历史建筑保护利用试点和历史文化街区综合环境提升工程,推进大运河两岸生态治理修复与景观打造等。

清代《姑苏繁华图》中的运河商业盛况(局部)　　　　南宋平江府图碑

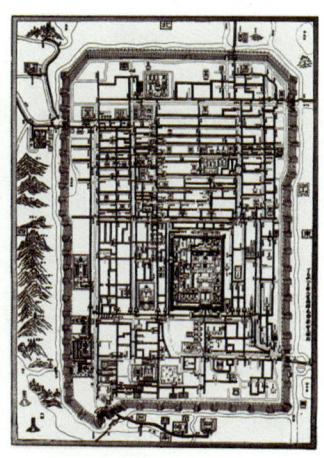

4. 沿线名城名镇特色空间体系初步形成，大运河文化遗产活态利用增强

近年来，江苏依托大运河沿线名城名镇分布的线性特征，借助大运河文化带及国家文化公园建设对沿线文化遗产价值的识别与彰显之契机，在系统梳理大运河沿线名城名镇所拥有的历史文化资源和自然生态景观资源的基础上，规划布局串联了大运河沿线文化遗产点，构筑了贯穿江苏南北的大运河特色景观廊道。廊道以运河风光、历史城镇等为核心资源，集中江苏最为密集的历史资源，蕴含江苏以吴、金陵、淮扬等为代表的多元文化，串联起江南水乡、里下河水网、苏北平原以及江河、湖泊等多样化的自然地貌景观，途经江苏南北发展最有活力的8个省辖市，是江苏历史与自然交织辉映的文化与生态长廊。该廊道不仅提升了运河沿线人居环境质量和城镇空间品质，也促进了大运河文化遗产的活态利用。

今天的扬州运河

5. 沿线名城名镇基础设施不断完善及其经济社会发展稳步提速

首先，江苏大运河沿线名城名镇积极推进历史遗存维修整治和基础设施改善，将名城名镇境内历史城区、历史文化街区、历史地段作为保护重点，推动保护利用，避免大拆大建，采取小规模、渐进式的有机更新，并推进镇村文化服务中心、卫生室、图书室、会议室、健身场地、篮球场等公共服务设施建设，提升人居环境。

其次，沿线名城名镇经济收入稳步提高。在 2020 年 9 月由中共江苏省委宣传部、江苏省文化和旅游厅、江苏省文联、无锡市人民政府等主办的"创新文旅生态，链接美好生活"第二届大运河城市文旅消费论坛上，邵伯镇荣获"消费者最青睐的江苏运河名镇"之一，也给当地带来了丰厚的经济收益。同时，社会管理方面，按照生产发展、生活宽裕、乡风文明、镇容整洁、管理民主的目标，努力建设社会主义新村镇，不断提升村镇绿化建设品位，使社会和谐发展。

三、主要问题

（一）保护修复所需的政策和资金投入还是以大运河沿线名城为主，对名镇重视不足

目前，有些地方对沿线名城文化带建设较为关注，对沿线名镇及其境内的乡村文化带建设关注不足，即省市对大运河文化带建设较为重视，但基层对名城名镇保护修复工作及大运河文化带建设工作的认识存在不足。如有些基层领导对大运河沿线名城名镇的数量把握不清，对沿线考古工作开展的重要性认知不足，且有些认识和提法与中央有关精神及省、市委，省、市政府的有关工作安排不够吻合和统一，存在重物质文化遗产、轻非物质文化遗产，拆旧建新，重经济价值、轻文化价值等倾向。资金投入还是以名城为主，对名镇重视不足，对苏北地区投入不足。社会资本介入名城名镇保护修复尚未形成行之有效的科学监管机制。有的地方财政尚未将沿线名城名镇保护修复专项资金列入年度财政预算。

（二）建设性破坏较严重，原真性流失显著

大运河江苏段沿线名城名镇保护修复面临的对象，大多是具有一定历史价值的古建筑，但居住条件较差，排水、供电、卫生等基础设施基本无法满足居民现代生活之需求，亟须在坚持保护为主的前提下加以修缮。而旧居的修缮成本通

常比拆旧建新所需成本高，这使得大量传统民居遭到非专业性的改建改造，新建的钢筋混凝土建筑更是与传统建筑风格差异明显，导致传统风貌遭到严重破坏。加之保护修复工作中部分工程队伍的不专业，或招投标要求不专业，导致产生保护修复性破坏问题。

（三）文旅融合产业发展不足，"千城一面""千镇一面"成为修复利用中的主要问题

随着城镇化建设发展，一些地方的老房子被扒掉，取而代之的是新建的仿古建筑；有的地方甚至直接在古建筑内进行大拆大建以及改造成商业性空间，如采用青石板铺路，并在街道两边开设商铺等，使建筑风格相近。部分地方政府未能顾及名城名镇内文化遗产的脆弱性以及空间容量的有限性，在相关设施不够完善的情况下过多接待游客，以致超出名城名镇所能承受之重，加上相关旅游管理力度的不到位，使得游客的行为得不到有效规范，秩序混乱、嘈杂等现象层出不穷，进而容易造成大运河沿线名城名镇各自的特色消退等，以致存在"千城一面""千镇一面"状况，也容易导致"多镇一业"的现象，导致新业态培育缺乏力度，难以形成完整的产业链，大运河文化带江苏段的底蕴与特色也得不到足够彰显。

（四）部门间缺乏配合，区域间缺乏协调

大运河沿线名城名镇保护修复工作站，通常涉及多个部门，沟通协调难度较大，难以在短期内形成推动名城名镇保护修复的合力，缺少整体系统工程的设置，容易造成保护修复碎片化。加之大运河江苏段跨区域特征明显，这在一定程度上也容易使得区域之间的基础设施建设、生态保护、产业发展协调难度加大。协调的缺失不仅不利于集中力量解决问题，以及保护大运河江苏段流经地的地域特色，更不利于对大运河与沿线名城名镇关系的妥善处理，这容易带来沿线名城名镇保护修复中因配合不力、协调不足而导致相关项目对接难度大、项目重复建设等，进而影响各具特色的名城名镇打造。

四、加强大运河江苏段沿线名城名镇保护修复的对策建议

(一) 加强沿线名城名镇调查研究和考核评估及认定

随着江苏省大运河文化带建设工作的进一步推进,尤其是在国家住建部和文物局发布《关于加强国家历史文化名城保护专项评估工作的通知》后,应对照保护不力的评估标准,加强大运河江苏段沿线名城名镇的调查研究以及考核和评估工作,包括:研究江河交汇、水利工程、航运技术、漕运盐业等对运河沿线名城名镇形成与发展的推动,并对沿线名城名镇内历史文化资源开展普查、调查和评估;加强对名城内的名镇、名村(传统村落)、街区和历史地段、历史建筑等的认定公布,设立标志牌;对文物保护单位核定公布,以及对尚未核定公布为文物保护单位的不可移动文物登记公布、挂牌保护、建立并动态更新记录档案等。

(二) 突出保护规划的重要地位,强化各项规划的融合衔接

坚持原真性、整体性和持续性,由建筑保护、城镇规划、历史、艺术、社会、经济、生态等多领域的学者组成多学科的专家组,来拟定保护措施和建设规划。要坚持规划先行、保护与利用并举等原则,通过实行最严格的保护制度,保护城镇的整体历史风貌,引领城镇的

京杭大运河无锡段

可持续发展。同时,积极推进大运河江苏段沿线名城名镇保护修复项目纳入《江苏省大运河国家文化公园建设保护实施方案》《2020年全省大运河文化带和国

家文化公园建设工作要点》《江苏省大运河文化保护传承利用实施规划》中,在全省大运河文化保护工作的总体框架下,进一步彰显沿线名城名镇的文化价值。其中,在推进《大运河国家文化公园(江苏段)建设保护规划》实施工作中,注重突出名镇、街区等特色展示点,将名镇作为省重点镇和特色镇试点优先支持对象,将名城名镇境内的传统村落作为特色田园乡村的优先支持对象。在推进传统村落保护工作中,明确传统村落保护发展规划编制的相关要求,突出强调"保护优先、兼顾发展、合理利用、活态传承"的原则,科学确定保护范围和各类保护对象,统筹提出传统资源保护及人居环境改善、经济文化发展等措施。另外,积极推动名城名镇保护修复规划与乡村振兴规划等相衔接,统一规划城镇布局、产业发展、基础设施建设等。

(三) 强化沿线名城名镇境内文化遗产全面保护利用

一是加强沿线名城名镇等特色运河文化资源挖掘和文化生态的整体保护,包括保护与名城名镇历史格局、大块面历史风貌相关的历史街区、历史风貌区、著名风景名胜区、风情民俗区、历史形成的路网格局等文化资源,体现城镇格局和历史风貌的延续性;依托江苏大运河历史文化禀赋,注重文化传承,以及在尊重沿线名城名镇中人与环境、人与自然和谐相处的生产生活方式的基础上,推动老城保护与合理更新,实现功能提升与大运河文化保护传承和弘扬相结合;保护与运河传统风貌有密切关系的历史文化遗存,包括古河道、古驳岸、古驿站、古桥、渡口、码头、传统街巷、古民居、会馆、园林等,其中注重保持传统街巷的尺度与肌理,并整治和改善运河沿线环境。

二是加强名城名镇中的文物保护单位、历史建筑的保护修缮和环境整治,探索建立名城名镇中的古镇、古村落保护更新的长效机制,增强古镇、古村落生命力,并合理确定修缮内容和规模,制定适应名城名镇、文物建筑空间特征的市政、消防、环卫等设施的技术规范。

三是既要充分发掘沿线名城名镇境内传统艺术、传统民俗、人文典故、地域风情等非物质文化遗产资源,又要注重保护沿线名城名镇境内与运河相关的独特的民间工艺、民俗活动、民间传说、传统体育和节庆文化,振兴传统手工艺。

四是推动江南水乡古镇、江北运河古镇、串场河盐业古镇等古镇群的系统专题保护修复。借助大运河文旅基金的力量,进一步加大苏北地区名城名镇保护修复的资金投入力度。支持江南水乡古镇申报世界文化遗产。鼓励符合要求的古城古镇积极申报历史文化名城名镇。

(四)加快沿线名城名镇文旅融合发展

督促大运河江苏段沿线名城名镇严格依据相关保护规划实施管理,在保证名城名镇传统风貌原真性的同时,推动文旅产业融合发展。一是抓住大运河文化带和国家文化公园建设及乡村振兴战略实施的契机,以文化为灵魂、以旅游为载体,加速江苏大运河沿线名城名镇历史文化与旅游深度融合发展。二是以江苏大运河文化为基底,以建设沿线名城名镇文旅融合产业发展示范点为抓手,整合沿线名城名镇如窑湾镇、邵伯镇、平望镇等的历史文化资源,深挖沿线名城名镇在农事体验、休闲观光、文化创意、生态涵养等方面的内涵,发展大运河江苏段沿线名城名镇集文化熏陶与旅游观光等于一体的业态。

窑湾码头

（五）加强沿线名城名镇生态环境改善及提升

一是加强大运河江苏段沿线名城名镇自然生态系统保护，以文化为核心支撑，以景观绿化及相关配套设施为主导，打造集生态文化保护与休闲等于一体的"生态文化景观廊道"，以及建设沿线名城名镇境内乡村振兴风光带，广泛开展河道水系景观建设等。二是建设大运河江苏段沿线名城名镇文化生态保护区。在明确以大运河江苏段沿线名城名镇文化遗产为重点保护对象的同时，建立文化生态保护区，确保自然环境、社会环境与文化环境整体保护与协调。可通过建立文化生态补偿机制，对文化生态保护区因保护大运河江苏段沿线城镇文化遗产而付出或牺牲的经济利益，进行有效补偿，从而调动保护区所在政府、社会和民众的积极性与主动性，协调各方利益，保证大运河江苏段沿线名城名镇文化生态保护区可持续发展。

镇江西津渡街区

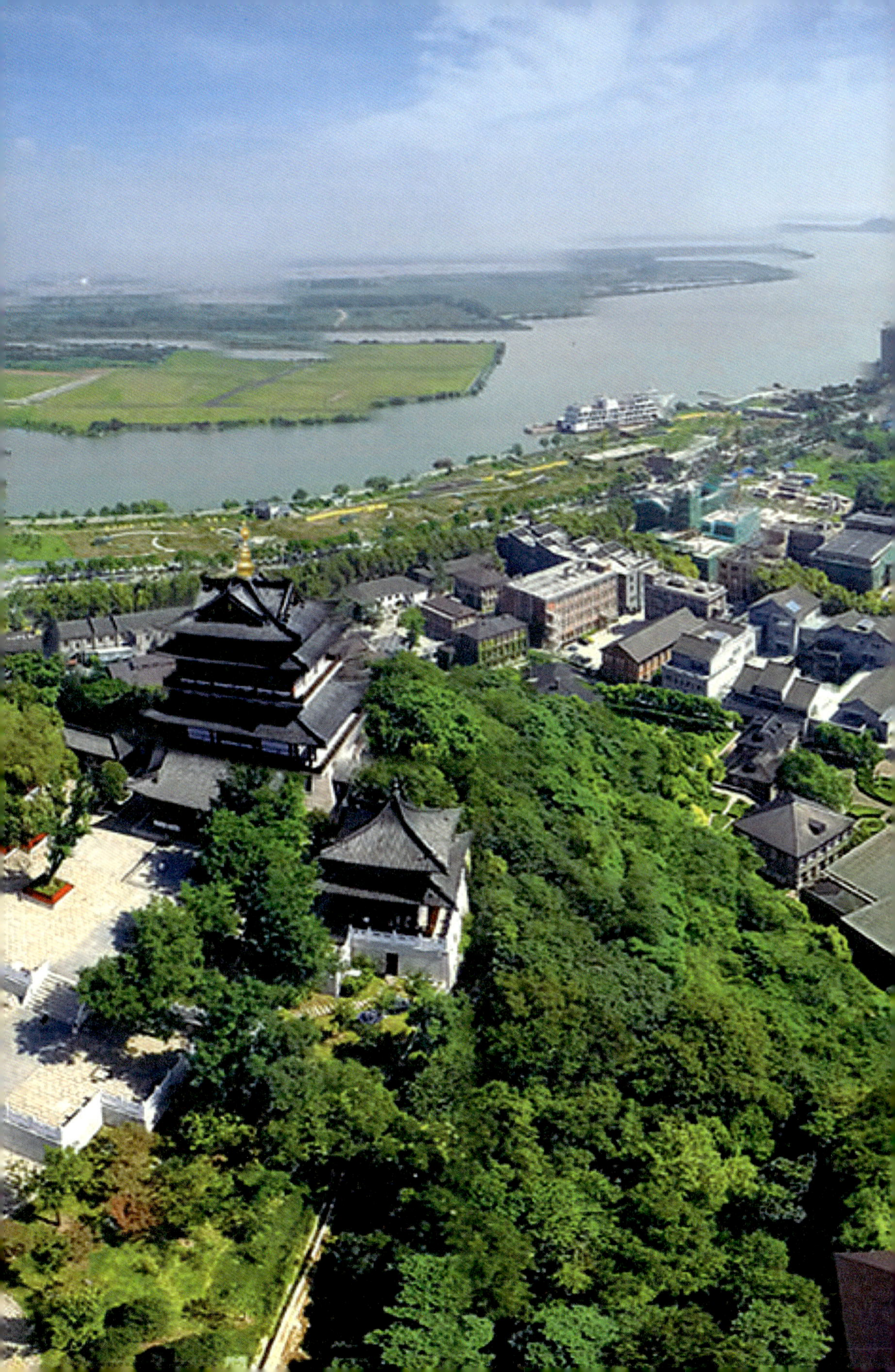

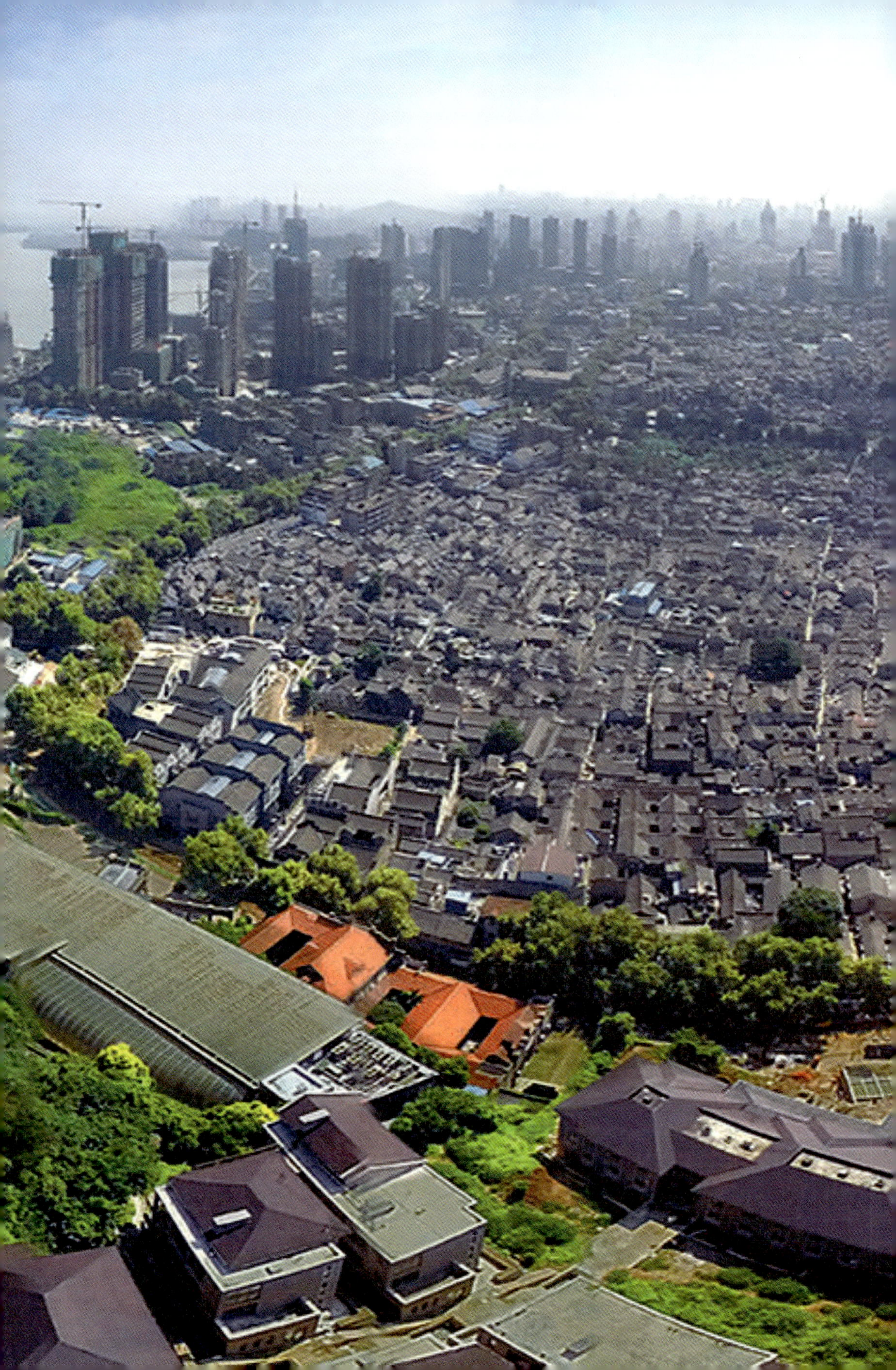

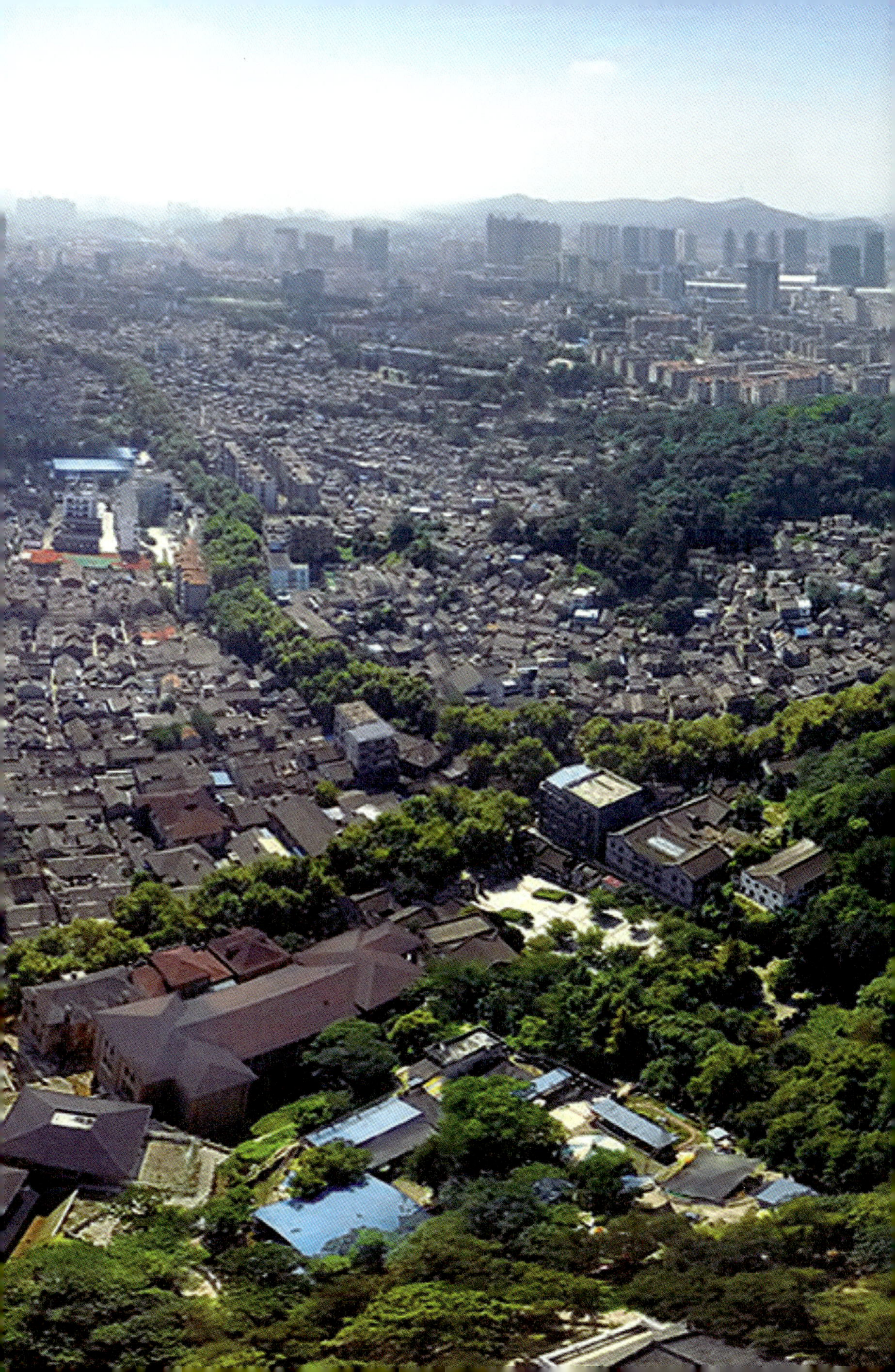

地处长江和运河交汇处的西津渡

(六) 创新技术手段，推进沿线名城名镇保护修复数字化工作

推动大运河江苏段沿线名城名镇积极采用云计算、大数据、"互联网＋"等新信息技术手段，加强对名城名镇保护修复工作的动态管理，提高名城名镇评估的效率和质量。鼓励有条件的地区结合专项评估工作需要，推动大运河江苏段沿线名城名镇历史文化保护数据库、优秀传统文化数据库建设，并做好与名城名镇信息模型（City Information Modeling，简称为 CIM）基础平台和名城名镇体检评估信息平台的衔接。数字化资源应包括大运河江苏段沿线名城名镇境内物质文化遗产大数据、非物质文化遗产大数据和网络大数据等。围绕大运河江苏段沿线名城名镇各具特色的历史文化元素，通过数字化技术，打造数字化创意产品，不仅为人们提供网络化的文化互动体验，也有利于扩大沿线名城名镇的影响力。

(七) 加大政策支持与资金投入力度

一是大运河沿线名城名镇保护修复工作周期长、任务重、难度大，需各级政府加大财政投入，为保护修复工作提供保障。可设立大运河江苏段沿线名城名镇保护修复省级专项资金，提高地方开展沿线名城名镇保护修复工作的积极性，并主要投向价值、文旅融合潜力、示范带动效应等方面均显著的大运河江苏段沿线名城名镇保护修复中，尤其对这些方面相关的项目进行重点扶持，并督促市、县(市、区)人民政府依法将大运河江苏段沿线名镇及其境内的名村和传统村落保护修复纳入国民经济和社会发展规划。

二是贯彻落实《中国传统工艺振兴计划》《曲艺传承发展计划》等，协调文化产业引导资金、省艺术基金和省非遗专项扶持资金对相关非遗项目给予资金扶持，并结合文物保护、非物质文化遗产保护引导资金等专项资金安排，加大资金引导力度。

三是鼓励大运河江苏段沿线地区在名城名镇保护工作中，按照"政府主导、民众主体、市场参与"的原则，推进"国资平台＋社会资本＋村集体经济组织"的发展模式，通过订单式包销、村集体合作社入股、村民就业创业等多种方式，广泛

吸引企业、金融机构和其他社会资本投入。

五、结语

  与其他省份不同,大运河塑造了江苏的城镇格局,许多名城名镇也因大运河持续发展而形成大运河城市带和城市群,成就着江苏的辉煌。当前,江苏正深入贯彻落实习近平总书记关于大运河文化带建设的重要指示批示精神,着力建设大运河文化带和国家文化公园江苏样板,建设好"美丽江苏"的"美丽中轴"。基于此,笔者认为,江苏大运河建设发展,更应在植根自身历史文化的基础上,做好沿线名城名镇保护修复工作,助力谱写大运河江苏段高质量发展新篇章。

  (原载于《中国大运河发展报告(2022)》,社会科学文献出版社2022年10月出版,由作者与干有成联合署名;本文根据江苏省政协委托的课题成果改写)

下篇

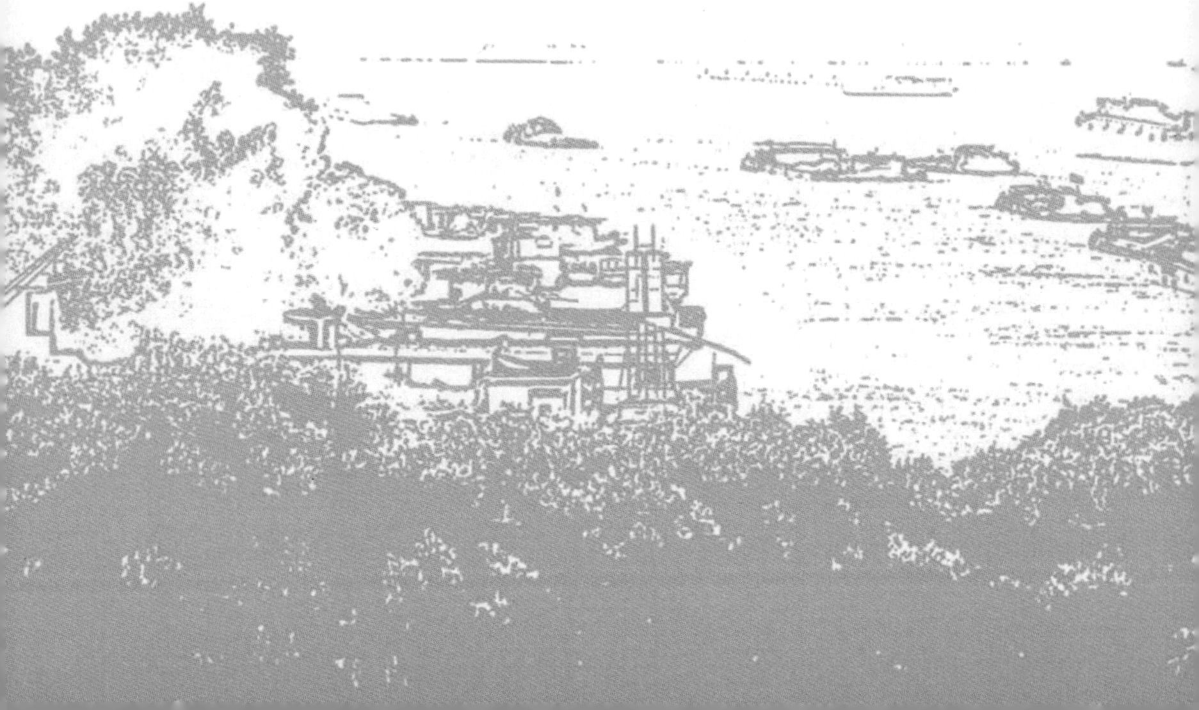

对促进扬州广陵区大运河沿岸区域统筹协调发展的几点思考

广陵区是扬州的主城区,实际上就是数千年来依托于中国大运河持续发展的国家级甚至是世界级的历史文化名城核心区。这是对广陵区的基本定位。广陵区当然会有多个发展指向,但做好大运河国家名城与世界名城是她的第一要务,也是广陵区最重要的软实力、影响力、品牌力、竞争力。

如何做好广陵区的大运河文章?因为还缺少深入研究,只能提些初步建议。

一是要坚持科学引领,深挖广陵区大运河文化特色资源。在全球化、市场化、数智化的背景下,当我们面临各种竞争和挑战时,我们以什么"文化"自立于大千世界?特色文化!文化特色资源具有独创性,它形成于历史之中,锻铸成城市基因,构成文化动力和文明要素,支撑着一座城市的复兴与创新。广陵区所在的扬州市曾经是隋唐时代的国际性丝路城市,宋元明清时代也各有辉煌,地下地上隐藏着太多的珍奇与故事,有关部门要舍得在科学研究上下功夫,以一流的科学成果支持规划,支持建设。科学是以最小的投入收获最大的效益。违背科学的规划,既带来伤害,也造成损失。这种例子不胜枚举。

二是坚持高质量要求,做好大运河文化保护传承。总体上看,广陵区的大运河文化保护传承成绩显著。我们讲高质量,就是在国际比较的视野下和人民群众更高的需求下讲求更精、更美、更完善、更系统。从大运河文化类型上说，有物质形态、非物质形态、人与自然互构形态、综合形态、文献形态、场馆形态等。其实，广陵区的主城本身就是一个大运河文化的综合体，从唐朝以来，代代积淀，传承至今。问题在于她今天还是当代人民生活、生产、游憩的活态空间，保护与发展、传承与创新交织在一起，高质量要求如何实现？谁保护，谁传承？保护什么，传承什么？有些不是规划可以解决的复杂性、系统性问题。它既需要高瞻远瞩，又需要精细入微，既需要政府主导，又需要社会参与，其间对决策、智慧、方法、技术、路径都有很高要求。

三是坚持综合施策，做好大运河文化的利用发展。这方面是对上一点的回应与延续。大运河文化本身是个动态体系，只讲保护传承，不讲利用发展，不是实事求是，也不可持续。目前初步认为，大运河文化的利用发展有战略化、公益化、国际化、旅游化、产品化、宣传化、生活化、品牌化、学术化等不同方面，有的需要政府主持，有的放手企业实施，有的发动社会组织。大运河文化的利用发展要与广陵区经济社会发展、民生需求发展、区域协调发展等综合考虑，统筹安排，既集众力推动大运河文化的利用发展，又让大运河文化的利用发展助力其他方面的发展需求。

四是坚持服务大局，统筹战略和战术，做大运河文化带与大运河文化公园建设的国家典范。大运河文化带与国家文化公园建设是党中央提出的决策，具有长远的战略性意义，是以文化建设引领伟大复兴事业的重大举措，扬州及广陵区有充分的条件在服务国家战略中实现自己的使命和体现自己的价值。建议组织干部、群众学习和领会国家、省出台的有关大运河文化带及大运河国家公园建设的相关规划，同时紧密结合广陵区的实际情况和条件，在更广阔更开放的决策系统中寻求整体规划思路，与扬州市、江苏省乃至全国大运河城市联动，在全面、深入研究的基础上决定项目体系和落地的"战术"，让规划既富有战略性、统筹性、科学性、包容性，又富有必要性、可行性、实操性、效益性。

淮安在中国大运河中的地位略论

一、从大运河历史视角看淮安的地位

淮安是大运河起源的主要城市之一。淮安地处淮河之滨,而秦岭—淮河一线是中国南北方的自然分界线,淮河沿线的城市自然成为中国南北分界或南北结合的战略支点。对沟通中国南北的大运河而言,淮安正是这样一座战略性城市。

公元前486年吴王夫差开通江淮之间的"邗沟",沟通江、淮,北达淮河末口(今江苏淮安),与晋定公、鲁哀公等会盟于黄池。吴王夫差开通的邗沟是条军事和商贸运河,它与泗水连通,再从菏水进入济水,一直连通黄河,然后再到黄河北岸的今河南封丘;还可以通过沂水到达山东鲁国境内。这条古邗沟运河以淮安为中心沟通了长江、淮河、泗水、济水、沂水和黄河。可以说吴国是最早构建淮安作为南北运河中枢城市地位的力量。这也是淮安地缘优势第一次在中国南北方大河流域相互沟通方面所发挥的重大作用。历史证明,淮安作为运河之都,她的兴起和运河直接相关。

淮安境内的古泗口亦称清口,是古淮水和泗水交汇处,也是最古老的运河交通枢纽之一。《尚书·禹贡》记扬州贡道"沿于江、海,达于淮、泗",徐州贡道"浮于淮、泗,达于河"。二州贡道均以淮、泗水交汇处的泗口为转轴,是南方荆、扬二州"贡品"必经之途,《尚书》所录可能是沟通长江和淮河的"邗沟"开通之前的运道情况,但是这其实也可以作为后来邗沟开通之后吴王夫差所建构的以淮安为中心的运河系统的一种观照。

在以自然河道作为交通主动脉的上古时代,控扼淮水、泗水接合部的淮阴故城最早兴起并繁荣起来。与淮阴故城几乎同时兴起的是位于泗水入淮处另一侧的大清口的泗口镇。先秦两汉时期,淮阴故城、泗口镇、北辰镇,各居冲要,同为南达长江、北达河济、西出中原之绾縠。邗沟开通后,因"古淮河之水地中行",从长江引水而来的邗沟之水水位高于淮河水,所以在末口筑有堰坝——北辰堰。重载船到此,必须卸货、盘坝上下,在此稽延停留,由此北辰镇迅速繁荣了起来,这是淮安城市兴起的重要原因。西汉立国,在邗沟沿线建立射阳县。汉建安五年(200),广陵太守陈登开邗沟西道,北辰镇的地位进一步凸显。东晋义熙七年(411),筑山阳城,即今天的淮安,这里成为重要的军事堡垒。总之,先秦两汉时期的淮安沟通诸多运河水网,发挥了连接中国南北的重大作用。

隋朝统一后,修凿贯通南北的大运河,水上干线改道今盱眙城对岸的泗州和由泗州入淮的汴水。南北大运河的贯通,不仅使运河漕运量猛增,而且物资交流也空前活跃。位于邗沟入淮处末口的古北辰镇,经过秦汉、魏晋、南北朝时期的发展,到隋唐时期成为楚州治所,并随着大运河的南北贯通,而成为漕运要津和海上丝绸之路城市。

楚州(今江苏淮安)是隋唐南北大运河的中枢城市。唐代,楚州地区有两条通道:一条从楚州借泗州通到汴州;一条从楚州借泗水通到徐州。与楚州城近在咫尺的淮阴城,尽管其地位在很大程度上被楚州取代,然而,该时期的泗水,仍是重要的南北水上交通辅线,使淮阴城仍保持了相对的繁荣。

到了北宋时,漕运量大增,大运河段楚州和泗州之间以淮河连接,此段河道水流迅急,是为险途。因此,沿淮河右岸开凿的复线运河亦随之诞生。这一过程历时共100年。宋代开凿复线运河,首先开凿楚州到淮阴的沙河运河。之后开凿淮阴至洪泽镇的洪泽新河。最后是元丰七年(1084)开凿的洪泽镇至龟山镇的龟山运河。龟山运河在龟山村旁边与淮河相接,宋高宗南下时的运河码头尚存。

关于龟山运河,《宋史·河渠志》描述:(元丰六年,即1083年)发运使罗拯复欲自洪泽而上凿龟山里河以达于淮,帝深然之。会发运使蒋之奇入对,建言:"上有清汴,下有洪泽,而风浪之险止百里,淮迩岁溺公私之载不可计,凡诸道转输,涉湖行江已数千里,而覆败于此百里间,良为可惜,宜自龟山蛇浦下属洪泽,凿左肋为复河,取淮为源,不置堰闸,可免风涛覆溺之患。"帝遣都水监丞陈佑甫经度。佑甫言:"往年田棐任淮南提刑,尝言开河之利,其后淮阴至洪泽竟开新河,独洪泽以上未克兴役。今既不用闸蓄水,惟随淮面高下开深河底,引淮通流,形势为便,但工费浩大。"帝曰:"费虽大,利亦博矣。"佑甫曰:"异时淮中岁失百七十艘,若捐数年所损之费,足济此役。"帝曰:"损费尚小,如人命何!"乃调夫十万开治。(遂于)六年正月戊辰开龟山运河,二月乙未告成,长五十七里,阔十五丈,深一丈五尺。既成,命(蒋)之奇撰记,刻石龟山。

淮安连接了大运河和海上丝绸之路。隋唐宋代的淮安通过淮河让大运河和海上丝绸之路的东海线相通,促进了海外贸易。唐代的楚州城,商品贸易兴旺。著名的开元寺、龙兴寺前有热闹非凡的庙市,吸引着海内外商人,甚至大食、日本、新罗等国的商人,都远涉重洋到此贸易。时楚州有"新罗坊",即新罗商人聚居之地。淮安与海上丝绸之路的关系非常重要。因为当时入中国的日本和新罗国的使臣,可以直接从淮河进大运河到长安去,也可以从楚州到海州及山东的登州(国家允许的海运始发地)前往海东诸国。圆仁入唐求法巡礼路线为:海州东海县→新罗移民聚居的赤山浦(今山东文登斥山集)→五台山→长安→洛阳→郑州→汴州→泗州→扬州→楚州→海州→密州→赤山浦。847年9月2日,圆仁在新罗人的帮助下,搭乘苏州商人的船只离开赤山浦,9月18日回到日本博多港。

淮安,在隋唐时期便确立起全国漕运中心的地位;到明清时期,更是成为有着"南船北马"、"九省通衢"、漕运枢纽、天下粮仓等诸多美称的运河名都。淮安是明清时期大运河的漕运指挥中心、河道治理中心、漕粮转运中心、漕船制造中心、盐榷税务中心。

元明清三代,除明初50多年外,国都均在北京,首都物资供养重地在长江流域,人谓"漕运资乎东南""漕政通乎七省"。元代开始,漕粮行海运,每年海运漕粮多达300余万石,但多漂溺之患。到了明清,运河漕运达于鼎盛。漕运总督是明清两代主管漕运的官员,掌管着大运河长达1790公里的漕粮运输,江、浙、鄂、赣、湘、豫、鲁七省归其节制,运河沿线1.2万只漕船、12万漕军听其调遣。又因为老淮安位于黄、淮、运交汇处,最难治理,因此河道总督也驻节于此,与两江总督等封疆大吏平起平坐,有"天下九督,淮居其二"之名。当时,淮安"常盈仓"是特大型漕粮中转仓,可容纳150万石漕粮,被称为"天下粮仓"。

由于大运河漕运的兴起,需要大量的内河漕船,这里又创办了全国最大的内河漕船厂——清江督造船厂。明代船厂位于清江浦河沿岸,处于山阳、清河两县之间。清朝前期因循其旧,从而使清江浦出现历时400年造船业的繁荣盛况。清江船厂后来发展到拥有4个大厂、80个分厂,工匠牙役商人近万,厂房延绵20余里的巨型官办船厂。据《清江漕船志》载,从明弘治三年(1490)到嘉靖二十三年(1544),清江船厂共造船27332艘。此外,清江船厂还兼造相当数量的遮洋海船,每年约50艘。据阮葵生《茶余客话》载,三保太监郑和下西洋的大海船,有的也是由清江船厂所造。

淮安一度成为运河上的盐榷重地。至少在唐代,淮安已经是盐业中心城市之一。到明代,淮北盐场发明了滩晒制盐法,比起以往的煎盐法,花工少,成本低,产量高,盐质好,使淮安在我国古代盐业生产运销方面迅速独占鳌头。明清时期淮北盐场的很大一部分都位于今淮安地区。得益于运河的便

清乾隆中期的清口

利,淮安曾长期是淮北盐的集散中心。"盐河"将滨海的淮北盐场制盐中心海州与山阳相联通,造成"产盐地在海州,掣盐场在山阳"的格局。

宋元符初(1098—1100),淮南开修楚州支家河,导涟水与淮通,赐名通涟河,即盐河的重要工程。清康熙二十六年(1687)重加开浚,用以转运淮北盐内销,因名"盐河"或"运盐河"。

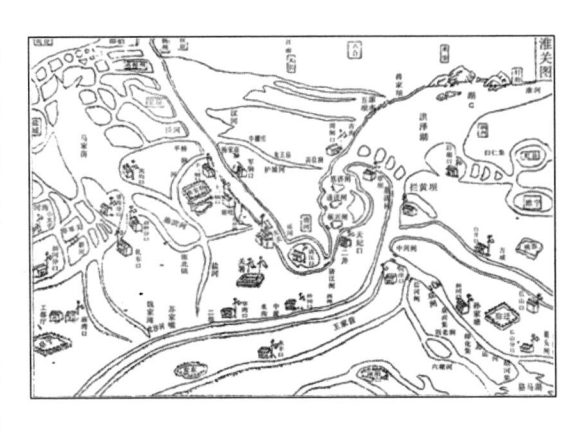

清代淮关及分口分布图

位于板闸镇的淮安榷关,明清时期的常关税居全国首位,故有"天下第一关"之誉。

明清时期的淮安不仅仅是运河重镇,也是黄河治理要地。

1128至1855年,黄河夺淮。特别是15世纪初叶以后,淮安作为黄、淮、运河交汇处,是治理黄、淮、运河接合部的关键之地,也是治河大臣驻节之地,曾维系着淮安昔日之繁华和中国政治命运线的安全。黄河毁灭了淮、泗水下游的不少城镇,并破坏了淮河下游的古泗水航道及自然水系。因为黄河串夺

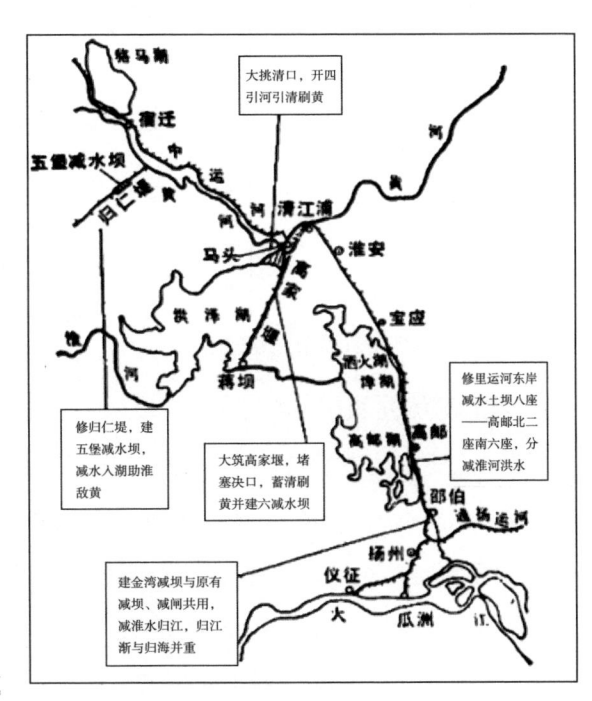

靳辅治理高家堰及运河工程示意图

下篇 / 297

徐州以下的古泗水水道及淮河,使河床抬高,航道也随之淤浅。因此,明万历年间开始,总理河漕潘季驯创行"束水攻沙""蓄清刷黄"之策。清康熙年间,总河靳辅进一步发展了潘季驯的治河方针,采取了挖浅固堤、筑

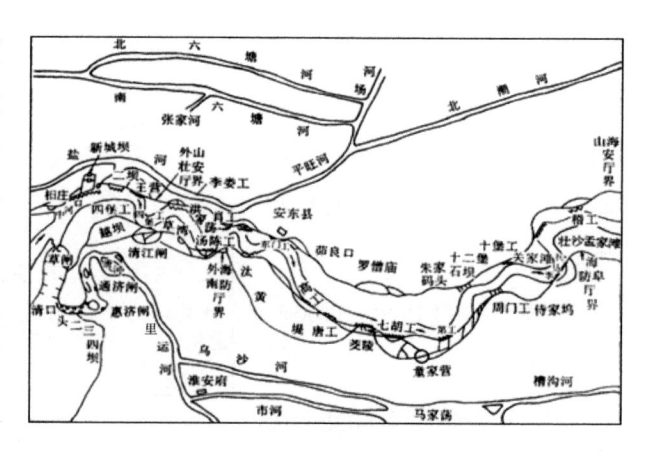

道光初清江—云梯关河段示意图

坝减流、改变运口、迂曲河身,防止黄河倒灌,兴挑中运河、引骆马湖济运,兴挑盐河、分黄泄洪等一系列措施,使运河得以正常通航。

明清时期,在清口上下不到十里的范围内,黄、淮、运三河交汇,在束流与分流、控湍与防淤、蓄水与行船等方面,矛盾都异常尖锐突出。明清的治漕专家们建"之"字形河道:里运河至清江浦西边(今淮

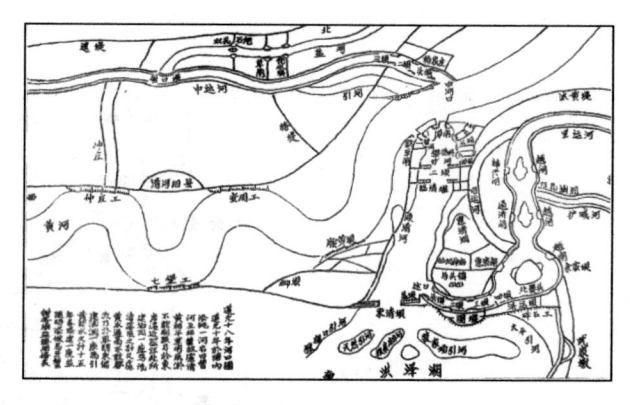

清道光十八年河口图

阴船闸附近)折向西南,绕过古码头镇与黄河汇合。为保证"蓄清刷黄济运","之"字形河道上建有多道节制水位的船闸以及水坝。船闸主要有三道,为福兴闸、通济闸、惠济闸。南船如果北上,必须到惠济祠东侧将船上货物全部卸下,空船过三闸,经运口达淮,然后再装上货物,由顺清河入黄河。北船如果南下,也必须在惠济祠西侧将货物卸下,空船过三道闸,再装上货物南行。如此一般需三天时间,有民谚说"东山到西山,要走三天三"。

如此多的运河闸坝工程,涉及复杂的堤、堰、坝、闸修筑技术及水利工程。

闸坝的主要功能包括防洪排涝、拒咸蓄淡、浇灌供水、通航养殖、景观塑造等方面。其中"堤"是明代常见的防洪技术,有缕堤、遥堤、格堤、月堤、护缕堤等不同种类。

在民国时期,黄淮地区有"导淮"工程,与大运河存在一定关系。这一工程可能是民国时期规模最大的公共工程。1929年7月1日,南京国民政府成立导淮委员会,开始按计划实施"导淮"工程。1932年4月16日,套子口三岔股淮河入海水道的开工,标志着导淮工程从倡议到实施。排洪工程有疏浚张福河和旧黄河,初步开挖入海水道,整治沂泗水系下游河道,兴建杨庄活动坝(今称节制闸)、兴建三河活动坝和刘老涧泄水坝、周门活动坝等;灌溉方面的主要工程有改建惠济闸、中运涵洞等;航运方面的主要工程包括淮阴船闸、邵伯船闸、刘老涧船闸、整理运河西堤及修建涵洞等。

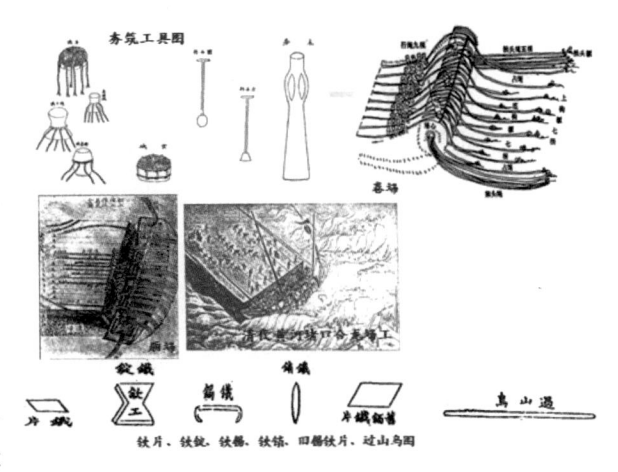

当然,新中国成立后,淮安在国家治理淮河及运河的工程中发挥了重要作用。

二、从大运河遗产视角看淮安的地位

淮安保存的运河文化遗产极其丰富,如黄、淮、湖、运交汇之地的运河遗产体系、古代水利河工遗产的集中地、运河城镇遗产、世界级饮食遗产"淮扬菜"、大运河与海丝遗产、运河名人遗产、运河文学和艺术遗产、运河文献遗产等。淮安有中国大运河最古老的航道、世界上最大的河坝、亚洲最大的"水上立交"工程、保存完好的大运河古闸工程遗产等。这些文化遗产都包含着珍贵的历史、科学、艺术、生态、经济、情感、文化、旅游等价值。

2016年6月22日,在卡塔尔首都多哈召开的第38届世界遗产大会上,中国大运河成功进入世界文化遗产名录。大运河淮安段作为中国大运河重要的组成部分,清口枢纽、漕运总督遗址2处遗产区,淮扬运河淮安段河道、清口枢纽、双金闸、清江大闸、洪泽湖大堤、总督漕运公署遗址6处遗产点入选世界文化遗产名录。中国大运河在全国共有7万公顷的遗产区,淮安拥有6000余公顷的遗产缓冲区、3000余公顷的遗产核心区,约占全国的七分之一,这充分体现了淮安在大运河中的历史地位,也证明了淮安运河遗产的重要价值。

淮扬运河淮安段有46公里,包括里运河、里运河故道、古黄河、中运河、张福河。淮安沟通江、河、淮、济"四渎"之水,在京杭大运河水运系统中处于枢要地位。

清口枢纽位于黄河、淮河与淮扬运河北段、中运河交汇的位置,是明、清两代为解决运河会淮穿黄的难题而建设的大型综合性水利水运枢纽。清口枢纽遗产区,申报遗产面积为3967公顷,缓冲区面积为6275公顷,申报总面积为10242公顷。遗产要素包含清口枢纽、淮扬运河淮安段河道、双金闸、清江大闸、洪泽湖大堤。淮安清口运河遗产是人类开发利用河流的范例性工程遗产,河道、闸坝、堤防及疏浚、维护系统、水文观测等工程体系共同组成清口水利枢纽遗产,其整体性尤为突出,堪称水运水利技术的杰出范例,体现了古代东方水利水运工程技术的最高水平。自宋初以来的近900年间,清口历经淮河之险、黄河之淤,运行时间之长久,利用环境之复杂,工程建造之精巧,世所罕见。

双金闸位于淮安市淮阴区凌桥乡双闸村。康熙二十四年(1685),由河道总督靳辅上疏而建。现存的双金闸为民国十一年(1922)国民政府延聘英国工程师莱茵所规划设计,在国内水工建筑史上系首次引进和使用水泥材料,成为中国水利建筑史上使用水泥作为胶结材料的起始。1971年,双金闸在保持民国所建闸体原貌的基础上进行了加固,更名为夏家湖南电站。它是淮安乃至江苏目前保存最为完好的、唯一的民国早期水闸遗存,同时也是大运河成功申遗的重要佐证。

清江大闸遗迹,位于淮安市区里运河航道上,为明永乐十三年(1415)平江伯陈瑄建造,用于便利漕运。大闸分为正闸和越闸,越闸位于正闸西北方向约80米,建于明万历十七年(1589)。1939年,日寇入侵,韩德勤撤退时,将大闸炸毁。1946年3月,苏皖边区政府拨款修复大闸。1987年9月公布为淮阴市(今淮安市)第一批文物保护单位。

双金闸遗址

洪泽湖大堤北起淮阴区码头镇,南迄洪泽县蒋坝镇。大堤始建于东汉建安年间,古称高家堰,至清乾隆年间方建成,是仅次于都江堰的国内第二大古堰,也是世界上最古老、规模最大的有坝引水工程。洪泽湖大堤的存在直接造就了世界最古老及规模最大的人工水库"洪泽湖"。

淮安总督漕运公署遗址,位于淮安市淮安区城中心"镇淮楼"北。2002年8月在老城围墙巷改造建设过程中被发现。它是运河名城淮安古城历史繁华的重要见证,是研究古代官衙建筑艺术的标本,也为研究中国漕运发展史、运河史、交通运输史、经济史等提供了重要的实物资料,作为世界遗产地,具有重大的历史文化意义和社会现实意义。

淮安板闸遗址,位于淮安市淮安区淮城镇板闸村。2014年10月发现后,淮安市博物馆随即进行两次考古发掘,发现有古河道、水闸、建筑基址、古堤坝、古码头等诸类遗迹,揭示了水闸遗迹的整体面貌。结合史料记载,已确定板闸遗址是明代早期修建在里运河淮安段的古闸之一。闸体遗址保存状况良好,遗址地表上还留有明清三元宫古建筑和钞关遗址。板闸遗址的发现,为世界遗产大运河增添了新的重要的内涵和材料,对研究我国明清水利史、运河史等都具有重要的意义和价值。

清江闸

洪泽湖大堤直立式石土墙(1751年建)

洪泽湖大堤实景

洪泽湖大堤"仁"字减水坝

洪泽湖大堤

龟山，位于淮安市洪泽县老子山镇龟山村，为大别山余脉，处于淮河与洪泽湖的交汇地段。地表有丰富的汉代文化遗存和汉代墓葬遗物。相关遗迹自北向南分别是明"圣旨"碑、清"移建安淮寺碑"、安淮寺遗址、宋塔地宫、明"重修淮渎庙碑"、淮渎庙遗址、清"陶澍、麟庆碑"、宋"御码头"及明"石工墙"等。史载唐高宗显庆年间(656—661)，江、淮、河、济四渎之中的"淮渎庙"就修建于此。1989年，淮安市博物馆考古部、洪泽县文博工作者曾对龟山遗址作考古调查，1998年8月，洪泽县对龟山石刻遗址进行了保护修复。

清晏园，位于今淮安市清江浦区人民南路92号，距今已近600年历史，是我国治水和漕运史上唯一保存完好的衙署园林，历史上有"江淮第一园"的美称。该园占地6.7公顷。康熙十六年(1677),安徽巡抚靳辅被提拔为河道总督,康熙十七年(1678)靳辅移驻清江浦,在原明朝户部分司公署遗址"凿池植树,以为行馆",名"淮园"。清晏园由

总督漕运公署遗址

此成为清代国家在京城以外专设的治河决策、指挥和管理的最高机构所在。1990年以来,当地园林部门在园中建立碑廊,将数十方有关运河及水利历史内容的刻碑镶嵌其中,这些碑刻为大运河漕运史的研究提供了不可多得的实物资料。

清晏园 　　　　　　　　　　　镇淮楼

三、大运河文化带建设中的淮安之地位

(一)淮安是大运河文化带建设的标志城市

2017年9月15日,时任江苏省委书记李强同志来到淮安调研,就大运河文化带建设发表重要讲话,强调在工作思路上要坚持"文化为魂",打好"特色牌",做到"点线面"联动,体现了省委对淮安在江苏大运河文化带建设中地位的重视。

2018年,时任江苏省委书记娄勤俭同志来到淮安开展调研,就大运河文化

带建设再次发表讲话，提出保护运河遗产，再现千年荣光，始终坚持以保护为主、开发为次的发展之路，要求传承漕都神韵，打造盛世经典。

（二）江淮生态经济区、淮河生态经济带建设战略与大运河文化带建设

淮安应充分利用抢抓"一区两带"重大战略叠加的政策机遇，进一步利用生态优势、大运河文化遗产优势，通过大运河文化带建设，彰显城市魅力，实现区域跨越发展。我们注意到，淮安市提出的建设目标是做好大运河淮安段保护、传承、利用工作，发挥引领和辐射作用，成为新时代弘扬运河精神内涵、彰显中华文化自信的排头兵。

（三）战略定位与方向

淮安市在大运河文化带建设中的定位是成为中国漕运文化核心展示区、中国水利河工文化经典集成区、运河生态文旅江淮经典体验区、运河保护利用综合示范区。通过这些建设目标，打造好大运河文化带建设的标杆项目——里运河文化长廊。在工作过程中，要加强运河遗产的保护、传承与利用，进一步推动城市可持续发展。

（四）抓住大运河文化带建设契机，实现千年运河之都的文化复兴宏伟大业，做真正的中国"运河之都"

建议做实、做细、做好基础性工作，加强大运河考古工作和学术研究工作，发掘特色资源，掌握运动规律，做到人无我有。在深入研究的前提下，立足全局，统一规划，分步实施，做一流大运河文化带建设事业，以运河文化带动旅游业、特色文化产业、生态文明、美丽城乡、民生改善等各项工作。

要加强宣传和协调，把淮安融入中国大运河文化带建设体系之中，与大运河沿线城市分享大运河文化带的整体价值。

（本文根据2018年10月为淮安市市级机关干部讲课的主要内容整理）

让"大运河之都"焕发迷人光彩

江苏的大运河文化最丰富,江苏的大运河城市最值得流连。其中,包括清江浦在内的千百年来被大运河滋养的"运河之都"淮安自然也不例外。大运河在中国历史上具有重要的政治、经济、文化意义,在如今也是文化强国战略实施的重要工程项目之一。清江浦区要抓住这一文化优势和发展机遇,增强文化自信、发掘文化价值,展现大运河文化带独特魅力。

一、文化强国:大运河文化带的当代使命与机遇

"文化兴国运兴,文化强民族强。没有高度的文化自信,没有文化的繁荣兴盛,就没有中华民族伟大复兴。"党的十八大以来,习近平总书记高度重视"文化建设",从"中国梦""不忘初心"到"文化自信""文化繁荣",无一不体现出习近平总书记对于文化强国战略的坚定决心。

"文化建设"是中国特色社会主义事业"五位一体"总体布局的核心任务之一。2014年底,习近平总书记视察江苏时发表重要讲话,要求推动经济发展、现代农业建设、文化建设、民生建设、全面从严治党等"五个迈上新台阶"的重点任务,建设"强、富、美、高"新江苏。可见中央对于江苏文化强省建设的极高期待。

21世纪以来,文化战略成为世界性话题,大运河的身份也发生了里程碑式

的转化,即从一般性运输河道转变为"国家级重点文物保护单位"和"世界文化遗产",经历了从经济河到文化河的转变。2014年6月22日,中国大运河成功进入《世界遗产名录》。其中,位于大运河清江浦段的大运河河道(里运河)及"清江大闸"等成为中国大运河世界文化遗产的成员。

"大运河文化带"及"大运河国家文化公园"建设是中共中央、国务院主导的第一个以文化为核心内容的区域高质量发展的战略性项目,无论对于国家还是江苏地区而言都是文化建设的宝贵机遇。2019年2月,中共中央办公厅、国务院办公厅印发了《大运河文化保护传承利用规划纲要》。2019年7月24日,习近平总书记主持召开中央全面深化改革委员会会议,审议通过《长城、大运河、长征国家文化公园建设方案》,进一步对大运河的传承保护与开发利用作出总体布局。包括江苏在内的大运河沿线各地要与"规划纲要"及"建设方案"进行对接,制定充分体现区位特点优势的高质量实施规划。2020年11月,习近平总书记视察江苏时指出:"运河滋养两岸城市和人民,是运河两岸人民的致富河、幸福河。希望大家共同保护好大运河,使大运河永远造福人民。"

二、千年传承:大运河的历史价值与未来生机

大运河是中国的政治河、经济河、文化河。在古代,大运河的第一功能是服务于国家政治,包括军事力量调度功能、供应首都中央物资所需的漕运功能等,对维护国家统一、促进不同区域整合沟通和互动,不同民族的交往与凝聚等都有着重要作用。唐朝中期之后,大运河更是成为支撑首都和中央运转的生命线。

发挥政治功能的同时,大运河亦是封建时期的经济河,涉及的经济范围包括国家经济和民间经济,如大运河及其连通的自然河道沿线和沿海区域资源的开发与流通,粮、盐、渔、茶、布、建筑材料、陶瓷器、娱乐业、服务业等都在运河沿线进行交流贸易,使得多种新经济业态得以成长,大批的城市、城镇得以成长,农业、手工业得到开发,税收得到保障。

文化河功能指向的是大运河沿线的各种文化遗产和文化成就的诞生,包括

城市与集镇文化、建筑艺术、手工艺、教育(如书院)、文学、学术、戏曲、书画艺术、宗教、文化人才、图书、中医药等。大运河沿线交通的便利、信息的交流、经济的繁荣、文化的碰撞等都带动了大运河沿线文化的趋向发达,使之形成中国文化的富集区。而不同于政治功能与经济功能,在航运功能逐渐褪去之后,大运河依旧保持着自己强盛的文化生命力。

大运河使得中国的政治中心与经济重心、海上丝路和陆上丝路、天然运道和人工运道、经济基础和文化创造相互沟通、融合,创造了一个又一个文明奇迹。

以习近平同志为核心的党中央提出大运河文化带建设,使得大运河沿线巨大的生态价值、文化价值、线状文化空间的联动分享价值、文旅融合及新型服务业的协同创造价值等都将得到充分发挥。大运河线状文化生命体的深厚博大得以彰显,其文化资源蕴含的巨大文化能量应时代之需得以释放,大运河文化的复兴与中华民族复兴形成内洽、共生、互动的关系,其中隐藏着深刻的文化运动机理和文明运动规律。

三、兴城建镇:大运河为江苏留下的财富与文化

大运河的价值对江苏发展产生过重大影响。大运河促使江苏大运河沿线兴起众多城镇。不仅干流流经江苏徐州、宿迁、淮安、扬州、镇江、常州、无锡、苏州8个城市,重要支线又连接了南京、泰州、南通、盐城、连云港各市,还流经包括邳州、泗阳、睢宁、宝应、高邮、仪征、丹阳、吴江、太仓等在内的县级运河古城,大运河构成的网络体系生动展现了"水韵江苏"的无限魅力,沿线城市在提升城市品质、塑造城市特色、展现城市创造等方面,都可以发挥大运河文化带建设的作用。大运河沿线的河下、东关街、西津渡、新河街、清名桥、青果巷、盘门、夫子庙等历史文化街区都在运河沿线的大走廊空间内,每一个特色文化空间都是运河多元文化的重要构成与载体。

大运河对江苏经济、文化发展都发挥过重要作用,包括运河经济带、运河文化带、人才往来、物流事业、文化艺术、教育、思想流派、中外交流等。

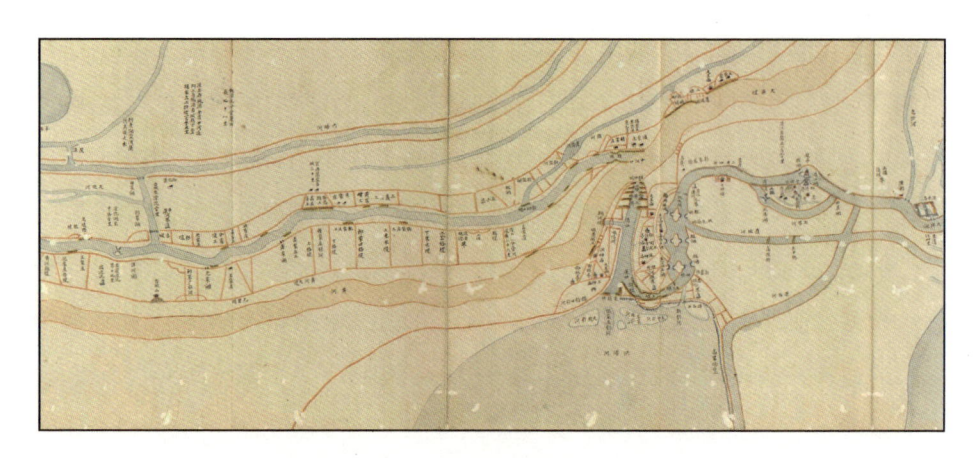

《自江苏至北京大运河全图》(淮安至宿迁段)

大运河起源自江苏,在国家力量的介入下,通过不同方向与全国运河水道相连通,把江苏运河放大为中国大运河,使得北方政治中心与南方经济重心相联通,北方文化与南方文化相联通,放大了江苏特色和江苏效应,拓展了江苏文化创新的来源,丰富了江苏的文化成就,提升了江苏农业、手工业、商业的发展水平和发展质量,形成了开放包容的江苏文化特色。

除了苏州与扬州,淮安也是江苏省重要的大运河城市之一。淮安因依托大运河而兴起,从隋唐时代开始,成为大运河城市带上的重要成员。秦汉以后直至清代,政府确立了以内河为主的漕粮运输制度,明清时期还设立统管全国漕运的理漕长官,总漕官驻节淮安,其漕政涉及湖广、江西、浙江、江南甚至山东、河南诸省,同时也是保障首都北京经济安全的枢纽性城市,城市地位之重由此可见。

明清两代,淮安及清江浦因依托大运河而有漕运总督和河道总督的驻节,使淮安城"俨如省会",从"末口"到"清口",有10多个城镇,傍运河"夹岸数十里,街市栉比",淮安城内外,"烟火数十万家",淮安与扬州、苏州、杭州并称为运河沿线"四大都市",有"南船北马、九省通衢"之称,留下大量珍贵的文化遗产。

坐拥如此傲人的人文资源,淮安及清江浦有理由保持充分的文化自信,抓住历史文化优势与大运河文化带建设相关项目机遇,努力打造好"大运河之都"的城市文化名片。

四、文化瑰宝:清江浦区域高质量发展的道路建议

清江浦区要实现高质量发展,必须与大运河文化带发展紧密结合,要切合大运河文化带及国家文化公园建设的基本要求。

清江浦区域要高度重视、科学规划、精心建设好大运河文化项目,使之成为对历史负责、造福后代、精准落实中央要求、有显著带动力的大运河文化经典工程、民心幸福工程、高质量发展工程、旅游经济工程与生态文明工程。

第一,将淮安及清江浦的物质文化遗产与非物质文化遗产等纳入大运河文化带建设体系,使之成为一体联动的大运河文化旅游融合项目和文化发展项目。让大运河文化带及国家文化公园建设成为城乡全域旅游、特色城镇建设、乡村振兴等工作的重要抓手,使之协同高质量发展。

第二,要发掘清江浦大运河文化与其他城市大运河文化的关联性,加强运河考古,讲好运河故事,放大资源优势,扩大文化影响。让清江浦老城区成为城乡人民向往的美丽家园、文化根脉,带动和促进清江浦主城区成为全国闻名的高质量全域性"大运河文化旅游城"。

第三,大运河文化建设要吸引更多社会资金和人力、智力等优质资源进入。让每一个具体建设项目都具有高质量、高品位、高价值,可持续。建立党委政府主导、保护第一、合理利用、市场互动、社会参与的工作机制,确保大运河文化带及国家文化公园建设目标的圆满实现。

就近期而言,淮安及清江浦要加强专业考古和研究,包括挖掘文化内涵、保护整体风貌、积极修缮文物、活化历史河道、做好项目规划、促进文旅融合等。同时,要升级基础设施、改良美化运河环境,完善服务业体系、提高服务质量。要让人民群众从大运河文化发展中得到福利,为人民创造更多就业机会、帮助开发传统工艺业和特色产品、恢复老字号老行当。

我们相信,在国家和江苏省发展战略的引领下,在清江浦区委区政府强有力的主导下,在科学的研究和规划指导下,在社会资金和各界的投入建设下,在人

民群众的支持参与下,在合适的商业模式运作下,通过扎实的持续的保护和利用工作,清江浦区这块中国大运河创造出来的"文化瑰宝"在国家文化公园建设进程中一定会焕发新时代迷人的光彩!大运河文化带建设也一定会为清江浦区域高质量发展作出独特贡献!

(本文为 2021 年 4 月 24 日在"对话清江浦"第二期发展论坛上的讲话;整理发表于《新华日报》2021 年 5 月 11 日)

大运河与宿迁

一部运河史,几乎贯穿整个宿迁城市史。宿迁是一座与大运河的历史变迁始终相互依存的城市。大运河的千年演变,经历了从"泗水行运"到"汴泗并流",从"借黄行漕"到"避黄行运",一直到近现代以来的衰落与复兴,宿迁均为大运河沿线的主航道城市,也是拥有大运河三个历史阶段不同主航道遗产的城市。

一、宿迁大运河参与了中国古代漕运发展历程

漕运是指中国古代中央政府将各地所征收的财物(主要是粮食)经水路(间有陆路)运往首都或其他指定地点的一种政府运输行为。在相当长的时间里,古代中国的政治中心在北方,而经济重心在南方,漕运畅通与否关系到王朝的兴衰,历代统治者均重视大运河的建设、维护和管理。

宿迁作为中国古代漕运要道的历史可追溯至先秦时期,《尚书·禹贡》中曾记载:"扬徐二州贡道浮于淮泗,则自邳宿而西,漕运之始也。"宿迁能够见证漕运起始的原因在于大禹治水的古泗水在此穿境而过。这条古代中国重要的南北运道,沟通了东西流向的黄、沂、沭、睢、汴、淮等诸河,奠定了宿迁历代处于南北水运交通要冲的区位优势。

公元605年，隋炀帝下令开凿通济渠，形成以洛阳为起点、北京和杭州为终点的大运河，开启了中国大运河的千年华章。隋炀帝开凿的大运河，经今宿迁市泗洪县青阳镇，从古泗州治所临淮，注入淮河。唐宋时期，经济重心开始南移，东南漕运勃兴，每年的漕运量常年维持在600万石左右，最高达800万石，大运河作为黄金水道，支撑起了国家的漕运命脉，也让宿迁

宿迁三条大运河主航道位置图
（南京大学文化与自然遗产研究所制图）

开启了以治水为主题的漫漫征程。在今宿迁泗洪县青阳镇至临淮镇还保留着一段古汴河遗迹，在古汴河边上也发现了隋炀帝离宫旧址（青阳镇南芦沟乡花园庄）。

隋唐时期，除通济渠漕路外，还有一条重要的航道——汴泗航道，该航道经徐州至今宿迁城区转而偏南，虽然航程较长，但一直通航。隋唐时期还多次疏凿该航道，尤其是徐州洪、吕梁洪险段，使通航条件得以改善。当通济渠的漕运压力过大或水运受阻时，朝廷往往取道汴泗航道。可以说，终唐之世，汴泗航道都是与汴河并行的重要航线。唐代著名诗人白居易的名句"汴水流，泗水流，流到瓜洲古渡头"，说的就是由汴水入泗水再入邗沟，到扬州江畔瓜洲渡口的航路。

北宋时期，汴河（即通济渠）漕路是王朝"国命"之所系。当时汴河岁运额高达800万石，创造了中国漕运史上的最高纪录。随着南宋迁都杭州后，黄淮地区不再作为国家财赋的核心区，通济渠缺乏管护，逐渐废弃。南宋建炎二年（1128），东京留守杜充决黄河以阻金兵，黄河夺泗、夺汴入淮。从此，淮北地区包含宿迁在内，从原本的鱼米之乡变成了水乡泽国，沟通南北的大运河也因此而淤塞，南北航路就此断绝。

元初漕运，或从海路北上，或经淮扬运河（古邗沟）由淮水北溯泗水（黄河），

经桃源(泗阳)、宿迁、徐州至山东转陆运或海运,或由淮水经涡水入黄河,到中栾(今河南封丘县境内)转陆运再转卫河水运。"海运多险",两条内河运输,由淮溯泗最为便捷,但泗水本无堤防,且徐州至淮河的下游河段被黄河所夺,已淤垫百余年,几为平陆。元朝至元十二年(1275),元世祖在兴兵伐宋的同时,即命都水监、著名水利专家郭守敬勘察、设计运河,同时命整修泗水(黄河)下游。泗水下游经无数民夫七年的整修,河床深浚,堤岸高耸。随着会通河的开通,南漕由淮入泗,经徐州北上,在宿迁境内"借黄行运",漕运河道在宿迁境内有121公里。

"一寸不通,万丈无功",明清时期宿迁运河因其咽喉地位,成为河工频仍的治河重地。明代治河名臣潘季驯采用束水攻沙法,让黄河归于一泓,在黄河两岸修筑遥、缕二堤,促使黄河行运安流数十年。到了明末清初,为了避开徐州、吕梁二洪黄河险段,先后在宿迁境内的黄河北堤开直河口、董口、陈口、皂河口、支河口、骆马湖口等运口,漕船从宿迁黄河运口北上接入迦河,宿迁也因此成为明清黄河沿线开辟运口最多的地区,七省[1]漕运贡赋都要从宿迁运口北上迦河,甚至宿迁以北的徐淮二帮漕船也要沿着黄河南下从十字河入运,充分显示了宿迁的漕运咽喉地位。

明末,为了防止骆马湖水盛涨冲决黄河堤防,危及运道,总督漕运史可法指挥人工切岭马陵山,在马陵山断麓形成拦马河,用以泄骆马湖涨水。清初康熙年间,河道总督靳辅自支河口向东开河,接拦马河,又从拦马河向南利用黄河遥、缕二堤之间开中河,形成了迦河、皂河、支河、中河(即中运河)相连的渠道型运道,最终实现"黄运分立",避开了黄河180里波涛之险,因而漕运安流,商民利济。历史上称赞靳辅开中河:"中河既成,杀黄河之势,洒七邑之灾,漕艘扬帆若过枕席,说者谓中河之役,为国家百世之利,功不在宋礼开会通,陈瑄凿清江浦下。"

清中叶以后,由于黄河夺淮日久,中河垫高,河身浅阻,中泓如线,漕船胶柱,形势每况愈下。至清道光四年(1824),因中河漕运阻断,北京粮荒严重,一年多

---

[1] 指江苏、浙江、江西、湖北、湖南、安徽、河南七省,有漕八省中山东漕粮直接北运。

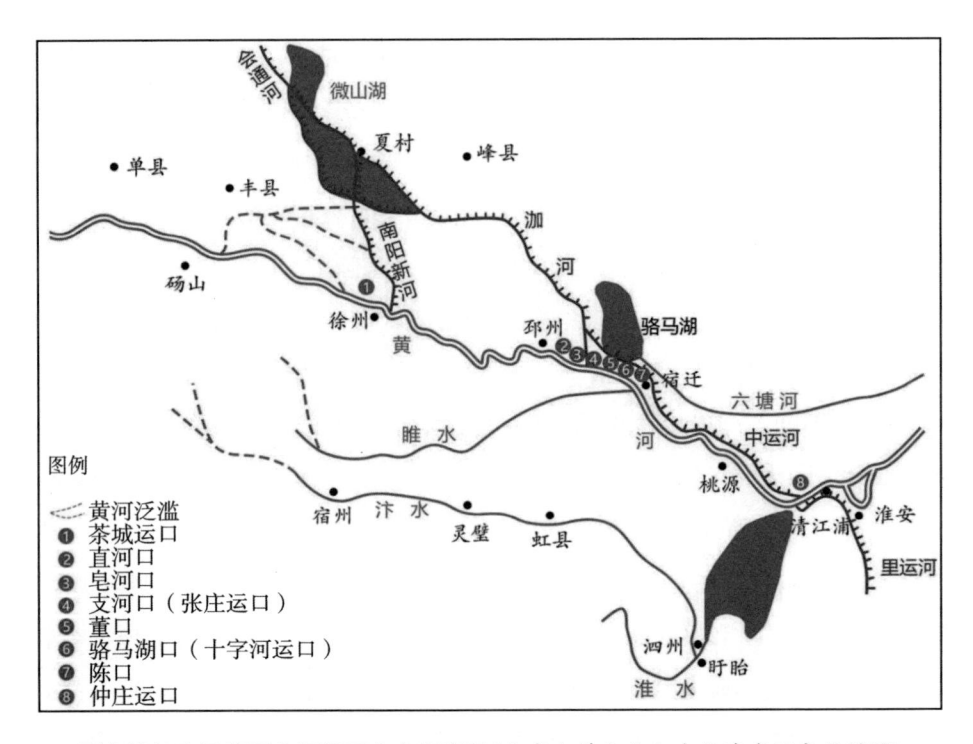

明末清初宿迁黄河北堤运口分布示意图（南京大学文化与自然遗产研究所制图）

无解。次年，道光皇帝情急之下，决定招商海运。咸丰五年(1855)，黄河自铜瓦厢决口，改道北徙，冲断山东运河，中运河也枯竭浅阻，漕运有名无实，南方漕粮多靠海运。光绪二十七年(1901)，清政府下令："自本年始，直省河运海运，一律改征折色。"自此，漕运完全废除。

二、明清时期宿迁是大运河沿线"保漕济运"的枢纽地区

明清时期，宿迁成为"七省漕渠咽喉"，也是"扼两京咽喉"的漕运重地。明代末年，淮安至徐州段黄河运道常常决口淤垫，漕船不行，且吕梁和徐州二洪是有名的险段。黄河与会通河交叉口的茶城一带经常淤积，极为影响航道通畅。此外，黄河善淤善决，经常决口改道，导致徐州以下运道常常断流而不能通航。万历三十一年(1603)，总河李化龙开挖泇河，由夏镇李家口引水，合彭河经韩庄湖口，

又合丞、泇、沂诸水,出宿迁直河口接入黄河。运道由此大通,漕运状况得到进一步改善。直河口淤塞后,明末还开了宿迁通济新河和顺济河,由黄河经骆马湖口北上接泇河。

到了清初,运河借用黄河泛道作航线的只剩下骆马湖口至淮阴240里,运河主要矛盾集中在泇河入黄口和淮阴的黄、淮、运交汇口上。康熙十九年(1680),总河靳辅于原直河口与董沟口之间开皂河口通黄河,由皂河口向西北偏西开河至窑湾接泇河,并组织筑堤,建万庄、马庄、猫儿窝减水闸三座。康熙二十年(1681)七月,皂河口淤垫,总河靳辅在皂河以东、黄河北侧、骆马湖南侧挑浚支河,历龙冈岔路口至张庄,长三千余丈,使清水至张庄出黄河,是为张庄运口,一名支河口。康熙二十二年(1683)又于支河口之南,随河势筑大堤三千余丈,于是运舟常通,新开支河无淤垫之患。

自泇河与皂河开通后,黄运分立,而宿迁以下至清口的运道仍然利用黄河行运。漕船重运溯黄河而上,每船需雇纤夫二三十名,花费甚大,为此,康熙二十五年至二十七年(1686—1688),靳辅又在宿迁、桃源、清河三县黄河北岸堤内开新河,称为"中河"。再在清河西仲家庄建闸,引拦马河减水坝所泄的水入中河。该河上接张庄口及骆马湖清水,下历桃、清、山、安,入平旺河达海。漕船初出清口浮于河,至张庄运口。中河修成后,免去走黄河180里的险路。后中运河宿迁段又建设了利运闸、亨济闸、漈流闸和汇泽闸,用来蓄水济运,解决水位高差的问题。

中河开通后,雍正五年(1727)总河齐苏勒建宿迁县骆马湖尾闾五坝,坝在西宁桥迤西,系三合土坝,五坝各长二十余丈至三十余丈不等,坝上各挑引河,堤埂相湮,南接黄河缕堤,北属马陵山,共长六百丈,相机启闭,以资蓄泄。又于骆马湖口竹络坝口门外筑钳口坝,及汰黄堤,堵闭十字河通湖北口。雍正、乾隆年间,在十字河以西修建了通骆马湖和中河的王家湾和柳园头建石闸,并挑引河,用以宣泄骆马湖湖水济运。至此,骆马湖尾闾的济运"水柜"枢纽工程完成,每当运河水涨,则自王家沟、柳园头闸放水入骆马湖,由尾闾五坝减水入六塘河,一旦漕运重船起运,则堵闭尾闾五坝,放骆马湖水至运河济运。乾隆皇帝曾专门写了一首《骆马湖》诗:"济运输天庾,防霖安地行。相机资蓄泄,惟谨度亏盈。"诗歌表达了对骆马湖济运功能的赞誉。清康乾时期,治河者逐步完善骆马湖以西、以南的黄、运、湖沿线的复杂堤防系统,改变了骆马湖与黄河直接相接的局面,避免了黄河对运河及骆马湖的侵扰。尤其是骆马湖、运河、黄河之间相互蓄泄的保漕济运工程体系,客观上在宿迁县城东北部形成了一个人工开凿修筑的,包含减水、济运、切岭、闸、涵、堤、坝、税关、水神庙等工程的综合性漕运枢纽区,这个位于中河之首的枢纽工程,在靳辅治理中河策略中地位突出,他认为中河治理应"审其全局,将河道运道为一体,彻首尾而合治之",皂河至井头地区的运河工程体系,就是其中之"首",与中河之尾的清口枢纽同样重要。由于一系列保漕济运工程的实施,大运河宿迁段成为整个运河沿线保漕济运的咽喉之地,康熙皇帝六次南巡江浙,对此处河工都有指画,河臣遵守不敢更改。乾隆皇帝六次南巡更如是,每有堵口、筑坝、修桥建闸等大工程,多亲自过问并派钦差监督。河臣守此一线,如临深渊,如履薄冰,决则堵,淤则浚,不惜人力物力。

清代早期,黄河徐州以下还是作为漕运通道使用,在中河疏通之后,徐州镇口闸黄河故道淤塞,徐淮二帮漕船于徐州水次受兑,即由黄河至宿迁的十字河竹络坝入中运河,在康乾时期通行无滞达数十年,十字河的竹络坝就成了黄运两河之关键,或以济运,或以泄黄,互相资借,而且徐淮漕艘商民船只,并得就近由此出入,以省绕道转口之烦,很有裨益。后来,由于河臣高斌在十字河南北分别建筑了临黄、临运二坝,筑后连年堵闭,水为坝遏,不能通畅,沙停淤积,上下闭塞,涓滴不流,导致漕船重运无法从黄河入运河,所有徐淮两帮漕船均由徐州经黄河行驶至杨家庄转口入运。此后,十字河虽然不再行走重运船只,但可行回空漕船。此外,若是清水过弱,则暂启竹络坝,引黄以助清济运;若遇黄水过盛,宿迁以下工程险要,亦暂启此坝,以泄黄涨,更遇清强黄弱之时,又得借以泄清,以固下游中河一带工程,闭于常以守其经,启于暂以行其权,得以相济为用。

通过明末清初的一系列治水工程的实施,骆马湖南侧黄、运、湖交界的地区,成为大运河沿线一个重要的治河保运的枢纽,再加上六塘河、刘老涧等关系到中运河蓄泄的系统性治运水工实施,宿迁成为保漕济运的咽喉要地,也是付出牺牲和负担河工最重的地区。

三、大运河深刻影响了宿迁地区的发展变迁

在宋元时期黄河夺泗入淮以前,泗水的常年行运和通济渠的开凿行运,促进了宿迁地域的开发和城镇的繁荣。春秋时期,宿迁境内的泗水河畔有厹犹、钟吾和徐等方国,其中徐国的范围为今淮泗一带,国都建在今宿迁泗洪境内的大徐城。徐国不但创造了灿烂的青铜文明,而且在强大的国力支撑下,开挖了中国历史上最早的人工运河[1]之一——陈蔡运河。《水经注·济水》中所记载的"偃王治国,仁义著闻,欲舟行上国,乃通沟陈蔡之间"[2],说的就是这一历史事件。陈蔡运河与淮水、泗水共同构成了江淮平原上最早的水上运输交通网络。

秦国统一天下后,在宿迁建立下相县,下相县城位于古睢河与泗水交汇之处,因其水路交通的重要区位,成为一座重要城池,西楚霸王项羽就是下相人。由于泗水行运的便利性,汉武帝元鼎四年(前113),封常山宪王少子刘商为泗水王,统淩、泗阳、于三县,淩城为王国首邑,辖2.52万户,人口11.9万,其范围相当于现在江苏省宿迁市泗阳县、宿豫区之一部分及淮安市淮阴区部分地区。

唐代,由运河漕运而来的江南财赋支撑着唐帝国的存续。由于运河,淮泗流域的经济、文化也有了很大的发展。唐玄宗曰:"大河南北,人户殷繁,衣食之源,租赋尤广。"[3]其中的"河南"就是淮河流域包含宿迁的淮北地区。唐人又说,天宝以后,"天下以江淮为国命"[4],极言江淮地区经济的重要地位。北宋年间,政府在淮泗流域宿迁境内采取恢复和发展农业生产的措施,鼓励垦殖,劝课农桑,

---

[1] 据史料记载,中国历史上最早的人工运河有陈蔡运河、荆汉运河、巢肥运河、邗沟、鸿沟等。
[2] 《水经注·济水》,引刘成国《徐州地理志》。
[3] (清)董诰:《全唐文》卷三十一,唐玄宗《河南河北租米折留本州诏》,中华书局,1982年据原刊本编印。
[4] (清)董诰:《全唐文》卷七十三,杜牧《上宰相求杭州启》,中华书局,1982年据原刊本编印。

兴修水利,漕运、盐运得到进一步发展;在农业上引进推广"占城稻",连年丰收,"红稻白鱼饱儿女"就是这一时期的生动写照。可以说,得益于淮泗水系的滋养,以及运河动脉的连通,当时的宿迁是不折不扣的鱼米之乡。

南宋建炎二年(1128)杜充挖开黄河以挡金兵,黄河夺泗夺淮,成为黄河长期南泛"夺泗入淮"的开端。此后,宿迁自然环境及城市格局发生重大变迁,对经济社会发展产生重大影响。宿迁由于地处泗水之滨,南依淮水,北临徐州,黄河多次大规模南泛入泗,宿迁首当其冲,成为黄泛冲击的重灾区。从最初的侵流、混流到最后的全流,黄河裹挟的大量泥沙逐渐使泗水原有河床日趋抬高,加之后期人为不断筑堤防洪,导致泗水河道成为"地上悬河",水患频发,宿迁成为"洪水走廊"。《宿迁县志》载:"自南宋以来的八百年间,水势横溃,河湖无涯,无岁不受患。"

黄河长期夺泗夺淮,使宿迁地区原始地形地貌以及河流湖泊等自然环境发生重大变迁,洪水带来的大量泥沙,淹没了城镇乡村,将一座"山城"宿迁淤没成为平陆。当代地质钻探资料也表明,以今宿迁马陵公园为轴心,除其北部未见黄泛土层外,其余东、南、西三面均被黄泛土覆盖,最厚处达40米,最浅处近10米。可见黄河过去在宿迁大地肆虐的程度,其无数次的泛滥和淤积,基本重塑了宿迁的地形地貌。如淮水、泗水、睢水、沭水、沂水等主要河流水系被打破,骆马湖、埠子湖、白鹿湖、仓基湖等众多湖泊淤塞或积为平陆,原始植被也遭到破坏,土壤急剧沙化及盐碱化等。不仅如此,黄河的频繁决口更对宿迁经济社会发展和人民生活造成长期而深远的影响。水利设施遭到破坏,良田不断退化荒芜,农业生产水平出现急剧倒退,致使"稻作为主"逐渐被"旱作为主"取代。宿迁人民也由此陷入无穷无尽的灾难之中,洪水所到之处,田庐漂荡,村落成墟,人畜溺死无数,人民生活极为贫困而流民四起,卖儿鬻女随处可见,甚至出现"人相食"的惨烈景象。明代宿迁人张忭曾作《哀宿口号》四首律诗,其一写道:"流民连岁不堪图,尤是今年景象殊。树已无皮犹聚剥,草如有种敢嫌枯?插标卖子成人市,带锁辞年泣鬼途……"就真实反映了当时宿迁人民所遭受的沉重灾难。与此同时,宿迁历史上多座城池也因洪水泛滥冲圮而多次迁址,众多古城古镇今仍深埋在黄沙或河湖之下,历史遗存遗迹也大多深埋地下而遗踪难寻,民家屋舍被淹被毁更是不计其数。即便在1855年黄河北徙后,黄河"夺泗入淮"的遗患还持续影响着宿迁地区,直至新中国成立后一段时间里,仍难以从根本上改变易旱易涝、多灾低产的农业生产面貌和贫穷落后、经济欠发达的状况。

与明清以来黄河泛滥造成的地域发展停滞甚至倒退相比,由于连年不断的保漕举措,宿迁成为保漕济运的咽喉之地,在运河治理方面有着独特的地位。在交通区位上,宿迁是运河水路交通和通京大道陆路交通的交会之地,江淮一带"四方之贡赋舟车达京师",多由运河或通京大道行运,宿迁为其必经之地。万历《宿迁县志》称宿迁"北瞰泰岳,南控江淮,西襟大河,东连渤海,盖两京之咽喉,全齐之门户也"。康熙《宿迁县志》记载宿迁"西望彭城,东连海澨,南引清口,北接沭沂,盖淮扬之上游,诚全齐之门户,七省漕渠咽喉命脉所系,尤匪细也"。嘉庆《宿迁县志》称宿迁"北带漕渠,西襟黄水,东临榆沭,南引清口,淮海上游,水陆冲要"。为管理运河各项事务,清代还在宿迁境内设立了运河同知、运河通判、中河县丞、运河主簿等官职。

大运河带来的交通区位的提升,对宿迁地方经济的发展,无疑起到了重要的促进作用。特别是自明朝嘉靖年间(1522—1566)规定"准许漕船捎带货物两成,自由于沿途贩卖,并允许沿途招揽货源代客运输"之后,宿迁水陆交通沿线的码头、集镇生意更加兴隆。借助漕运的便利,一些从南方捎来的竹木器家具、绸缎、瓷器、茶叶等,从北方带回的陶器、山货、烤烟等大宗货物往来贸易,在宿迁、沿河集镇销售,或再取陆路转销附近各地,商业十分兴旺。在清代中河开凿以后,除漕粮和商品货物运输外,还有盐业运输。据《淮阴风土记》记载,清代淮安府属八州县食盐2.771万引(每引约为100公斤),其中宿迁销盐6240引,每年这些食盐多从中河转运而来,行销县域各地。此外,还有一条早在宋代就有盐运记载的原盐河(后改称六塘河),在清雍正九年(1731)也经过一番疏浚,"于庙头湾挑引河一道长六百十三丈导水东注"而再度成为"宿(迁)、桃(源)、安(东)、清(河)、海

(州)、沭(阳)六州县之通川,直达东海"。"盐艘资以浮运……商民运载盐卤,有沂(溯)六塘河至宿贾售者"①甚多,是为宿迁当时通商运盐的另一水上运道。

到清代,由于中运河的开通,宿迁成了水路交通和陆路通京大道交会之地,成为新的"南船"与"北马"交会之地。在旧时,黄河以北的大运河借河行漕,迂缓难行,非常危险,断缆沉舟事故经常发生。因此,商人行旅凡是由南向北的,一般都是到清江浦石码头舍舟登陆,北渡黄河,到王家营换乘车马;而由北向南者,则到王家营弃车马渡黄河,至石码头登舟扬帆。所以,石码头、王家营为"南船北马"的交会之地。宿迁中运河开通后,"南船北马"交会之地由淮安北移至宿迁顺河集。乾隆南巡时,也是从通京大道至顺河集下马,转水路,回京也是自顺河集水路转陆路。可以说,明清时期"南船北马"的机关设在淮安,但运河水利工程都在宿迁段。

运河的流经带来了南北客商和便利的运输条件,极大地刺激了宿迁运河沿岸城镇商品经济的发展。万历《宿迁县志》记载宿迁旧治有迎恩街、皇华街、新街、安福市、兴福市以及梧桐、思政、敦信、岱宗祠、广济等巷。宿迁新县治相比旧治街道数量有了明显增加。万历《宿迁县志》记载宿迁新县治有平成街、宣仁街、聚秀街、云露街、太平街、通云街、永宁街、奠安街、长乐街、三元街、河清街、驻骢街、通岱街、还定街等,共14条街道。镇集则有刘马庄镇、堰头镇、邵店镇、司吾镇、小河口镇、白洋河镇、脱车头镇、归仁集、仰化集等。民国《宿迁县志》记载宿迁城内有宣仁、平城、云露、太平、聚秀、通云、奠安、永宁、长乐、三元、河清、驻骢、通岱、还定、马路口、马路口东、竹竿、富贵、如意、新盛等街,思政、梧桐、烈节、敦信、广济、猪市、吉庆、九曲等巷,草市、鱼市等市。宿迁周边有新安、堰头、司吾、桥北、邵店、窑湾、小河口、白洋河、皂河等镇,归仁集、仰化集、永庆集、耿车集、埠子集、街头集、港头集、王儿庄集、新店集、大兴集、晓店集、蔡家集、新安集、永丰集、叶家集、唐店集、韩家集、黑墩集、李圩集、大墩集、南涧集、臧圩集、北涧集等集。

---

① (清)张忭:《宿迁县志》,宿迁市宿豫区档案馆藏。

运河的流经使得宿迁成为南北客商云集之地,外地商人在宿迁城内建起了众多商业会馆。民国《宿迁县志》记载,闽中会馆,即天后宫,在新盛街。浙江会馆在迎熏门外河清街。京江会馆在洋河镇西大街。泾县会馆在通岱街南,同治十三年(1874)建。苏州会馆即中天王庙,在前马路口。庐扬镇公所,又名江安公所,在前马路口东。咸丰五年(1855),黄河改道山东,苏北黄、运河道逐渐淤废,地位一落千丈,宿迁商品经济也迅速走向衰落。民国《宿迁县志》记载:"当漕河全盛之日,岁有修防,蝇集蚁附,挽输所至,百货充盈,末技游食之民谋升斗为活。及时移势异,徒噪空仓,私货竞趋,官征无亿,转徙日众,莫之或拯也。"

时移世易,大运河、骆马湖、洪泽湖、古黄河及马陵山如今是构成宿迁城市山水环境的核心要素,宿迁成为全国少有的拥有两河两湖的城市,不仅完善了宿迁的交通体系,也便利了居民的生活、生产用水,使城内外环境大为改善,市容美观而充满生气。

四、大运河文化是宿迁城市文化的核心内涵

宿迁大运河汇集东西,交融南北,以汴河、古黄河、中运河、骆马湖、六塘河、刘老涧、归仁河、砂礓河、柴米河等为主体的运河水系,在此沉淀下了丰富多彩的文化遗存,构成了宿迁市文化遗产中体量最大、等级最高、范围最广的文化资源。由于宿迁运河水系具有全域性的特点,在以河道为文明源头的背景下,伴生了众多城镇、村落、非物质文化遗产、人物、故事、文献记载等文化内涵。总结宿迁大运河历史发展的脉络,可以看到奔腾不息的大运河,见证了宿迁人民尊重自然、利用自然的科学精神,不畏艰险、久久为功的拼搏精神和无怨无悔、甘于奉献的牺牲精神,古老的运河已经深深浸入城市肌理,融入人们记忆,植入城市文化百态。

在物质遗产层面,大运河淮北段历史上经历了泗水行运、汴泗并流、借黄行漕、避黄行运、运河废弃与重新疏浚通航等数次变迁,留下了隋唐大运河遗存的古汴河宿迁段(33公里)、元明时期大运河的古黄河宿迁段(114.3公里,流域面

积 296.9 平方公里)以及清初开凿的中运河宿迁段(112 公里)三条大运河遗存。其中,中运河宿迁段 41 公里和皂河龙王庙作为"一点一段"被列入世界文化遗产。

其他与大运河息息相关的文化遗存则不胜枚举,2016 年水文化遗产调查结果显示,仅工程建筑类遗产就有 112 处。从历史文献和现场调查结果看,宿迁三条不同时期运河遗产的两岸还有大量的运河文化遗存等待挖掘保护和传承利用,如漴流闸遗迹、古黄河堤坝、中河堤坝、六塘河堤坝、刘老涧遗迹、皂河遗迹、支口河遗迹、十字河遗迹、骆马湖尾闾五坝、归仁堤、皂河汛千总衙门、九龙庙遗址、隋炀帝离宫遗迹、乾隆行宫遗址、运河驿站、御码头遗址、大王庙遗址、御碑亭遗址等数不胜数的运河遗产等待开展研究和保护。

此外,从汉代泗水国王刘贺设立千酿酒坊始,宿迁洋河美酒便与运河结下不解之缘,造就了宿迁酒文化的标签。乾隆六下江南,特意点饮洋河酒,并留下"酒味香醇,真佳酒也"的赞誉。处于京杭大运河沿线的皂河古镇,早在明末清初就已是一处繁华热闹的集镇,而其中的陈家大院就是当年的富商宅邸。乾隆六下江南,五次留宿皂河,因此按照皇家建筑的规格修建的龙王庙,又被称为"乾隆行宫",还有"小故宫"之美誉。设立于中运河岸边的东关口,历史上不仅是宿迁水路运输的主要码头和进出口货物集散地,也使宿迁成为连接华东华北水陆商贸的聚集中心。清代,闽商在这里留下妈祖文庙和泗阳天后宫,雕梁画栋,砖雕石刻,小瓦飞檐,成为宿迁别样的风景,给宿迁平添了多彩的建筑文化。

在非物质文化遗产层面,大运河的畅通,促进了外来文化与宿迁本土文化的交融共生,如安徽北部淮北平原上的泗州戏、山东南部和河南东部的柳琴戏,与宿迁戏曲相互融合,形成了流传百年的淮海戏等。此外,黄河水泛滥和保漕济运使宿迁人民经历了漫长而艰苦的治水过程,其间涌现出许多杰出的治水名贤,有倡导"遏制北流、分水南下入淮"的刘大夏、"束水攻沙""蓄清刷黄"的潘季驯以及殚精竭虑、治水有功的靳辅和陈潢等。在宿迁运河治理的历史上,常常看到万人治河的记载,宿迁人在治水的历史过程中,形成了顾全大局、牺牲奉献、艰苦奋斗、追求幸福的精神,是留给后人的重要精神遗产,是当代弘扬运河文化的重要内涵,也是宿迁城市文化建设的核心内涵。

今天的大运河对于宿迁而言,不仅仅是一条河流,更是一个流淌的文化符号,一种悠久的精神象征。宿迁人民的沟通、融合,治河的坚韧、创新,在这里形成了兼收并蓄、开放包容的宿迁运河精神。如今,新时代特别是大运河成功申遗后,大运河文化带建设战略的提出,赋予大运河宿迁段新内涵,宿迁将以文化为魂,以生态为底,推动运河湾城市文化公园建设,以大运河文化带建设和国家文化公园建设,带动宿迁新城新未来的发展格局和城市品质,继续展现着她脉动世界的文化魅力,让更多的人去触摸大运河所承载的中华文脉,感受宿迁段当世无双的古今风采。

(本文为贺云翱、干有成、李志平合著的《宿迁运河史》一书绪论部分)

运河与南京

运河一般是指由人工开凿并沟通不同地域或河道、水系的交通航运水道,通常与自然水道或其他运河相连。运河本身除了航运功能以外,还兼具灌溉、防洪、排涝、给水、生态、景观以及军事防御等功能。中国运河开凿至少有2500多年的历史,《水经注·济水》记载:"偃王治国,仁义著闻,欲舟行上国,乃通沟陈蔡之间。"《后汉书·东夷列传》记载:"穆王畏其方炽,乃分东方诸侯,命徐偃王主之。"周穆王在位时间约在公元前976年至公元前922年,如果史料真实,那么徐偃王所开运道是文献中记载最早的运河。就江苏境内而言,东汉初年由袁康、吴平所著的《越绝书》卷二《吴地传》对"吴古故水道"北通长江有具体的记述,"吴古故水道,出平门,上郭池,入渎,出巢湖,上历地,过梅亭,入杨湖,出渔浦,入大江,奏广陵"。此处"渎"一般认为是伯渎,相传为商代后期的泰伯所凿,若能得到证实,那么,江苏境内的运河历史可谓十分悠久。公元前486年,吴王夫差开邗沟,沟通江淮,成为中国历史上第一条有确切文献记载的运河。

南京地处长江、滁河、秦淮河、水阳江等河流下游,境内从北至南分别跨淮河流域、长江流域、水阳江流域、太湖流域。南京的自然水系,如长江、秦淮河、滁河、溧水河、水阳江、白马河、汤水河等,是重要的天然运道。南京地貌以丘陵为主,其中在江北分布有老山山脉,江南分布有宁镇丘陵山地、茅山山脉,低山丘陵占总面积64.52%,与太湖平原水网地形迥异。长江从西南流入境内,至下关今鼓楼滨江一带近乎垂直东去,在木制船舶时代,汹涌的江水被视为畏途,"江水自大胜关以下,中隔大洲,至黄天荡,洲尽江合,势极浩瀚,估客舟归,气沮心慑。谚曰'上有六百丈,下有黄天荡',言其险也"①。特殊的地理位置,影响了南京历代运河的形成与分布,为了避开长江风浪之险,在长江沿线开凿内河运道,如北宋时期的靖安河、长芦河,元代阴山运粮河道,明清时期的便民河、会通河等皆是如此。为了沟通不同流域河道水系,春秋时期开胥河,秦代开龙藏浦,汉代开禹王河,六朝时期先后开凿破冈渎、上容渎,明代开胭脂河,清代开朱家山河,当代开秦淮新河等。由于历代在南京建都的政权均采取避江临河发展策略,这就必然需要开凿运道沟通城市与大江大河之间的联系,如《东南防守利便》记载:"古城近北,秦淮既远,其漕运必资舟楫,而壕堑亦须水灌注,故孙权时引秦淮为运渎,以入仓城,开潮沟以引江水,又开渎以引后湖,又凿东渠名青溪,皆入城中,由城北堑而入后湖,此其大略也。"②杨吴、南唐时期"断淮筑城"修建的城壕、宫城护龙河,明代京城城壕、皇城城壕、外郭城城壕等河道,则以另一种方式加入运河行列。除了这些赫赫有名的运河水系外,遍布南京境内洲、圩、城、乡的行船水道,又是另一种形式的运河。如高淳圩区有大沟、小沟,沟通了圩区内每一个埠子,圩民每日驾驶船只到自家埠子上劳作,也可以通过圩堤下的陡门进出圩区。

总体而言,南京的运河文化分为都城时期和非都城时期,其中都城时期又以六朝时期和明代为重点。就都城时期而言,南京是十朝都会所在,作为孙吴、东晋、南朝、南唐及明朝等政权的都城长达400余年,都城时期南京的政治中心地位使之成为相应的主要漕运目的地之一。围绕着都城漕运需求,不同时期的政权实施了一批跨流域工程,构建了漕运的运河体系。南京境内现存运道,除了南京最为依赖的长江之外,内河运道包括内秦淮河、外秦淮河(部分切岭)、惠民河、

---

① (清)莫祥芝、(清)甘绍盘修,(清)汪士铎等纂:《同治上江两县志》,江苏古籍出版社,1991年。

② (宋)陈克、(宋)吴若著,(宋)吕祉编:《东南防守利便》,商务印书馆,1937年。

《明钱谷张复合画水程图》（淮河口）

《明钱谷张复合画水程图》（宿迁）

《明钱谷张复合画水程图》(淮安)

《明钱谷张复合画水程图》(清江浦闸)

三汊河、杨吴城壕东段与北段、护龙河、珍珠河、进香河(遗迹)、香林寺河、金川河、南河、秦淮新河(部分切岭)、秦淮区境内运粮河、秦淮河江宁段、句容河、溧水河、一干河、二干河、天生桥河(部分切岭)、高淳境内运粮河、水阳江、官溪河、芦溪河、胥溪河(部分切岭)、朱家山河(部分切岭)、滁河、便民河、九乡河、七乡河、破冈渎(遗迹)等,这些河道通过历代的人工整治、切岭勾连、疏通浚深等水利工程,或使城市水系与长江相通,或连通了秦淮河水系与江南运河水系,或通过沿江内河避开了长江主流风涛之险,在以水运为主要转运途径的传统社会,发挥了军事、漕运、商贸、人文交流等方面的重要作用。

南京运河发展是一个循序渐进的过程,每个时代的运河文化都各有侧重,对经济文化的影响各不相同。六朝时期重开发,运河发展主要是围绕都城建设和水战需要。隋唐宋元时期,南京的政治地位下降,运河开发主要满足江南地区的运输需要,配合南北大运河和全国水路运输网。明清时期重新构建了都城漕运网,运河沿线发展了大大小小的城镇,还有依附运河建设的粮仓、造船厂、港口的水关等。民国时期和新中国成立后对南京水道的改造主要集中在疏浚治理和秦淮风光带的建设。

南京运河文化起源很早。据考证,早在新石器时代,长江下游的河段便出现了一条大型天然河流,即胥溪运河前身——古中江。古代人类征服自然的能力较弱,但却能够积极适应自然,为了生活取水方便,往往居住在离河流不远的河岸台地上,另外也方便渔猎。考古学家根据这些遗址的空间分布推断在胥溪开凿之前就存在可以沟通芜湖、固城湖、太湖的天然河流。这些河流的互动也影响了在长江下游出现的马家浜文化、北阴阳营文化、崧泽文化、凌家滩文化、良渚文化等古文化的形成和发展。

先秦时期,南京地区的水运条件又有所发展,开凿了胥溪,相传该河是吴王阖闾为伐楚用伍子胥之谋,在吴国境内(今南京高淳区)东坝附近开凿的。秦始皇时期断长垄疏秦淮,疏通龙藏浦,改善南京地区水利环境,使秦淮河由原先的屯水湖泊变成了固定的主干河道,水患得到了有效整治。两汉时期继续对方山至湖熟段秦淮河流域进行开发,使其地社会经济发展、人口大量增加,为此,湖熟于汉初得以置县。

南京从东吴开始大概有 300 多年的时间作为都城存在,这一时期围绕南京城的运河开发与治理工程也逐渐兴盛。南京地处长江下游,水运发达,多水战,朝廷十分重视对水道的治理与开发。当时围绕宫城建设,开挖了青溪、运渎、潮沟等大大小小的运河,形成了以宫城为中心的集防御与水运于一体的运河网。南京都城的建设也受到运河水道的极大影响,都城的中心区一直处于几处河湖围合的空间,依山傍水,既可以利用水道运输载客,又可以依水拒敌,维持统治政权。在宫城之外,运河沿线也建造了许多桥梁、津渡、港口、埭、闸坝等水利设施,正是水运的便利使沿河兴起了码头、街巷、园林等。六朝时期,南京地区运河四通八达,不仅便利了人们日常的生产生活,也极大地丰富了精神文明,对南京的政治、经济、军事、宗教、文化等方方面面都产生了重要的影响。

公元 589 年,隋朝攻灭陈朝后,南京失去了政治中心的优势,加之隋文帝诏令将建康城"平荡耕垦",城市元气大伤,地位下降,商业萧条,运河失去了依托都城的优势。隋炀帝时期,开凿了以洛阳为中心的大运河,沟通了黄河、淮河、长江等水系,形成了以运河和长江、黄河为干线的南北、东西的交通航线。大运河避开了南京,对其运河商业的发展极其不利。唐继隋统,继续推行对金陵(今江苏南京)的抑制政策,南京运河的地位持续衰落。

五代时期,李昪定都金陵,建立南唐。李昪父子两代修筑城墙,扩建金陵城,开挖"外秦淮"作为护城河。从杨吴、南唐开始,秦淮河有了内外之别,外秦淮河的开凿是自孙吴破冈渎之后秦淮水道又一次重大改道,内秦淮河成为城市内河,长约十里,后人因此称之为"十里秦淮"。外秦淮河成为都城的护城河,主要起着防卫都城的军事功能和航运功能。人工开凿杨吴城壕和宫城护龙河,构建了都城运河圈,南京的水利水运又渐兴盛,便民利民,促进了南京城市的发展。

宋代水上航运很发达,长江和临安(今浙江杭州)之间的水运联系主要靠江南运河,由于破冈渎的废弃,南京已不再是江南运河的入江通道,在地理位置上不如扼江南运河口的镇江有利。南宋时四次修筑南京城,开新河、靖安河,避开长江险滩,沟通南北漕粮运输。当时,南京"府号陪京,地大物夥,诸司错立",是"地总九郡"的区域中心。朝廷设在南京的诸司中,有些是与水运有关的官署,如江东转运司、户部提领酒库所、提领江淮茶盐所、建康榷货务等,既有漕运机构,又有商业贸易机构,对当时南京境内运河的发展有重要影响。

元代,政治和军事中心均在北京,但全国经济重心已经完成了由北向南的转移,赋税愈发倚重东南。元代建立的海运制度,沿长江物资集中至太仓北运,南京的大城港水马驿、龙潭水马驿等皆是重要码头。元代沿原夹江新开了阴山运粮河道,自大城港附近至西善桥,经小行向北进入秦淮河,使长江上游船只循此河进城,避开险厄江流,为元代的南粮北运提供了极大的便利。此河以运粮为主,故又称运粮河。除去粮船、官船之外,还有来自四川、湖南、湖北、江西、安徽等地的竹、木、麻油、药材等货物经此运输。

明初,南京城市发展及河流的使用主要着眼于政治、都城生活物资保障及军事。朝廷对南京城和周边的水运系统进行了一番疏浚和整理,南京城内河道、沟渠、水塘纵横密布,其中,天然河道主要有城北的金川河与城南的秦淮河,而秦淮河在内城水系中最为重要,亦为正河;人工河道包括运渎、青溪、进香河、珍珠河、杨吴城濠、御河、小运河等,以及明代开凿的上新河、下新河和中新河等。这些天然河流和人工河流在南京城内纵横交错,共同构成了明代南京城市的河道体系。南京可谓是全国运河漕运的枢纽,各类商贾行人通过长江集聚南京,这也使得南京成了一个繁荣的商业城市,其影响覆盖全国大部。

清代,南京由于政治地位下降,城市的治理情况不如明代。这一时期仅开凿了便民河与朱家山河两条人工运河,主要水利措施是对境内河湖进行疏浚整治,疏浚赤山湖、通济门和金川门外河道,整治城内水患。南京在清代仍是重要的漕粮转输中转站,南方的漕粮需要在此集散,然后装转北运。清初,江南省的额定漕粮运量约占全国的一半,清廷在江南省设江安和苏松两个粮道来管理漕运事务,其中,南京是江南省的治所,江安粮道即设立在南京。另外,其他商品如粮食、布匹、出口商品等也大量经过南京周转运至其他地方,南京的发展得益于发达的转运贸易。

民国时期,南京运河作用衰退,河道淤塞,内城水患严重。南京国民政府出台了一系列办法改良城内水道,治理河道水患。随着蒸汽轮船的兴起,以秦淮河为依托的内河航运逐步衰落。民国时期,政府对内秦淮的河道治理提出了一系列设想,规划中将内秦淮完全定义为游览和宣泄的用途。南京市政当局希望能够"恢复昔日美丽之风景"。《首都计划》中对秦淮河两岸进一步规划,划定距河岸宽度,一律拆除划线之内所有建筑物,沿河开辟林荫大道,使之成为"以资消遣"的秦淮风光带。

新中国成立后,南京市于1959年开展秦淮河整治运动,集中力量疏浚整治了城内水道,其主要作用已经不是航运。外秦淮河上的武定门节制闸工程的建设,基本截断了内秦淮河的航运。1978年,秦淮新河工程开工,并作为航道使用,促进了秦淮河航运的复兴。20世纪80年代至90年代末,南京市开展秦淮河风光带建设工作,经过近十年的建设与发展,秦淮河逐步得到治理,一个体现南京古都风貌特征,突出明清建筑风格,重现桨声灯影,展示庙、市、景合一格局,集旅游、文化娱乐、商业服务于一体的十里秦淮风光带,以崭新的姿容呈现在中外游客面前。20世纪90年代后期,夫子庙秦淮河风光带建设延及秦淮河南岸,完成了桃叶渡改造等工程,夹岸而立的河房水阁在"十里秦淮"得到初步恢复,再现了明清江南街市风貌和古秦淮河厅、河房景观,六朝、明清文化得到进一步挖掘和展示。进入新世纪以来,对夫子庙秦淮河风光带的开发进入扩容升级阶段,实施了东水关遗址公园、白鹭洲公园等重大项目。此后,"十里秦淮"文化旅游产业得到深度开发——这条线串起两岸散落的历史文化"明珠",东水关景区、白鹭洲景区、夫子庙景区、老门东、中华门景区、老门西、西水关景区,通过水上游览线"串点成线"。秦淮旅游从一座夫子庙延伸至一条河,从夫子庙核心景区拓展到整个夫子庙秦淮风光带。2005年,外秦淮河整治工程结束,游船风光游也开展起来,此后逐步实现了内外秦淮河游船航道的互联互通。

(本文为《南京运河史》一书绪论)

通扬运河在中国大运河文化体系中的地位初论

"通扬运河"是指扬州与南通之间的一条重要人工运河。它的历史可以分为四个时期：第一期，西汉至南北朝期；第二期，隋代至唐代期；第三期，五代至清、民国期；第四期，新中国特别是20世纪50年代新通扬运河开挖之后至今。"通扬运河"在当代已经被纳入中国大运河文化带建设的"江苏段"规划之中。

讲通扬运河的历史首先要涉及江淮之间的大运河，就是古"邗沟"，目前它被认为是中国大运河的起点，是大运河最关键的一段。邗沟是由春秋时代的吴国于公元前486年所开掘，它的南端在邗城（今江苏扬州），北端在末口（今江苏淮安），连通了长江、淮河两大水系，连通了中国的南方与北方。吴王夫差开掘邗沟后过了大概330年，西汉的刘濞在广陵（今江苏扬州）做吴王时，开掘了连接广陵与海陵（今

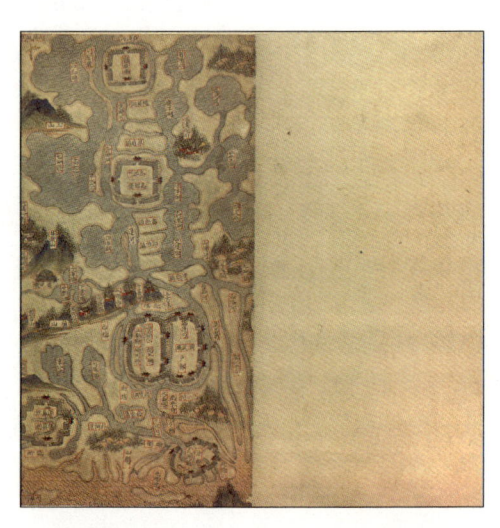

扬州府总图（1594年明代《扬州府图说》）

江苏泰州)的江淮运河的最重要的支线运河——古运盐河,又称"茱萸沟",历史上也有人称之为"邗沟"或者"东邗沟",但是要将这个作为大运河支流的"邗沟"和吴王夫差开掘的大运河干流的"邗沟"区分开。古运盐河的开凿开启了通扬运河的第一阶段的历史。

古运盐河西起广陵的茱萸湾,接通邗沟,东达海陵仓及如皋蟠溪,西汉早期的如皋蟠溪位于滨海地带,运盐河连通了海洋和当时的大运河就是"邗沟",目的是取海盐和渔业之利。当然,其主要功能是运盐的水上通道,所以称之为"运盐河"。

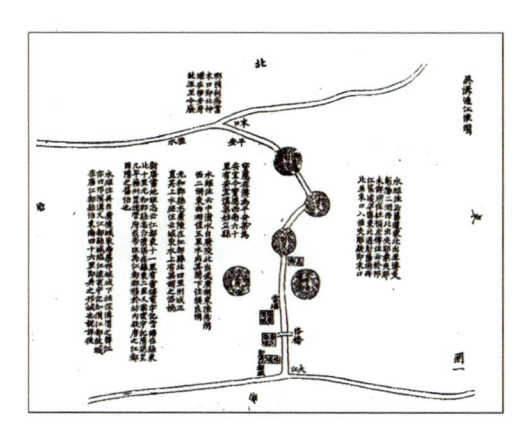

吴沟通江淮图,选自清道光《扬州水道记》   **两汉时期古运盐河示意图**

吴王刘濞之后又过了 740 年左右,到隋代开皇七年(587),隋文帝开掘"山阳渎"。山阳渎南起江都(今江苏扬州)茱萸湾东北(今江苏扬州湾头镇),向东往宜陵折而北,经射阳湖而达今淮安末口,其实主要还是利用春秋时代吴王夫差开掘的邗沟故道。西汉吴王刘濞开掘的古运盐河的西端与隋文帝开掘的新的江淮运河河道应该还是相互连通的。又过了 18 年左右,隋炀帝在大业元年(605)开通了全长 2700 多公里的南北大运河,成就了这位帝王的千古伟业,影响至今。

大约与此同时,隋炀帝还将汉代吴王刘濞开掘的古运盐河进行了疏浚和开掘延伸,就是把古代运盐河的东端从如皋蟠溪延伸到了"掘港",即今江苏如东主城区的掘港镇。对于新开掘延伸的河段,唐代入华求法的日本高僧圆仁在其名著《入唐求法巡礼行记》中称之为"掘沟"。这样,通扬运河的第二个历史时期就开始了。"掘港"应该是由"掘沟"而得名的滨海盐场及港口型村镇。

到了五代、北宋时期，随着南通一带的成陆和开发建设，古运盐河又一次向滨海地带延伸，一直到达南通乃至海门等地，与通往各盐场的沿海串场河相连通，从此通扬运河开始了以南通为中心的文化建构历程。这个时期的高峰是在明清，盐运事业是它的核心，这个时期扬州、泰州、南通及沿线中小城市的发展都和它相关。有专家认为，通扬运河的东端是今南通市

两宋古运盐河示意图

区的"猫儿桥"。实际情况可能不是这样简单。当然，由此最终形成了整个古通扬运河。不过，在1909年以前，人们还是称它为"运盐河"。这是通扬运河的第三个历史时期。

新中国成立以后的1958年，政府对老通扬运河部分河段进行整治和局部改造，又新开了部分河段，成为今日的通"海"连"运"的新通扬运河。这是通扬运河的第四个历史时期。

我们一直强调通扬运河是今天大运河文化带建设中的不可分割的重要组成部分，乃是基于对它拥有的特殊的地位和价值的科学认知。下面我分别谈四点想法：

第一，古运盐河早在1500多年前已经成为大运河的重要组成部分。大运河的意义一般多强调它作为南北向的人工运河，连通了东西向的长江、淮河、黄河、海河、钱塘江五大自然河流，从而构成了中国南北—东西连通的水运大网络。其实，大运河还有一个很重要的作用就是连通海洋与内陆河道，沟通陆上丝绸之路与海上丝绸之路，连通滨海区域资源与内陆消费需求，连通内陆文化与海洋文化，而古运盐河恰恰具备这个功能。《史记·刘濞传》说，吴王刘濞当时在广陵招抚百姓，开矿铸钱，煮海水为盐，吴地得以富裕。《汉书·枚乘传》也讲到，"汉并二十四郡，十七诸侯，方输

错出,运行数千里,不绝于道,其珍怪不如东山之府,转粟西乡,陆行不绝;水行满河,不如海陵之仓"。可以说,在西汉时代,"海陵之仓"因为运盐河已经名满天下。此后的隋代、唐代、宋代、明清时代无不如此,有关史料不一一列举。

第二,古运盐河即今天的通扬运河哺育了扬子江北岸城市群。长江北岸一线的城市,包括泰州、海安、如皋、如东、南通等,甚至扬州,没有大运河及通海连运的古运盐河的支撑,没有沿海盐业、渔业的支撑,就没有这些城市的诞生或持续发展,也没有明清扬州的繁华。泰州在公元前330年称海阳,并不是一个重要城市,就是因为后来西汉吴王刘濞开运盐河,置"海陵仓",海陵的地位就不断上升,到汉武帝元狩六年(前117)正式设立海陵县,到南唐时期升立为泰州。古运盐河是促成古代泰州区域不断发展的重要动力,也是泰州城市得以成长的重要因素。再有如皋,更是吴王刘濞开掘的古运盐河催生的城市;如东是隋炀帝开掘的掘沟运河直接的产物;五代开始的南通(古代先后为静海、通州)与大运河沿线城市的沟通,主要也是通过运盐河,清代《通州直隶州志》卷一引《文献通考》说:通州,本唐盐亭场,南唐立静海都镇制置院,后周升静海军,寻改通州,分领静海、海门二县。直到晚清至民国,张謇先生发展南通的现代化事业,还是离不开这条运河,张謇先生的工业事业的起点——唐闸,就位于通扬运河的滨河地带,张謇先生当时还以唐闸为基地,最早开通了通扬运河的轮船运输业务。可见古运盐河从古至今都是哺育这一地带城市群包括近代民族工业的重要的动力因素。

第三,古运盐河是国家开发苏中平原沿海地带资源、保护沿海安全的重要通道。古运盐河在如皋附近连通了串场河。清《如皋县志》说"串场河从运盐河立发桥进口,贯通丰利、马塘、掘港三场,出丁堰闸,乃汇于盐运河,为通州分司诸场运盐出口之总路"。唐宋人在运盐河东端联通串场河一线筑驻"捍海堰"即范公堤,既保护了农田,也保护了盐场,还保护了运盐河一线的安全。从运盐河和串场河的关系来看,运盐河真正推动了江淮之间沿海盐业、渔业、盐场以及因盐业而兴起的大量城镇、聚落的发展。

古运盐河在沿海国防方面也发挥了重要作用。从唐代日本高僧圆仁《入唐求法巡礼行记》以及大量的明清地方志、碑刻等资料上,可以发现诸多的信息。比如唐代设立的"掘港镇""守捉",明清时代的"东营"等军事机构,都是为了保卫沿海地区的安全。

第四,古运盐河是海上丝绸之路重要的组成部分。近年我们在承担江苏省文物局委托的江苏海上丝路遗产调研时,于南通如东掘港考古发现了唐代日本第19次遣唐使在这个地方住了15天的著名遗址——唐宋时代的国清寺遗址。这批遣唐使后来是从国清寺—掘沟—如皋—海陵到达扬州,再从扬州去首都长安的。在整个的考古发掘过程中,我们详细阅读了古代的"掘沟"、运盐河包括现代的通扬运河的有关资料,发现古运盐河在当时的海上丝绸之路中发挥着重要作用,其中包含了如东、如皋、海陵、扬州等所发挥的独特作用。总之,通扬运河在大运河文化带体系中拥有的多方面的独特地位,值得进一步加以发掘和研究。

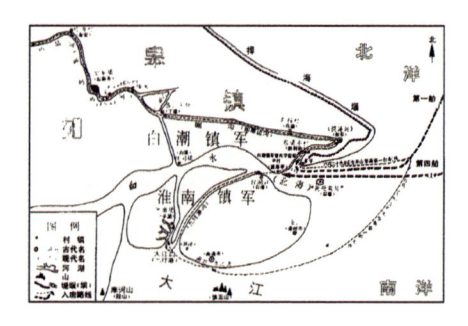

如皋徐家桥遗址航拍图　　圆仁入唐求法途经南通、如皋路线示意图

我对通扬运河南通段建设的建议是:

第一,加强调研,进一步挖掘独特的文化内涵;加强研究,比如:这一河段究竟留下了哪些运河文化遗产?这些文化遗产有哪些全国性意义?如何复兴优秀的传统运河文化?至少目前我们在现有的建设规划项目中还没有看到充分的表达。

第二,在深度调研的基础上,形成一部通扬运河文化带建设南通段的规划。以大运河文化带建设作为抓手、核心和动力,推动南通及南通地区文化事业和文化产业建设、城乡协调发展、生态文明建设、特色文化品牌建设等,实现文旅与交通、水利等方面的融合发展,在科学规划的基础上逐步予以实施。

第三,加强南通地区大运河文化带内涵的宣传。现在来看,宣传力度还不够。我刚刚参加了全国政协大运河文化带建设课题调研,专家们会经常谈到江苏大运河带上的多个城市,但没人提到南通,这说明南通在这方面的地位还没有凸显,宣传工作还要加强,在今天信息化时代更要重视这项工作。

第四,要彰显南通在大运河文化带建设中的特有作用和地位,南通同时也要分享中国大运河文化带建设的总体价值。中国大运河作为一个世界文化遗产,作为曾经影响中华民族命运和中国国家统一的具有重大力量的政治河、经济河、文化河,它的价值是分布在整个运河沿线的,不仅仅是南通,每一座运河城市都能分享它的整体价值,在这方面应该有很大发展空间。为此,我建议在通扬运河核心城市之一的南通及在通扬运河南通段拥有深厚文化地位的地区建立"通扬运河博物馆"或"通扬运河文化博物馆",作为专门全面收藏、展示、推广及传承发展通扬运河文化的主题性文博场馆,将馆内展览与馆外文化遗产相结合,线下博物馆与线上博物馆相结合,并与中国大运河沿线的相关文博场馆形成联动关系,推动通扬运河文化在中国大运河文化带建设体系中的传播、交流和融汇,提升通扬运河文化在中国大运河文化带体系中的作用和地位。

总之,我们希望把南通、泰州等通扬运河城市融入江苏乃至中国大运河文化带建设的体系当中,把南通建成大运河文化带中连运、拥江、达海的中国大运河文化名城。

(本文为作者于 2018 年 12 月 15 日参加"通扬运河南通段历史文化学术研讨会"上的发言)

盐之有物　城之动脉

近年来，习近平总书记多次作出重要指示，要求我们"保护好、传承好、利用好大运河这一祖先留给我们的宝贵遗产"，深入挖掘以大运河为核心的历史文化资源，助力国家文化建设和中华民族伟大复兴工程。作为大运河起源和流经的主要省份之一，江苏省高度重视江苏段大运河文化带的建设工作，自 2015 年起便对大运河江苏段及其沿线城市陆续组织开展深度调查和顶层设计，并于 2018 年发布了《大运河江苏段文化保护传承利用规划（2018—2035）》和《大运河国家文化公园(江苏段)建设规划》。省内 8 个沿线城市徐州、宿迁、淮安、扬州、镇江、常州、无锡、苏州和 3 个拓展城市南京、泰州、南通共同组成"8＋3"格局，构建了网状分布的江苏大运河文化带建设格局，将大运河文化带建设与江苏全面推进现代化建设的事业深度融合。

作为推动江苏省大运河文化带建设的科研机构之一，南京大学文化与自然遗产研究所在过去五年中密切参与大运河文化带建设的有关决策咨询和课题研究，在大运河文化带的有关城市多次开展深度调研。结合 2019 至 2020 年的实地考察，研究发现：先前因与大运河主流本体地缘较远而被认为关联薄弱的盐城市，在历史根源上对大运河的兴起与发展作出过不可磨灭的突出贡献，实为大运河盐文化的支柱性城市和区域。因此，盐城应作为拓展城市被纳入江苏大运河文化带建设。这不仅能够弥补当前江苏大运河文化带网络体系的缺口,而且可以促使盐城在大运河文化带建设体系中展现独特的文化地位,释放多样的文化价值,分享大运河文化带的"红利",带动盐城市文旅融合和文化建设事业的高质量发展。

一、"大运河盐文化"视角下的盐城市

在对大运河文化带建设进行顶层设计时,以笔者为代表的学者提出:在江苏,大运河并非只是"一条线",而是连接省内 13 个地级市的"一张网"。有关研究已多次论证了大运河支线河道对大运河文化带建设的重要意义,大运河的疏通和繁荣离不开支线河道及其沿线城市城镇及产业的支持。[①] 作为支线河道的重要组成,以通扬运河及泰东运河、串场河等为代表的盐运河道不仅是大运河水系网络的客观延伸,更是大运河水系网络作为中国古代"国脉"所在的深层动力来源。

大运河是我国延续千年的南北交通大动脉,是一条保障中华文明连续发展及国家统一的政治河、经济河、文化河。其中,淮盐的运销在大运河的发展和繁荣上曾发挥着举足轻重的作用。坐落在我国东部沿海地区的江苏省,地势狭长,其广阔的海域和规模罕见的滩涂岸

位于盐城市区串场河畔的盐宗祠

线为海盐生产创造了得天独厚的自然优势。淮盐通过水路运输为江苏省乃至全国提供了物资和财政方面的有力支持,其生产和运销管理体系促进了沿线城市政治和经济发展。不仅如此,通过贩盐积累财富的盐商发展了不同运河城市的

[①] 《大运河江苏段文化保护传承利用规划(2018—2035)》等。

教育、园林、建筑、文学、艺术、饮食等,这对整个江苏地区城镇空间的塑造和精神文化的涵养都产生了深远影响。可以说,盐文化是大运河文化体系中不可分割的重要组成部分。

大运河盐文化作为一个较为新颖的学术概念,主要包含三大方面。其一是作为大运河支线的盐运河道系统。如果将江苏境内的大运河主流河道比作大动脉,那么东部沿海地区的盐运河道便可看作输送养料的血管。历史上曾有一系列专门向大运河供给盐业资源的支流河道,比如连接南通、泰州与扬州的老通扬运河、连接东台与泰州的泰东运河、连接盐城与南通的老串场河、连接淮安与连云港的盐河等。这些因盐运需要而开通的古运河不仅将东部盐场生产的淮盐源源不断地送往大运河主干道而进入更广泛的城乡市场,更在大运河沿线城市之间构建起丰富强健的水运系统,为大运河持续发挥作用提供了根本性的保障。

其二是以盐运河为轴线的淮盐生产和运销管理系统。古代盐铁之重,关乎国运,盐业的生产与运销历来受到国家的严格管控。江苏拥有3000年以上的盐业历史,在历代中央政府的关注下,不仅发展出了成熟的盐业生产技术和生产模式,还

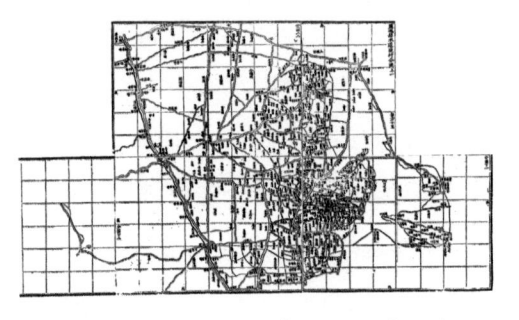

盐城县水道堤圩图(选自清光绪《盐城县志》)

催生出盐运、盐税、盐政、盐商等一系列制度化的管理体系及其文化遗产。围绕两淮盐业发展衍生而来的生产和运销管理系统不仅是大运河盐文化的主体之一,更是大运河文化的重要组成。

其三是盐运河沿线发育而成的城市、城镇及其文化系统。与大运河盐文化相关的城市和城镇广泛分布于长江和淮河中下游以及江苏沿海地区。在大运河盐文化的发生、发展过程中,大运河主干道以东地区逐渐形成层级递增的淮盐运销城镇:最东沿海地区设有盐场,向西逐步形成小镇规模的盐运集散中心,再向西连接主干道沿线的运河重镇扬州与淮安。两淮盐业的生产不断促进着运销城

镇的发展,进而通过集散构成了国家的财税来源,同时还在大运河沿线形成了独具特色的盐商文化。

在大运河盐文化中,盐城始终处于主导地位,是盐文化的支柱性城市。盐城最初的城市名就与盐运河有关,公元前119年设立"盐渎"县中的"盐渎"即为"盐运河"之意,表明早在2000多年前,盐城就是江苏境内产盐及盐运的中心城市。可以说,盐运正是盐城的文化基因所在。在盐运河道方面,盐城地区就拥有至少四条历史上十分重要的盐运水系:与大运河支流老通扬运河几乎同时开凿的泰东运河,有效加速淮盐集运并促进大运河盐运的制度化发展的串场河,上起兴化下至邵伯、直通大运河的盐邵河,还有沟通盐城与大运河重镇淮安的古涧河(古运盐河)。当然,盐城地区的盐运水道远不止这些,它们连通天然河道在盐城地区与大运河主干道之间形成密集水网,这样高密度的盐运水系在整个江苏都十分罕见,其对大运河盐文化的重大支撑和深刻影响更不言而喻。

在淮盐生产和运销管理方面,盐城的贡献更是独树一帜的。盐城是淮南盐的主要产地,不仅盐业历史悠久,而且产量巨大。江苏省内受盐文化烙印最深的大运河沿线城市就属扬州与淮安,盐城地区借由水系同时连接了这两大运河重镇。其北部一带的产盐向北运往淮安,南部东台一带则经泰州运往扬州、仪征,向北、向南两条路线共同构成了盐城地区的盐运体系。作为省内三大沿海城市之一,相比于以北的连云港主要运销淮安、以南的南通主要运销扬州,盐城地区的运销体系在两淮盐业中更具代表性,对淮扬两地盐商文化的塑造更加深刻,对大运河盐文化的支持也更为突出。

二、盐城市盐文化的历史发展

盐城在大运河盐文化中的核心地位不是一蹴而就的,而是经历了漫长的发展和演变过程。从春秋时期煮海为盐至近现代废灶兴垦,盐城地区的盐文化发展经历了兴起、发展、兴盛、衰落、转型等多个阶段,形成了该地区特有的盐文化体系、精神内涵和价值体系。

(一)春秋至秦汉:滨海盐业的兴起

江苏盐业生产历史悠久,传说有四五千年,有文字记载的也有两千多年。春秋吴王阖闾时期(约前514—前496)开始在海州、扬州、苏州以东经营海盐。当时的海岸线在东冈一带,盐城地区正是"斥卤弥望,可以供煎烹,芦苇阜繁,可以备燔燎"①,天然具备"煮海为盐"的有利条件。尤其在大运河的前身——古邗沟开通(前486)以后,其以东地区盐铁业发展迅速,东部岸外沙堤西侧发展为成片的盐产地,《史记》述及盐城为"东楚有海盐之

盐城境内盐业生产遗存分布图

饶"②。在实证方面,近年我们在调查中发现,东台境内可能早在商周时期已经开始出现煮盐的产业活动,这为了解盐城地区早期盐业的兴起开拓了思路。

虽有煮海为盐在前,但盐城地区盐文化的大规模兴起还是始于西汉。西汉初期行自由贸易,盐民制盐可自由贩运。西汉文景年间(前180—前141),吴王刘濞"招致天下亡命者,盗铸钱,煮海水为盐"③,还开古运盐河(一称东邗沟,即通扬运河前身),自如皋蟠溪至扬州茱萸湾,接连古邗沟,"专以运盐,非南北通行之路"④。原盐外运更为便宜,极大地刺激了古代盐城地区盐业的进一步发展。

但与此同时,盐路通畅带来的商机致使愈向西去的盐商哄抬盐价,内陆地区民食贵盐。汉武帝元狩四年(前119)御史大夫张汤提议"罢斥富商大贾,力除豪

---

① (清)噶尔泰撰:《两淮·盐法志》卷一一《沿革门》。
② (汉)司马迁:《史记·货殖列传》。
③ (汉)司马迁:《史记·吴王濞列传》。
④ (清)刘文淇:《扬州水道记》。

强兼并",将盐的销售收归国有,实行民制官收、官运官销。同年,置"盐渎"县,设盐铁官署管理盐铁生产。① "盐渎",字面意为运盐的河道,《后汉书·百官志》中亦有考证:"郡县出盐多者置盐官,考盐渎以产盐得名。"②能因"盐"得名,可见当时周边的盐业生产已具有一定规模;又以"渎"命名,则说明用以盐运的专门水道已延伸至东部沿海的盐城地区。盐渎县的设立充分体现出当时的盐城地区因产盐而受到了中央的关注和管控,这一时期的盐运水道虽缺少翔实的文字记载,但将区域中心城市沿运盐河设置,足以说明中央开始对盐运水道和管理系统予以重视。

(二)三国至隋唐:盐业和运河体系相互塑造

三国至隋唐时期是盐城地区盐业发展和与运河经济文化体系相互塑造的重要阶段。这段时期,沿海盐业的繁荣直接带来了区域性的发展。东晋立都建康(今江苏南京),当时的盐渎县已"环城皆盐场",晋安帝义熙七年(411),"更盐渎名盐城"③,始有"盐城"之名,此后盐城的名字一直沿用至今。"盐渎"更名"盐城"所反映的正是盐城地区受到盐业带来的巨大影响,形成了更重要的城市地位。这一地区海盐生产的繁荣态势在南朝阮胜之的《南兖州记》中亦可见一斑:"县人以渔、盐为业,略不耕种。擅利巨海,用致饶沃。公、私商运,充实四远。舳舻往来,恒以千计。"④当时盐运河的繁忙跃然纸上。

隋唐时期的盐城在六朝的基础上迎来盐运经济更大的发展,江淮间最早的盐场生产和盐运河体系也逐渐形成。隋开皇七年(587),隋炀帝在古邗沟东侧

---

① 因史料失佚,盐渎县和盐城市的置县时间在历史学术界一直存疑。据1996年版、2019年版的《盐城市志》,盐渎县置于汉武帝元狩四年(前119),盐城市置于东晋义熙七年(411)。2020年冯雁军在《写真地理》发表《汉初盐渎置县和晋末盐城置县时间若干问题考证》,提出盐渎县建县时间为汉高帝六年(前201),盐渎更名盐城的时间为义熙九年(413)。考虑到新的学术观点有待学界的进一步讨论、检验和推广,此处暂沿用原市志观点。
② 《两淮盐法志》转引《后汉书·百官志》。
③ (民国)林懿均:《续修盐城县志》卷一《舆地志》。
④ (宋)乐史:《太平寰宇记》转引南朝阮胜之《南兖州记》。

"开山阳渎以通运漕"①,"盖由茱萸湾至宜陵镇,达樊汊,入高邮、宝应山阳河,以达于射阳"②。这条邗沟东道在西汉刘濞的古运盐河基础上,直接沟通了扬州和盐城,它还在较短一段时间内作为江淮之间大运河的主航道,从盐城地区向南运送军队和粮草以攻打南朝,后来逐渐发展为一条向扬州输送淮盐的盐运河道。隋炀帝时期,他不仅完成了全国性南北大运河系统的开凿,而且还在西汉吴王刘濞开凿的运盐河(东邗沟)的基础上继续由如皋向东开挖而延伸到今如东地区,时称"掘沟"。与此同时,隋炀帝开放盐池、盐井等禁令,免征盐税,"通盐池盐井与百姓共之,远近大悦"③。唐开元时期(713—741)的近30年间,是中国食盐无税时期,两淮盐业经济进入飞速发展时期。盐城的经济得益于国家政策而有所提升,社会生产生活也取得长足的进步,盐运河通道也更加完善。

唐代中后期推行食盐专卖制度,在重要的盐产区附近设立监院,对食盐贩卖进行国家管理。其时,盐城地区已成为全国主要的产盐地,在全国十监中就设有两监,分别为"盐城监"和"海陵监"(今江苏东台),分管境内盐务。在管理上,官府"于出盐之乡置盐官"④,在盐场直接收购淮盐,以收购价加税转手卖给盐商,再由商人自由运销。这套体系不仅保护了盐民的利益,而且激发了盐商的积极性,这为国家盐业发展和盐税收入提供了保障,盐利因而大增。据统计,唐代淮南盐税约占全国盐税之半,而盐城盐税又约占其半。《元和郡县志》记载"海陵监岁煮盐六十万石",为全国第一大监,"盐城监岁煮盐四十五万石",位列第二,两者相加超过百万石。足见盐城在河运发展的利好下为全国经济所作出的突出贡献,同时也可证明盐运河在大运河运输体系中日益占据了更为重要的地位。

(三)宋元时期:串场河与淮南盐业促进大运河文化发展

由于盐业对国家财政的支持,海盐经济在朝廷中所占地位愈发重要。然而,

---

① (唐)魏征等:《隋书·高祖纪》。
② (日)圆仁:《入唐求法巡礼行记》;(清)刘文淇:《扬州水道记》。
③ (唐)魏征等:《隋书》卷二四《食货志》。
④ (宋)司马光:《资治通鉴》卷二二六《唐记四十二》。

海潮时常冲毁亭场、盐灶、盐运河道,淹没盐民庐舍,严重威胁盐民安全且影响海盐产量,所以沿海地区自然风险规避不得不纳入考量。早在唐中期,就有淮南西道黜陟使李承沿东冈沙堤一线修常丰堰(又称李堤)以御海潮,到了宋元时期,盐城

盐城市区串场河

地区的捍海工程已成为当地海盐文化的重要延伸。为保护海盐产区、保障生产运销,北宋开宝九年(976),泰州知事王文佑加修常丰堰,并将原先北起楚州沟墩(今阜宁县)、南至海陵(今大丰区)的捍海堤堰南延至东台安丰镇。其实这同时也是使主要位于捍海堰西侧的运盐河得以安全运营的重要举措。天圣元年(1023),时任泰州西溪(今东台市)盐仓监的范仲淹力排众议,在常丰堰的基础上大范围增修泰州古捍海堰(又称范公堤)。此堤修建历时两年,起自海陵东新城,至虎墩(今大丰区西南小海场),越小陶浦(今东台市安丰镇)以南。皇祐三年至至和二年(1051—1055),海门知县沈起又开展延筑工程,将古捍海堰南延至通州的余西和吕四(增修段又称沈公堤)。宋末元初(1268),兴化县令詹士龙再次增修,将捍海堰向北延修至庙湾场(今阜宁县城)。至此,古捍海堰工程基本成型,因其中天圣年间范仲淹主持推动的工程最为有名,通泰楚沿海一带的捍海工程又被广义地称为"范公堤"。[①] 南北近 300 里的范公堤中,今盐城境内就占有一半以上,且是历史最久、影响力最大的部分。

在捍海堰修筑过程中进一步促成的"串场河"是盐城地区盐文化发展的又一重要里程碑。串场河因将沿海各大盐场相串通而得名,以东台海道口为界,其可分为南北两段:南段由海道口向南流经何垛、梁垛、安丰、富安场;北段由海道口向北流经丁溪、草堰、白驹、刘庄、伍佑、新兴、庙湾场。串场河的前身可能与古盐

---

① 鲍俊林、高抒:《苏北捍海堰与"范公堤"考异》,《中国历史地理论丛》2015 年第 4 期。

渎有关，唐代常丰堰修筑取土时形成复堆河，南宋绍熙年间(1190—1194)曾对断续的复堆河加以疏通，统称为"运盐官河"，通过泰东运河等与古通扬运河相连。宋末元初(1269)，两淮制置使李庭芝正式开浚南串场河，后又陆续疏通北串场河。自此，串场河成为盐城地区沿海各大盐场海盐外运的主流通道，淮盐的集散交易得到了极大便利，正如史载："亭民无车运之劳，又得免所负，逃者皆来归，盐利大兴。"①

串场河作为古通扬运河的重要组成，其疏浚连通有效推动了盐城地区盐运体系的网络化和系统化，将原先略显单薄零散的盐运河道进行了贯穿和整合，最重要的是，宋代串场河的全面开浚将隋唐时扬州、泰州与盐城之间已具雏形的水运系统正式打通。南宋时，由于黄河夺淮而破坏了江苏北部的原生水系，射阳湖水源骤减，先前沟通扬州和盐城的山阳渎时有淤塞，两地水运难以稳定。串场河的开通提供了另一种选择：自此，盐城地区生产的淮盐由串场河汇集，再从东台入古运盐河运往扬州。也就是说，海盐经串场河运达东台后，经过今泰东河段，进入今老通扬运河，再一路向西抵湾头入扬州，最后进入大运河主干道的运输体系。本质上，串场河的开通是大运河水系及其功能的直接延伸，更是借助水路丰富了大运河盐文化的空间建构。

盐城地区的淮盐产业在取得进一步欣欣向荣的发展的同时，也带来了更广阔的文化辐射。宋代，两淮场镇开始出现规模性的建筑，除了位于场镇中心的场署、分司公署、盐课司等管理单位，还形成了祈求盐业生产顺利的宗教建筑，如各盐场供奉的土地祠、龙王庙、关帝庙等，其他生活类建筑也随着盐业生产空间的扩张而向周边延伸。与此同时，运销体系的形成和发展也对大运河沿线城市产生了文化上的影响。宋代淮南盐场的产盐主要运往真州(今扬州仪征)，其运销管理极大地带动了以扬州为中心的城镇群的发展。当时主要实行榷盐专卖制度，但在淮南食盐积蓄较多时也适当允许商人通商，极大地推动了扬州地区盐商文化的兴起。

---

① (元)脱脱：《宋史》卷四二一，列传第一百八十。

宋末至元代时,盐城盐业曾出现过一阵短暂的衰退。一方面,改朝换代的战乱导致境内盐业生产一度收缩。另一方面,黄河夺淮的自然变故给盐城地区带来了不可逆转的重大影响。南宋绍熙五年(1194)黄河夺泗夺淮,从盐城以北入海。黄河带来的水量致使盐城地区海水淡化加剧,大量泥沙的沉积导致滩涂日扩、海岸线东移,所以,煎灶也只得随之东迁,范公堤以西渐成农业区。不过,这段衰退并不持久。由于盐利已成为国家财政的重要支柱,统治阶级为了稳固税收,不惜压榨盐民,以人力来弥补天然利好的消减。

(四)明清时期:淮南盐与大运河盐文化的兴盛

在人力投入的辅助下,明清时期迎来了两淮盐业的全盛时代。这段时期,朝廷在两淮设立盐运司,司署位于扬州,另置通州、泰州(一度设于东台)、淮安(后改至海州)三个分司。设立巡盐御史,负责收缴盐税,并监督盐商的专卖。同时,在基层设置盐场大使,负责督课和盐场水利,维护盐场地方社会治安,赈济灾荒,促进地方教育、文化及农业经济发展。虽在具体官职官务方面几经变动,但整个盐法制度和盐政体系趋于完善。

在整个管理体系日益成熟的同时,盐城地区盐运水系也得到了进一步拓展。串场河在这一时期受到了最大程度的开发和利用。经明永乐九年(1411)、天顺年间(1457—1464)、清乾隆三年(1738)等多次疏浚,串场河保持全线贯通,北起淮河边的天赐场,经庙湾、新兴、伍佑、便仓、刘庄、白驹、草堰、小海、丁溪、何垛、东台、西溪、安丰、富安、栟茶、角斜等近20个盐场、盐仓,始终保证了苏中沿海淮南盐产区运输水道的畅通。此外,还增加了经过高邮的淤溪河(今盐邵河)、向北至淮安的古涧河等通达大运河的运道。今盐城地区在当时分属扬州、淮安二府,其中东台、安丰、富安、何垛、梁垛、丁溪、草堰、小海、栟茶、角斜10个盐场产盐南运,由泰州盐运司管辖,白驹、刘庄、伍佑、新兴、庙湾5个盐场产盐北运,由淮安盐运司管辖。通过水系连通扬州、淮安、泰州、南通等多个大运河城市,盐城地区更紧密地融入了大运河的盐运体系,与大运河共同谱写了江淮海盐昌盛的历史。

淮南盐业在明清时期取得了巨大成就,其体现之一就是向国家提供的财政支持。虽无法准确统计今盐城境内的盐场在当时的具体产量,但从两淮盐业的记叙中可推一二。"两淮盐赋甲天下""两淮为天下财赋之薮"的说法已广为流传,清嘉庆年间《两淮盐法志》载:"山海天地之藏,其有关于国计民生者,盐课居赋税之半,两淮盐课又居天下之半。"清代淮南盐产占据绝大部分比例,以嘉庆六年(1801)为例,淮南盐的额产占两淮八成以上。由此不难想象盐城地区在当时为国家财政作出贡献之大。

此外,淮南盐业还塑造了苏北沿海盐场的城镇文化。随着盐政管理制度的变革,盐商也逐步介入到海盐的组织生产之中,许多盐商携家带口来到沿海盐场,使苏北沿海长期封闭的情形得到改变。盐商带来了不同地区的文明成果和各具特色的城市文化,促进了沿海盐场经济文化的发展和城镇化进程。清雍正六年(1728),庙湾场成为阜宁县城;清乾隆三十三年(1768),东台场建成东台县城。其他各盐场也都发展成为当地具有相当规模的重要集镇,如富安、安丰、草堰等,至今依然留有各具特点的文化遗存。[①]

然而,与两淮盐业进入高潮相对的却是这一时期盐民日益卑下的地位和难以忍受的煎盐之苦。明初征富豪之田为官田,课以重税,签充淮、扬府内县民,又迁顽民、罪犯于滨海,或供垦作,或为灶户,使其"世服熬波之役"[②]。正统以后,各场盐户逃徙死绝渐多;嘉靖年间,两淮盐场先后暴发水患、旱灾、大疫,盐户逃亡过半,为保盐业生产稳定,官府规定"凡犯盐法民人,徒罪以上者,俱充灶丁终身"。清早期盐民诗人吴嘉纪有诗记盐民之苦,"白头灶户低草房,六月煎盐烈火旁","早夜煎盐卤井中,形容黧黑发蓬蓬。百年绝少生人乐,万族无如灶户穷","悲哉东海煮盐人,尔辈家家足苦辛。频年多雨盐难煮,寒宿草中饥食土"[③];清末文人田北湖发表在《国粹学报》上的连载文章《说盐》也记录了当时盐民的困

---

① 夏春晖:《江淮东部沿海海盐发展的历史见证——串场河》,《汉唐社会经济与海盐文化学术研讨会论文集》,2008年第4辑。
② (清)谢开宠撰:《康熙两淮盐法志》卷十五。
③ (清)吴嘉纪:《陋轩诗集》,文海出版社(台北),1966年。

苦:"灶丁受商虐,其状至惨,吾历诸场,见灶民裸居而草食,胫肘生盐霜皆成腊肉,问其何以不衣布食谷,则曰:商人层垒盘剥而克扣之,日给粮钱数十分耳。盖范堤邻近之民,役力于灶下者,无不同此荼毒。自盐商视之,曾不若犬豕马牛矣。"

朝廷和商人对盐民的剥削压榨,一方面是来自国家财政的迫切需求,另一方面也说明盐业生产的自然优势日渐消减,导致须从人力方面找补。黄河夺淮对盐城地区的影响在明清时期尤为突出,除了带来频繁的水害,黄河携带的泥沙使海岸线东移速度加快,原来滨海的盐场开始潮汐不至,土卤日淡。当然,这也给运盐河道的使用、疏浚、管理等带来了困局。

(五) 近现代盐业的衰落与盐城的转型发展

盐城地区的盐业自清中叶开始逐渐步入下坡路。海滩的扩大加剧了引灌海水的难度,原本的盐场都不再适合作为继续从事大量煎盐的生产之地。"石港、刘庄等场产盐既少,金沙场且不出盐。"[①]除了自然环境变迁导致的盐产量减少,灶民的流失也是影响盐业生产的重要因素。光绪年间(1875—1908),淮南盐区每年都有千余灶民失踪无着,灶民大量地逃亡,虽为无奈困境下的最后自救,却也使得两淮盐业难以展开正常生产活动。另外,煎盐方式落后、本重利微、舍煎改垦、种植粮棉等种种原因,都在一定程度上导致了淮南盐业的衰落。至清末,盐城境内11所盐场年产仅10.8万吨,与其鼎盛时期已无法同日而语。盐业的式微已是不争的事实。

随着盐业的衰落,滩涂的增长为垦殖业的发展带来了契机,盐城地区由盐转垦成为大势所趋。近代,随着中日战争后民族危机的加深,志士仁人救亡图存的爱国热情高涨,发展民族工业、以实业救国一时成为热潮。中国棉纺织工业由此迅速崛起,并开始寻找原棉生产基地,因而促成了"废灶兴垦"事业的兴起。废灶兴垦对开发利用沿海地区的土地资源,发展社会生产力,促进盐城地方经济发展和社会进步

---

① (清)赵尔巽:《清史稿》志九十八《食货四》。

发挥了积极作用。兴垦前,境东部的海堤残缺不全,卤水经常倒灌,兴垦后,境内63家盐垦(垦殖)公司相继开发滩涂,种植粮棉。当地大规模兴修了水利,在范公堤东侧的大片区域开河筑堤,取得了惊人成绩。大片棉田出现了,垦区棉花开始源源不断地往外输出,促进了民族纺织工业的发展。这段"废灶兴垦"的特殊历史,也给自盐业衰落后几乎陷入困境的盐城指明了发展的新方向和新视角。

三、盐城市大运河盐文化的遗产概况

如今的盐城虽已不再因盐业而声名远扬,但盐城地区仍保存着与大运河文化系统有密切关联的大量盐文化遗产。经过历史的沉淀,这些文化遗产成为盐城地区城市与区域发展的重要文化资源,它们仍具备为盐城的现代化事业发展贡献力量的巨大潜力。

盐城境内仍存有多条历史上用于盐运的运河河道遗迹。今盐城地区最早的盐运河道当属西起泰州西坝、东至东台串场河海道口的泰东运河。泰东河又名运盐河,始开于汉代,与大运河支流老通扬运河几乎同时开凿,是老通扬运河向东北方向的延伸,也曾是泰州西溪直通海口的河道。近年在泰东河沿线发现了新石器时代至唐宋时代的大量遗迹,为揭示古老的泰东河的起源和发展提供了实物资料。论及对盐城地区盐运的重要程度,当属与大运河主干道近乎平行的串场河。串场河完成于唐宋,繁盛于明清,与泰东河相通并向南北延伸,曾连接着富安、安丰、梁垛、东台、何垛、丁溪、草堰、小海、白驹、刘庄等诸多盐场。串场河的开通有效加速了淮南盐的集运并促进大运河盐运的制度化发展和盐文化的形成。此外,还有作为邵伯至盐城的水上交通运输动脉的盐邵河和连接盐城与淮安的古涧河,均为明清时期淮南盐业全盛时开通的盐运水道,曾将盐城地区生产的淮盐运至大运河沿线城市。如今这些古河道不再为盐运服务,虽有部分老河段淤塞废弃,但大部分河段经过裁弯取直仍作为地方性水系及重要运输通道而存在。

盐城境内还留有部分盐业生产的相关遗存。近现代废灶兴垦导致境内多数古盐场遗址的本体未能得以留存,但在今响水仍可见明代后期开发的晒盐场——八卦滩遗址,较为完好地保留了当时最先进的"八卦滩"式晒盐布局。场内分有蓄水、晒盐、蓄卤、积晶池,其南端还有盐船转运漕。同时,还有作为非物质文化遗产得以保护传承的盐城海盐晒制技艺,为如今了解明清时期的滩晒技术提供了可靠信息来源。

盐城境内还留有许多潮墩遗址,比如东台的海丰麻墩,大丰的新丰潮墩、小海黄墩等。潮墩俗称救命墩,是盐民和渔民在海潮来时用于躲避自保的高土台,这些潮墩遗址不仅体现了盐业生产的危险与盐民生活的艰难,还能反映出盐城地区海岸线的变迁。

此外,捍海堤堰工程也是盐运河及盐文化的共生遗产,如今仍有址可寻的有位于东台市富安镇的古捍海堰遗址,在阜宁、建湖、亭湖、大丰、东台断续留存的范公堤遗址,串场河都顺堤而行,还有清代在盐都区修建的年余堤。这些阻防海潮的堤堰工程体现了盐民与自然环境作斗争,为保障盐业生产及运输而付出的艰苦努力。如今,它们大都被覆盖并改造成高速公路,以全新的形态融入盐城的城乡交通发展之中。

除了和生产运输直接相关的历史遗迹,盐城地区还留有许多盐业运销管理方面的制度文化遗迹或相关遗存。最出名的应属海春轩塔,此塔位于东台西溪古镇之南、泰东河畔,其重要功能之一就是海盐运输的指航标志。此外还有不少管理机构的建筑旧址。比如位于东台西溪晏溪河旁犁木街中部的草庵堂正是明代设于西溪的巡检司衙门旧址,巡检司衙门的设立是明清政府盐场管理制度重要的组成部分,目的是防止海盐在运销过程中被私自贩卖,体现了国家对海盐产销的严格控制。再比如位于大丰草堰的草堰场盐课司署遗址和位于建湖上冈的新兴场盐课司署遗址,盐课司署是明清时设立于各盐场生产一线的盐务管理机构,从基层对各大盐场进行直接管理。在这些机构遗址之外,还存有相关碑刻佐以更翔实的管理规定,如藏于建湖县博物馆的两淮盐运使司告示碑用以整顿场规、划定地方与场方职权,再如位于大丰草堰竹溪碑廊的草堰场疆界碑,是标明当时草堰盐场所属草荡四界的重要碑证。

盐城境内最重要的大运河盐文化遗产当是沿串场河、泰东河分布的城市与城镇遗产,包括盐城、东台、阜宁城市空间遗迹,如西溪、草堰、安丰、富安、时堰等古镇。虽然盐城近百年的城市发展极大地易改了原先延续千年的盐产业风貌,但悠久的历史沉淀仍以不同的形式为这片地区打下了盐业的烙印,如今的盐城地区仍有大量涉及古代盐业生产的聚落名称、文化景观名称,或历史地名。比如与盐业生产仓储有关的"场""团""灶""仓""锅",与盐业营销运输管理有关的"引""集""码头""河沟""关""营",再比如与盐业煮盐燃料相关的"荡""垛""滩""湾""墩""总",这些字眼早已融入了盐城地区众多城镇乡村的名称。与此同时,原先的盐场名继续成为城镇化发展中盐城地区大小集镇的名称,比如伍佑镇、白驹镇、草堰镇、安丰镇、富安镇、西溪镇、便仓镇等。这些历史城镇、村落、景观、地名等具有鲜明的时代印记和文化内涵,是盐城大运河盐文化遗产的重要组成部分。

盐城地区的淮南盐业还孕育了丰富的人文遗产。宋有"西溪三相",吕夷简、晏殊、范仲淹三人都曾在西溪古镇做过盐官并留有诗篇。明初,文学巨匠施耐庵曾隐居白驹场,有感于盐民的悲惨生活,以盐民起义为背景和原型写下《水浒传》。明代来自安丰场的哲学家王艮,灶户出身却一心向学,终学有所成,创立了"泰州学派"。秉承"百姓日用是道"的王艮将教育推向农夫盐丁,践行了有教无类的教育思想。清初盐民诗人吴嘉纪,因其诗反映盐民生活细致入微而在古代诗歌殿堂中赢得了一席之地。出生于泰东运河旁的时堰镇的清代水利专家冯道立系统地提出根治苏北里下河地区水患的具体方案,为苏北沿海地区免受水患之苦作出了重要贡献,著就《淮扬治水论》《测海蠡言》等名篇40余部。这些人文成就,均在串场河及泰东河一线展开,是盐城地区与大运河盐文化直接相关的重要文化创造。

四、盐城市应列为大运河文化带建设拓展城市

由上可知,盐城地区具备深厚的大运河盐文化底蕴和丰富的文化遗产,实为大运河文化的重要组成部分。当前,盐城尚未能作为重要节点城市被列入江苏

省大运河文化带建设这一顶层规划实属遗憾,因此,我们建议尽快将盐城市纳入江苏大运河文化带建设体系,使其作为拓展城市为江苏省大运河文化的发展贡献力量。具体理由在前文均已涉及,但为行文清晰赘述如下:

(1) 盐城地区的盐运河道是大运河水系网络的组成部分,不仅在水路上沟通了大运河主干道,而且连通了大运河沿线的多个城市。盐城位于大运河以东的沿海地区,虽不在大运河主干道上,但在地理环境,尤其是水文水运关系上,与江苏中部的大运河关系紧密,是江苏里运河的重要组成部分。因此,历史上的盐城地区始终借助运河保持与大运河沿线城市的有机联系。西汉古运盐河(今老通扬运河)开通的同时,水路便将东台与大运河的前身古邗沟相连,今盐城地区的泰东河便是邗沟东支古运盐河的延伸。后隋炀帝开"掘沟"运河,使古通扬运河延伸到如皋以东一线,有利于串场河与古通扬运河的直接连通。隋炀帝又开山阳渎,将今盐城地区西部的阜宁接入大运河水系,建立了盐城地区与扬州之间的水系关联。唐宋时串场河完全形成,盐城地区盐场一线的运河经老通扬运河连接了泰州、扬州和南通,其向北通达射阳河。明清时开通了邵伯至盐城的水上交通运输动脉盐邵河。古涧河则使盐城与淮安之间保持盐运通畅,更加充分地将盐城与大运河沿线城市紧密关联。可以说,大运河盐运河道使盐城成为大运河体系的重要城市。

(2) 盐业生产和运销是连接盐城地区与大运河主河道地区的核心动力,淮南盐业的发展为大运河的繁荣发展提供了持续的动力。鉴于得天独厚的自然优势,盐城地区产盐的历史十分悠久。海盐为古代大宗贸易产物,因其产品的特殊性和丰厚的税收,其运输、储存及运销方式在历代都有严格的管理。国家对海盐的管理长时间实行专卖体制,从中央到地方,建立完备的生产管理机构,设立专事盐产业生产管理的官员,对生产者、生产资料进行严格的管控。为了从盐上取得更多的税利,历代统治者也都把大运河作为重要航道加以疏浚和建设,综观大运河上的食盐,绝大部分来自苏北沿海。运盐业也是推动大运河主干道不断疏浚扩容、南北延长的重要因素,是大运河发挥漕运功能的重要动力之一。盐城历史上产盐量一直居于全国较高水平,海盐利税也一直居于全国前列。《新唐书·食货志》载"天下之赋,盐利居半",而"两淮盐税甲天下",更说明盐城所产盐利税对历朝政府的特殊贡献。历代朝廷高度重视盐运相关的管理和运输制度,这为盐城与大运河的密切联结在国家政治层面提供了保障。盐城作为淮南盐的主产地之一,不仅在很大程度上承担了大运河海盐物资的补给,将盐由水路向南运往长江与大运河的交汇处扬州和仪征,向北运往黄河与淮河的交汇处淮安,而且通过淮南盐业生产运销产生的巨大盐利对运河重镇扬州与淮安的繁华作出独特贡献,并为国家财政提供了强有力的支持,对盐法体系的形成和发展起到了示范和推动作用。

(3) 盐城的盐运体系辐射深远,不仅推动了苏北地区的城镇发展,更促进了大运河沿线城市的文化涵养。淮南盐业的兴起和发展为苏北的诸多城镇发展提供了经济支撑。盐城作为"产盐之都",便是因盐业而起,因盐而兴。汉武帝元狩四年(前119)因盐产业繁荣而置"盐渎县",不设县令,只设盐铁官。东晋义熙七年(411)因"环城皆盐场"而设"盐城县",始有"盐城"之名。除了盐城本身,早期沿海一带的盐场随着海岸线东移而逐渐发展为城镇。如东台场建成东台县城,庙湾场发展为阜宁县城,富安、安丰、草堰等盐场也都随着场署的建立、盐民的集聚及盐商携家带口的到来而发展出城镇文化,这使苏北沿海长期封闭的情形得到了很大改变。与此同时,从盐城的沿海盐场通过运盐河向大运河方向管理级别递增的运销体系之形成和沿运盐河贩盐牟利的盐商集团之作用,使盐利聚合在大运河沿线的扬州和淮安两大重镇及泰州、仪征等地。正是这样的管理体系塑造了江淮一带大运河沿线的城镇结构。不仅如此,淮南盐业完整细致的管理方法所孕育出的盐商文化更是带动了江苏地区的文化发展。特别是清代居于扬州的海盐商人,成为中国社会一个特别富裕的群体,其声势之烜赫,达于顶峰。他们凭借食盐经营获取巨大财富,在享受豪华奢侈生活的同时,也在报效朝廷,在当地的城镇建设、园林、教育、文艺发展等方面作出了贡献。从长远角度来看,由盐城地区发展起来的大运河盐运体系辐射之广,可谓对整个江苏大运河文化体系都起到了涵养的作用。

(4) 盐城地区在很长一段历史时期中承担了大运河的排水重任,为其稳定运行作出了牺牲和奉献。除盐运这一核心关联之外,盐城地区在很长时间内都对江淮间大运河的稳定运行发挥着重要作用。尽管盐城距离大运河主干道较远,但其特殊的地理环境决定了它的命运与大运河息息相关。位于苏中里下河地区的盐城整体地势较低,多为平原,中部里下河平原地势尤低,形成洼地,成为汇集水流的天然通道。这样的自然条件使盐城地区成为大运河的排水走廊,在历史上为大运河的稳定运行作出了牺牲和奉献。南宋至清末,黄河下游南徙夺泗夺淮,破坏了淮河下游原本的水系,尤其在明清时期,在苏北入海的黄河已严重危害到江苏大运河主流的正常运行。为保证大运河的漕运通畅,历代政府在遇到大水时,不惜打开里运河东堤的"归海五坝"分泄洪水,使大运河主干道以东的里下河地区成为滞洪区。一旦里运河放坝决堤,里下河地区一片汪洋。其中,地势低洼的盐城受灾尤其严重,境内承泄排水的射阳河、黄沙港、新洋港、斗龙港等几条骨干河道迂回曲折,比降平缓,在汛期上游高水压境、下游海潮顶托之际,盐城人民经常蒙受巨大灾难,清早期盐民诗人吴嘉纪说"咫尺下河没洪水,哭声水声一千里"。可以说,为了维持大运河的正常运行,保障国家漕运经济的平稳,盐城地区在很长时间内都作出了巨大的牺牲和贡献。这些人民受灾和抗灾的历史,虽是苦难,却同样是大运河历史文化不可分割的一部分。

(5) 盐城地区的核心遗产资源是大运河盐文化的重要组成部分,充分具备开发利用的潜力,值得在当下和未来共同实现大运河文化价值的重塑。盐城地区拥有大量与大运河直接相关的盐文化物质文化遗产与非物质文化遗产,如盐运河道遗迹、盐场遗址、盐业历史城镇、盐业生产的工具和技艺、保障盐业生产的堤堰潮墩、盐业运销管理机构的建筑旧址、地名和人文遗产等。据调查,大运河盐文化遗存达千余处(件)。这些遗产资源是盐城作为大运河盐文化支柱城市的重要实证。同时,这些文化遗产与当前列入大运河文化的遗存在内容和类型上也具有高度相似度和重合性,它们都涉及水利水工、古城古镇、码头设施、运销凭证、度量衡器、寺庙古刹等,可以看出,盐城地区的盐文化遗产与大运河主干道沿线的相关资源关系密切,是大运河文化带建设的重要资源构成。这些丰富的大运河盐文化遗产充分具备开发利用的潜力,也理应为江苏大运河文化带建设作出贡献。

综上所述,盐城地区与江苏段大运河存在密切关系。它不仅拥有自身丰厚的运河支线文化遗产,其创造的盐文化体系也是以大运河干线城市如扬州、淮安等为主的大运河文化的重要构成部分。所以,盐城也是江苏段大运河文化不可分割的核心文化组成部分。我们认为,应尽早将盐城纳入大运河文化带的拓展城市,保护好、传承好、利用好盐城境内保存的极其丰富的大运河盐文化资源,完善大运河(江苏段)的文化体系,为江苏大运河文化带的建设贡献盐城智慧和盐城力量,让大运河文化带建设成为江苏文化一体化建设及美丽江苏建设的重要抓手,早日使大运河成为江苏的文化标识,成为江苏面向世界的最宏大的文化金名片、文旅融合的大系统、生态文明建设的大网络。

(本文为贺云翱、干有成、杜九如、管燕如合著的《盐城——大运河文化视野下的名都》一书绪论部分)

连云港是大运河文化带建设的重要城市

大运河是我国延续 2500 多年的南北交通大动脉，是祖先留给我们的宝贵遗产。自 2017 年以来，在习近平总书记的指示批示下，大运河文化带建设逐渐成为大运河沿线八省市的统一行动。

大运河并非一条南北单线，而应该将其认知为一张覆盖江苏的庞大水路交通网络和文化体系。江苏境内的大运河全长 690 公里，主干流经徐州、宿迁、淮安、扬州、镇江、常州、无锡、苏州 8 个地级市，沟通长江、淮河、故黄河，串联太湖、高邮湖、洪泽湖、骆马湖等湖泊乃至黄海和东海。在大运河主河道之外，还有多条支线运河连通江苏大地，这些支线运河也是大运河文化带的重要组成部分，如通过盐河与连云港相连通，通过老通扬运河、串场河与泰州、南通、盐城相连通，通过仪扬运河连接仪征，通过胥河、胭脂河与高淳、溧水及南京主城相连通，通过浏河、盐铁塘与太仓、常熟、昆山等地相连通。可见，江苏大运河除了直接贯穿沿线 8 个大型城市之外，还通过多条支线运河串

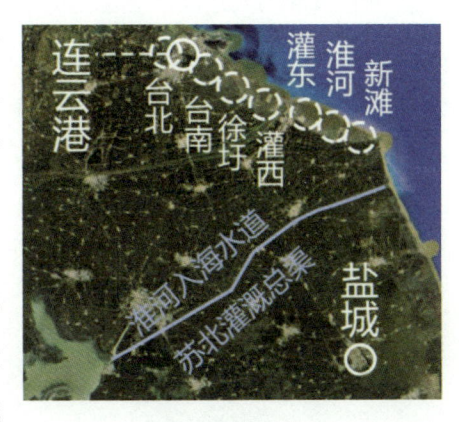

连云港七大盐场

联其他 5 个大型城市。目前，南京、泰州、南通 3 市已被纳入江苏大运河文化带建设对象，而同为大运河支线城市，连云港与盐城则尚未被纳入大运河文化带重要城市，造成江苏大运河网络体系建设的重要缺失。将连云港与盐城纳入江苏大运河文化带建设体系已经刻不容缓。连云港市政府已于近日提交了《关于将连云港纳入大运河文化带（江苏段）的论证报告》，现根据报告，对将连云港纳入大运河（江苏段）的理由与实施建议概述如下。

一、将连云港纳入大运河文化带（江苏段）的理由阐析

（一）连云港与大运河通过盐河产生了空间上的直接关联

如果把江苏境内的大运河河道比作人体主动脉，沟通连云港和淮安大运河的古盐河就像是为动脉输送养料的血管。盐河大大拓展了运河的联系空间，连云港通过盐河与大运河产生了空间上的直接关联；借由盐河，大运河的影响力和文化体系也辐射至连云港等江苏东北滨海区域。

盐河成功连接了大运河与连云港。唐代盐河的开凿，沟通了大运河相关城市，使淮安、扬州等城市与连云港之间产生了交通、商业和文化上的上下游关系，盐河促使淮安、扬州在漕、盐等运河产业的支撑下一度跃升为南方财赋的中心城市，连云港作为盐产、盐运核心城市，也在运河"红利"下发展成为通商大埠，更因作为运河与海洋交汇点而成为海上丝绸之路的重要城市。

历史证明，连云港为江苏大运河的功能发挥及文化创造作出了不可磨灭的贡献。

（二）大运河通过连云港的淮盐生产和运销管理体系获得源源不断的动力

北宋年间，海州有惠泽、洛要、板浦三场，每年约有 47 万余石食盐需经由盐河到涟水盘坝入淮。纵观历史，北宋以后的淮北盐业给大运河的发展提供了宝

贵契机。至明代,两淮盐业发展达到顶峰,盐业税赋给朝廷贡献了巨大财富。可以说,连云港的盐场是大运河盐文化的重要源点与根基,更是大运河文化体系中极其重要的组成部分。

淮盐自连云港盐场生产和外运之后,在大运河主干道以东地区,如连云港、淮安、盐城区域,逐渐养育形成了一系列淮盐运销城镇。运河城镇在淮盐生产与运销体系的影响下从沿江村落转变为盐务重地,成为盐业经济兴旺下的产物,同样又因旧盐政的改革和新盐法的颁布而呈现兴衰现象。如连云港的新安镇、板浦镇,都是典型的因盐而兴、因盐而衰的运河重镇。

同时,连云港作为淮北盐生产基地,在历史上建立起一整套贯穿生产、储存、运输、销售等环节的盐运体系,涵盖了本地盐场、盐运河、转运仓、盐务机构、销售部门、盐业城镇这套经济文化体系,一直延续至清末民初,影响了从连云港至扬州、淮安等大小城市及城镇,整条盐运通道沿线的文化空间塑造和历史文化发展的动力离不开大运河盐文化的滋养。

这一运行有序的淮盐生产和运销管理体系解决了大运河主流物资源源不断补给的问题,也提供了国家财政的重要来源,为大运河的繁荣发展创造着持续动力。

(三)连云港的大运河盐文化带动了江苏地区的文化发展

伴随着淮盐运销城镇的兴起,当时不仅形成大运河淮盐的运销管理体系,同时还形成了独具特色的大运河盐文化。调查发现,连云港的大运河盐文化遗产内容丰厚,演绎出漕运文化、盐业文化、水工文化、名人文化、民俗文化以及文学艺术等各具特色的文化形态。

明代小说家吴承恩及其著作《西游记》深受淮盐文化影响。吴承恩有许多亲友居住在海州,他时常乘船顺盐河往来于海州与淮安之间。《西游记》中的花果山,其原型就是连云港的云台山。云台山三元宫附近的水帘洞,正是吴承恩笔下花果山水帘洞的灵感来源。由调查可知,《西游记》中的神话故事也与盐河沿线的民间故事有着深刻关联。

《镜花缘》是直接诞生于海州地区盐业古镇的一部传世名著。清乾隆四十八年(1783),《镜花缘》的作者李汝珍随任盐课司大使的兄长李汝璜来到盐业古镇板浦生活,后娶板浦盐商许阶亭的侄女为妻,板浦镇的盐商文化对《镜花缘》产生了直接影响。

历史上的连云港板浦镇不仅是盐商名镇,更是学术重地。随着盐业经济的发展,当地形成一批以乾嘉学派为代表的、以板浦为活动中心的学术和作家群体,包括李汝珍的老师凌廷堪、李汝珍的姻亲许乔林、与许乔林并称"二许"的许桂林等。盐商文化与乾嘉学派在此交融,创造出了璀璨的盐河文学艺术。盐河一线的文化名人及其文学、艺术、学术、中医药等文化创造皆是大运河盐文化的组成部分。

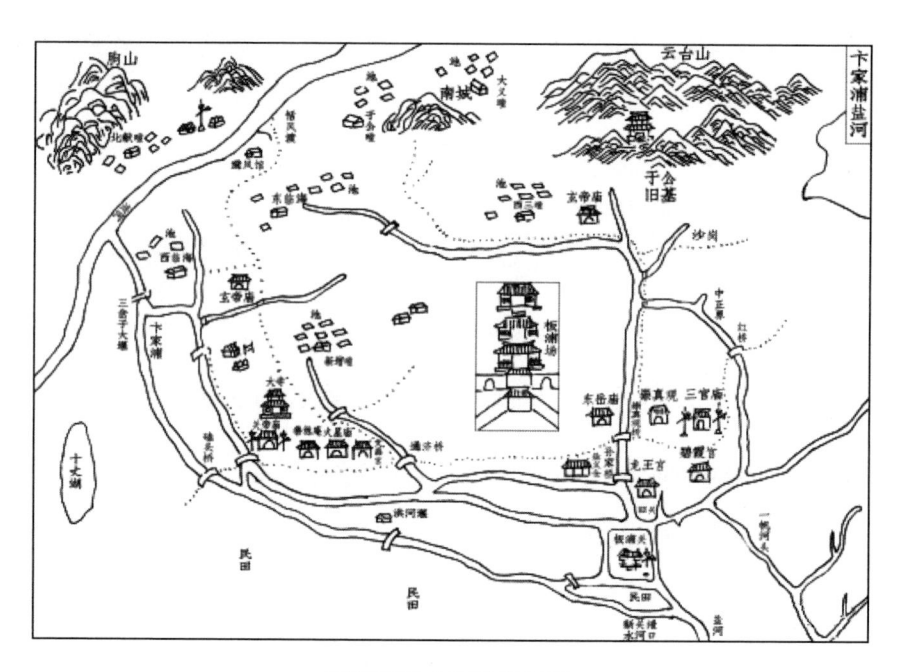

清板浦场卞家浦盐河图

非物质文化遗产是活着的历史记忆。连云港地区的非物质文化遗产大多根植于淮盐文化这片土壤,如国家级非遗项目海州五大宫调、市级非遗项目盐场民谣、市级非遗项目传统木船制作技艺等,其形成都与连云港淮盐文化有密切关系。事实表明,连云港盐河沿线的盐民是大运河盐文化的主要创造者。

在江苏,没有一座有地位的城市能够离开运河讲自己的文化。连云港作为运河与海洋的交汇点,其诞生出的大运河盐文化既独具特色,又兼容并蓄,它丰富了江苏大运河文化,带动了大运河交通廊道的文化交流,保持了江苏大运河城市的文化活力,增强了江苏大运河的经济文化在全国的地位和影响力。

(四) 连云港的遗产资源是大运河文化尤其是大运河盐文化的重要实证

在现代社会,连云港虽已不再因盐业而声名远扬,但依旧保留着丰富的大运河盐文化遗产资源。灌云县、灌南县都是由当年的盐场发展而来;新安镇、板浦镇等运河重镇都保存有丰富的盐产、盐商及盐商文化史迹;官河(盐河)遗址是体现大运河与连云港关系的最直接证据;莞渎盐场遗址是淮南盐业的历史文化缩影;连云港近三分之一的非遗项目与淮盐文化存在关联性……这些丰富的遗产资源是历史的见证者、文化的"传承者",是连云港隶属大运河城市群的重要证明,更是大运河文化不可缺失的一部分。

清《黄运湖河图》(局部)

连云港的盐文化遗产资源本身具备独特的价值,却因长期以来"孤军作战",始终影响力有限,只有立足本地,从"单打独斗"转变为"协同作战",与江苏乃至全国的大运河文化带建设相结合,才能放大和共同实现价值创造。

连云港是江苏大运河文化带建设中的新生力量,大运河文化带建设亦将成为连云港文化发展的坚实后盾。

连云港虽然不是江苏大运河主流沿线城市,但是,古盐河以及连云港本身与大运河存在着血脉关系,连云港大运河盐文化为大运河文化增光添彩,也为连云港在当代大运河文化带建设体系中拥有地位而提供了科学支撑。从历史的发展进程来看,大运河离不开淮盐的加持,大运河的辉煌荣光有着连云港长久的奉献,而连云港也离不开当代大运河文化带建设对连云港的文化资源保护传承利用所发挥的巨大作用。

二、连云港大运河文化遗产的保护利用对策建议

连云港的大运河盐文化遗产资源主要包括盐运河本体资源、盐业生产和运销遗存资源、盐业历史城镇、盐文化艺术、运盐河非遗资源等。当前,连云港在对自身大运河盐文化遗产的保护利用过程中,存在对相关文化内涵认识不够、挖掘不深、传承利用不足、社会力量参与欠缺等问题。为了更好推进连云港纳入江苏大运河文化带的建设进程,建议从以下方面做出努力。

(一)加强对连云港大运河文化遗产内涵的深入调查研究和规划编制

(1) 连云港境内的历史文化遗存资源较多,其盐河沿线的物质和非物质文化遗产资源有待进行深入挖掘,做好相关遗址遗迹调查勘探与考古发掘工作,丰富和充实连云港大运河盐文化遗产的内涵与外延。

明淮北徐渎浦场图

(2) 加强对连云港大运河盐文化遗产的整体性保护。在调查研究的基础上,科学编制连云港大运河文化带建设规划,让连云港大运河盐文化遗产的独特价值呈现在世人面前,在做好保护的基

础上,促其为人民所用,为城乡发展所用。

认真贯彻"保护为主、抢救第一、合理利用、传承发展"的文物保护方针,充分运用现代科技加强对文化遗产的修复保护,规划一批盐河遗产展示提升工程,并与公共文化、文旅融合、宜居小区、生态城镇等建设目标相结合。

(二)开展盐河风光带建设

建议对盐河沿线进行统一的景观生态规划。加大水污染治理力度,在滨水景区兴建体现运河城市特色的建筑,对滨水湿地和水草类生态进行建设和修复,根据水体大小设计水上活动,再现并丰富盐河人文风情、自然风光。重点恢复盐河的历史文化的意蕴,加强盐河风景带与沿线特色古镇古村、景区景点等的有机联通。

(三)做好运河盐文化物质文化遗产与非遗融合项目

积极探索连云港大运河物质文化遗产与非物质文化遗产深度融合的具体路径,如海州五大宫调、淮北盐民风俗、淮盐制作技艺等。探索盐文化生态保护区建设及文化与旅游深度融合途径。通过物质文化遗产与非遗两者的相互融合及呈现,活化连云港淮盐历史文化,讲好大运河故事,开发运河文化创意产品,全面展示连云港大运河盐文化的独特内涵与魅力。

(四)加强对运河沿线名镇名村的保护

(1)加强对盐河沿线历史文化名城名镇名村、历史文化街区、运河古镇与古村等特色运河文化资源的挖掘和文化生态的整体保护,在此基础上建设运河文化特色名镇名街名村,支持文化引领古镇复兴和乡村振兴。

(2)保护与盐河传统风貌有密切关系的古河道、古驳岸、古码头、城门、关隘、古塔、寺庙、古桥、古民居等历史文化遗存,保持传统街巷的尺度、肌理与风貌,整治、改善、美化运河沿线自然与人文生态环境。加强对大运河盐文化氛围的培育,以点带面,积极融入大运河文化带(江苏段)建设。

(3) 注重传承运河古镇与古村独特的民间工艺、民俗活动和节庆文化,振兴传统手工艺,带动文化旅游的融合发展和特色产品制作。

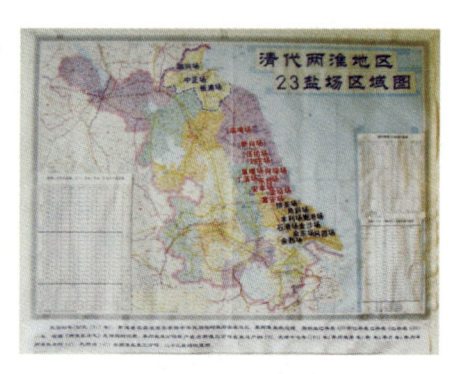

连云港盐场(蓝色虚线内)

(五) 加强文博场馆体系的高质量建设

依托现有的博物馆与其他公共场馆设施,面向公众科普化展示连云港大运河盐文化遗存及其历史变迁,更全面地宣传连云港大运河盐文化的内涵及价值。建议争取条件建设连云港大运河盐文化博物馆及遗址公园,使之成为运河文化特色景区。

(六) 构建大运河"天下淮盐"特色旅游圈

连云港有条件也有责任主动参与构建大运河"天下淮盐"特色旅游圈文化工程。"天下淮盐"特色旅游圈是以"感知淮盐"为主题,以连云港、盐城、淮安、扬州、泰州、南通、仪征、东台、涟水等地为主要节点城市(县),以淮扬运河、通扬运河(运盐河)、串场河、盐河等为主轴,以遗址遗迹旅游、景观旅游、历史体验、生产旅游、古镇游览、名人史迹旅游、研学研修等为主要业态内容的旅游圈。目前,这一旅游圈尚未列入大运河文化带建设规划,连云港应该紧抓机会,传承推广大运河"天下淮盐"特色旅游品牌,建设高质量的大运河文化带特色文旅基地。

(七) 加强大运河沿线城市的国际交流

(1) 建议发挥自身优势,以连云港大运河盐文化为根基,通过提炼盐运河文化形象、塑造淮盐IP、讲好特色大运河故事,在省内外传播连云港独特的大运河文化。

（2）加大对连云港大运河盐文化遗产内涵的挖掘和阐释。开发具有本地特色的运河文化产品，学习扬州、淮安等大运河城市对于运河文化建设的优秀经验，加强与大运河沿线城市的互动和联系，推动优秀运河文化产品和服务参与国内、国际合作项目。

盐河今景

［本文是笔者于2021—2022年为推动连云港加入大运河文化带（江苏段）建设而开展的调研报告的简本，此文本于2022年提交江苏省委宣传部及江苏省委省政府大运河文化带建设领导小组办公室。参加本课题田野调查的同志还有南京大学文化与自然遗产研究所的干有成、杜九如、黄亮、王碧顺、周桂龙、路侃等。调查工作得到江苏省委宣传部、连云港市文化文物事业主管部门、连云港市考古部门以及灌南、灌云等县文化部门的大力支持，特此感谢］

《明钱谷张复合画水程图》(徐州)

《明钱谷张复合画水程图》(通州)

参考文献

[1] (北魏)郦道元著,陈桥驿校证:《水经注校证》,中华书局,2007年。

[2] (唐)杜佑:《通典》,岳麓书社,1995年。

[3] (宋)司马光:《资治通鉴》,中华书局,1956年。

[4] (宋)李昉:《太平御览》,上海古籍出版社,1994年。

[5] (宋)王象之:《舆地纪胜》,中华书局,1992年。

[6] (明)潘季驯:《河防一览》,中国水利水电出版社,2017年。

[7] (明)万恭:《治水筌蹄》,水利电力出版社,1985年。

[8] (清)危素、崔旦、曹溶:《元海运志 海运编 明漕运志》,中华书局,1985年。

[9] (清)康基田:《河渠纪闻》,《四库未收书辑刊》第1辑第29册,北京出版社,2000年。

[10] (清)载龄等纂修:《清代漕运全书》,北京图书馆出版社,2004年。

[11] (清)赵弘恩等修,(清)黄之隽等纂:《江南通志》,华文书局,1967年。

[12] (清)郑元庆等编:《行水金鉴 续行水金鉴》,凤凰出版社,2011年。

[13] 王云、李泉主编:《中国大运河历史文献集成》,国家图书馆出版社,2014年。

[14] 叶艳萍主编:《中国大运河历史文献集成续编》,学苑出版社,2019年。

[15] 叶艳萍主编:《中国大运河历史文献集成三编》,国家图书馆出版社,2023年。

[16] 汪胡桢:《整理运河工程计划》,中国水利工程学会出版委员会,1935年。

[17] 民国国民政府中央统计处编:《中国水利问题与二十四年之水利建设》,1935年。

[18] 沈百先、章光彩：《中华水利史》，台湾商务印书馆，1979年。

[19] 单树模等：《江苏地理》，江苏人民出版社，1980年。

[20] 傅崇兰：《中国运河城市发展史》，四川人民出版社，1985年。

[21] 欧阳洪：《京杭运河工程史考》，江苏省航海学会（苏准印87第175号），1988年。

[22] 邱树森主编：《江苏航运史（古代部分）》，人民交通出版社，1989年。

[23] 姚汉源：《京杭运河史》，中国水利水电出版社，1998年。

[24] 徐从法主编：《京杭运河志（苏北段）》，上海社会科学院出版社，1998年。

[25] 邹厚本主编：《江苏考古五十年》，南京出版社，2000年。

[26] 邹逸麟主编：《中国历史人文地理》，科学出版社，2001年。

[27] 安作璋主编：《中国运河文化史》，山东教育出版社，2001年。

[28] 江苏省地方志编纂委员会编：《江苏省志·水利志》，江苏古籍出版社，2001年。

[29] 陈璧显主编：《中国大运河史》，中华书局，2001年。

[30] 陈桥驿主编：《中国运河开发史》，中华书局，2008年。

[31] 江苏省交通厅航道局、江苏省航道协会编：《京杭运河志（苏南段）》，人民交通出版社，2009年。

[32] 周岚：《历史文化名城的积极保护和整体创造》，科学出版社，2011年。

[33] 谭徐明、王英华、李云鹏等：《中国大运河遗产构成及价值评估》，水利水电出版社，2012年。

[34] 谭徐明等：《中国大运河文化遗产保护技术基础》，科学出版社，2013年。

[35] 顾建国：《淮上书丛：运河名物与区域文化考论》，上海三联书店，2014年。

[36] 王健等：《江苏大运河的前世今生》，河海大学出版社，2015年。

[37] 周毅之、徐毅英主编：《江苏历史文化览胜》，江苏人民出版社，2016年。

[38] 邹逸麟总主编：《中国运河志》，江苏凤凰科学技术出版社，2019年。

[39] 金卫东、贺云翱主编：《南京运河文化史》，江苏人民出版社，2020年。

[40] 全国政协文化文史和学习委员会主编：《大运河画传》，江苏凤凰科学技术出版社，江苏凤凰美术出版社，2022年。

[41] 中共宿迁市委宣传部、南京大学文化与自然遗产研究所编著：《宿迁运河史》，江苏人民出版社，2022年。

[42] 淮安市哲学社会科学界联合会、南京大学文化与自然遗产研究所主编:《淮安运河文化志》,江苏凤凰科学技术出版社,2022年。

[43] 单霁翔:《乡土建筑遗产保护理念与方法研究(上)》,《城市规划》2008年第12期。

[44] 徐志明:《大运河文化带建设与乡村振兴融合发展的难点与对策》,《江南论坛》2021年第10期。

[45] 朱东风等:《打造大运河物质文化保护的"闪亮名片"——大运河江苏段历史文化名城名镇名村保护实践》,《中国建设报》2019年8月26日。

[46] 李永乐、孙婷、华桂宏:《大运河聚落文化遗产生成与分布规律研究》,《江苏社会科学》2021年第2期。

[47] 熊海峰:《大运河江苏段的发展演进、鲜明特征与历史影响》,《扬州大学学报(人文社会科学版)》2022年第2期。

[48] 刘怀玉、陈景春:《江苏大运河文化产业带的特色及其实现路径》,《扬州大学学报(人文社会科学版)》2010年第3期。

[49] 李永乐、杜文娟:《申遗视野下运河非物质文化遗产价值及其旅游开发——以大运河江苏段为例》,《中国名城》2011年第10期。

[50] 刘士林:《中国大运河保护与可持续发展战略》,《中国名城》2015年第1期。

[51] 方标军:《将大运河文化带江苏段建成全国示范带》,《新华日报》2017年8月30日。

[52] 张智勇:《"1+3"功能区战略构想重塑江苏新版图》,《中国改革报》2017年9月24日。

[53] 赵勇、梅静:《我国历史文化名城名镇名村保护的现状、问题及对策研究》,《小城镇建设》2010年4期。

[54] 曹昌智:《中国历史文化名城名镇名村保护状况及对策》,《中国名城》2011年第3期。

[55] 周乾松:《历史村镇文化遗产保护利用研究》,《理论探索》2011年第4期。

[56] 周乾松、徐连林:《历史文化名镇的保护与开发——基于中国"四大名镇"的经验启示》,《中共浙江省委党校学报》2013年第3期。

[57] 施嘉泓、方芳:《系统研究特色价值规划引导保护发展——江苏省历史文化名村保护规划编制》,《乡村规划建设》2017年第2期。

［58］陈爱蓓:《推动江苏大运河文化带建设走在前列》,《群众》2021 年第 16 期。

［59］黎峰、李思慧、于诚:《以江苏大运河文化带协同治理助推长三角一体化》,《江南论坛》2021 年第 1 期。

［60］中共中央办公厅、国务院办公厅:《大运河文化保护传承利用规划纲要》,2019 年。

［61］中共中央办公厅、国务院办公厅:《长城、大运河、长征国家文化公园建设方案》,2019 年。

［62］国家文化公园建设工作领导小组:《大运河国家文化公园建设保护规划》,2021 年。

［63］江苏省文化和旅游厅、江苏省文物局、江苏省发展和改革委员会:《江苏省大运河文化遗产保护传承规划》,2021 年。

［64］江苏省文化和旅游厅、江苏省发展和改革委员会:《江苏省大运河文化旅游融合发展规划》,2021 年。

京杭大运河高邮段